A QUESTÃO ÉTNICO-RACIAL NA FORMAÇÃO DE PROFESSORES

análise de currículos

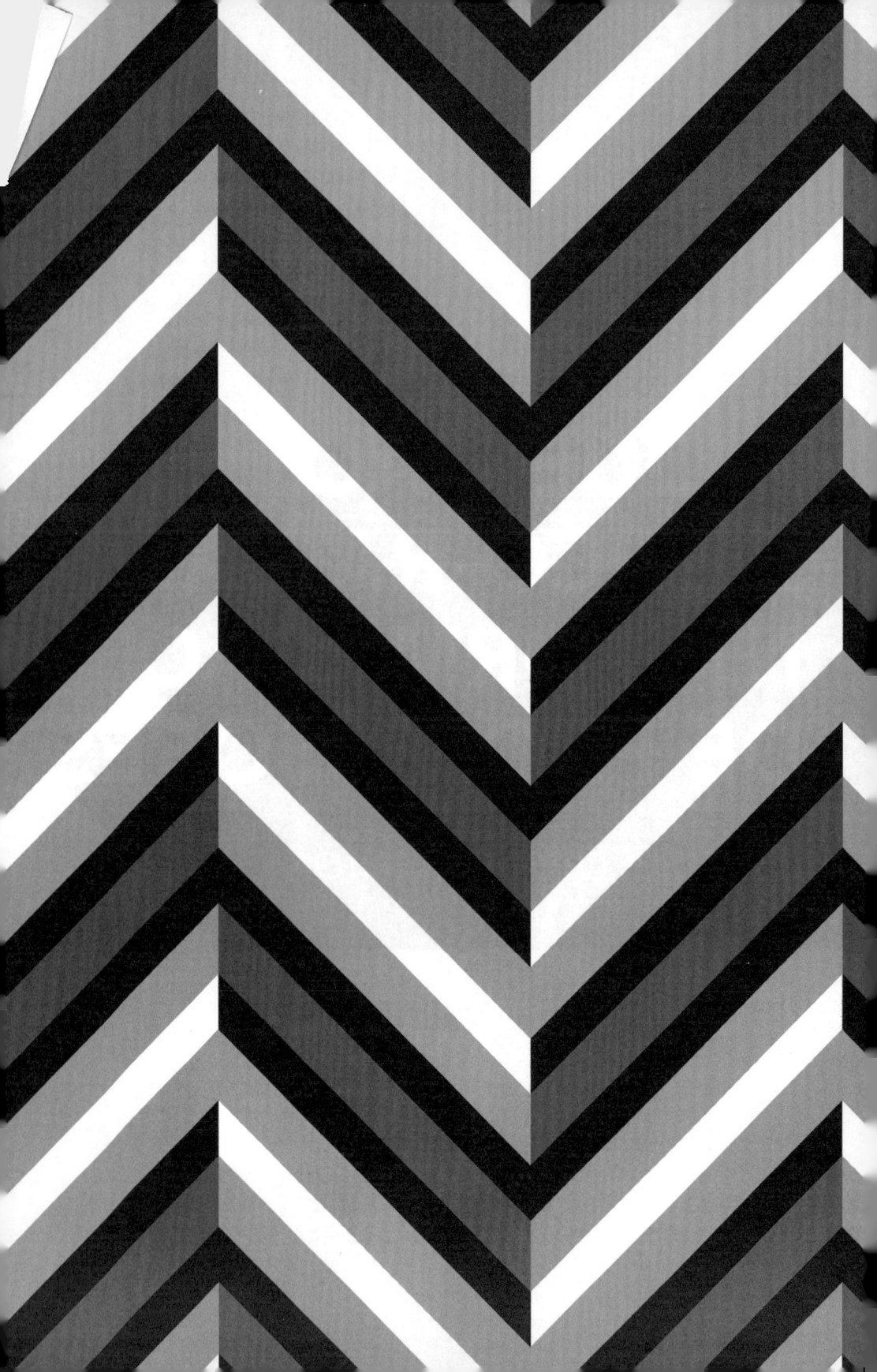

A QUESTÃO ÉTNICO-RACIAL NA FORMAÇÃO DE PROFESSORES

análise de currículos

Verônica Moraes Ferreira

Rio de janeiro | 2019

Copyright © 2019
Verônica Moraes Ferreira

editoras
Cristina Fernandes Warth
Mariana Warth

coordenação de produção, projeto gráfico e capa
Daniel Viana

preparação de texto e revisão
Eneida D. Gaspar

Este livro segue as novas regras do Acordo Ortográfico da Língua Portuguesa.

Todos os direitos reservados à Pallas Editora e Distribuidora Ltda. É vetada a reprodução por qualquer meio mecânico, eletrônico, xerográfico etc., sem a permissão por escrito da editora, de parte ou totalidade do material escrito.

CIP-BRASIL. CATALOGAÇÃO NA PUBLICAÇÃO
SINDICATO NACIONAL DOS EDITORES DE LIVROS, RJ

F444q

    Ferreira, Verônica Moraes, 1969-
      A questão étnico-racial na formação de professores : análise de currículos / Verônica Moraes Ferreira. - 1. ed. - Rio de Janeiro : Pallas, 2019.
    272 p. ; 23 cm.

    Inclui bibliografia
    ISBN 978-85-347-0565-3

    1. Educação. 2. Currículos - Planejamento. 3. Professores - Formação. 4. Didática. 5. Prática de ensino. I. Título.

19-57348   CDD: 370.71
                        CDU: 37.026

Vanessa Mafra Xavier Salgado - Bibliotecária - CRB-7/6644

Pallas Editora e Distribuidora Ltda.
Rua Frederico de Albuquerque, 56 – Higienópolis
CEP 21050-840 – Rio de Janeiro – RJ
Tel./fax: 21 2270-0186
www.pallaseditora.com.br | pallas@pallaseditora.com.br

Dedico esse livro às duas mulheres maravilhosas com as quais tive a grande oportunidade de viver e conviver e com quem muito aprendi: Solange Moraes Ferreira, minha amada mãe (*in memoriam*) e Dione Rocha de Azevedo Moreira, minha sogra querida (*in memoriam*).

AGRADECIMENTOS

Agradeço em especial a meu amado esposo, Jorge de Azevedo Moreira, que entendeu os muitos momentos de dedicação a esta pesquisa. Seu amor, carinho e companheirismo foram e são imprescindíveis para mim em todo o tempo.

A Jorge Ferreira, meu querido e amado pai, com quem aprendi o gosto pela leitura e pelos estudos.

Ao meu sogro, Carlos Moreira, pelo amor, carinho e incentivo constantes em todos os momentos.

A todos os professores e coordenadores da UFF, UNIRIO, UFRJ e UFRRJ a quem entrevistei, pois tornaram esse trabalho possível.

Aos meus amigos queridos Andreia Amorim, Cristiane Moreira, Luciano Souza, Tatiane Terra e Tiago Dionísio por todas as conversas, conselhos e também pelos momentos de riso e descontração. Sem eles o trabalho teria sido muito mais pesado.

A todos os meus professores, desde a Educação Infantil até o Doutorado, deixo aqui o meu muito obrigada por vocês tornarem possível ampliar minha visão do mundo e dos seres humanos.

Ao Conselho Nacional de Desenvolvimento Científico e Tecnológico (CNPq) pela bolsa de estudos que tornou esta pesquisa viável. À vida e seu poder de criação.

Verônica Moraes Ferreira

GUERRA

Até que a filosofia que sustenta uma raça
Superior e outra inferior
Seja final e permanentemente desacreditada e abandonada,
Em todo canto é guerra, eu digo guerra.

Até que não existam cidadãos de primeira
E segunda classe de qualquer nação;
Até que a cor da pele de um homem
Seja menos importante do que a cor dos seus olhos,
Eu digo guerra.

Até que todos os direitos básicos sejam igualmente
Garantidos para todos, sem discriminação de raça,
É guerra.

Até esse dia,
O sonho de paz duradoura, cidadania mundial
E domínio da moralidade internacional
Permanecerá apenas uma ilusão fugaz
A ser perseguida, mas nunca alcançada.
Agora em todo canto é guerra, guerra.
[...]
Achamos que é necessário, sabemos que vamos vencer
E estamos confiantes na vitória
Do bem sobre o mal [...].

*(Discurso de Hailé Selassié na ONU, 1963,
adaptado e musicado por Bob Marley, 1976; tradução nossa)*

SUMÁRIO

Prefácio • 10

Introdução • 13
A pesquisa • 17

Levantamento da produção acadêmica • 18

O teor da produção levantada • 23

Tecendo considerações sobre os problemas identificados na produção acadêmica no período de 2004 a 2014 • 30

CAPÍTULO 1
Percorrendo os caminhos metodológicos do curiar • 33

1.1 Caracterização das universidades e dos cursos de Pedagogia • 45

1.2 Caracterização dos sujeitos da pesquisa • 54

CAPÍTULO 2
Reflexões sobre o currículo e a questão étnico-racial • 59

2.1 O currículo entendido como processo • 60

2.2 O currículo multicultural • 71

2.3 O conceito de raça e seus usos ao longo do tempo • 79

2.4 Movimentos educativos que precederam a legislação sobre a educação das relações étnico-raciais • 86

2.5 Marcos legais e textos orientadores da educação das relações étnico-raciais • 93

CAPÍTULO 3
   Os achados da pesquisa • 113
3.1. Os documentos • **114**

3.2 As entrevistas • **145**

Capítulo 4
   Os conflitos expressos nas discussões para inclusão da questão étnico-racial nos currículos dos cursos de Pedagogia • 177
4.1 O lugar atribuído à questão étnico-racial nos currículos dos cursos de Pedagogia • **178**

4.2 Os acordos tecidos para implantar a disciplina específica sobre a questão étnico-racial nos currículos dos cursos de Pedagogia • **205**

4.3 Potenciais contribuições das disciplinas específicas sobre a questão étnico-racial para a atuação profissional dos professores no desenvolvimento do currículo escolar • **226**

4.4 Lacunas na abordagem da temática étnico-racial nas disciplinas específicas • **230**

Considerações finais • 239

Referências • 245

Apêndices • 259
Apêndice A – Instrumentos de pesquisa • **260**

Apêndice B – Carga horária dos cursos analisados • **263**

Apêndice C – Disciplinas atinentes às relações étnico-raciais e conteúdos indicados nas ementas • **264**

PREFÁCIO

A partir dos debates que antecederam e sucederam a promulgação da lei 10639/2003, uma copiosa bibliografia sobre a questão das relações étnico-raciais e seus desdobramentos no âmbito educacional vem sendo produzida. Esse corpo teórico de conhecimentos, análises críticas e propostas – produzido sobretudo no espaço acadêmico da pós-graduação, veiculado em teses, dissertações, artigos científicos e publicações –, enriquece currículos pessoais de pesquisadores e garante a pontuação nas atuais plataformas de avaliação dos programas de pós-graduação. Todavia, essa substancial engrenagem deixa a descoberto a parte mais importante do processo: a razão pela qual tudo isso acontece, ou seja, a efetiva conscientização e mudança relativa ao tratamento das relações étnico-raciais no espaço escolar, em especial nos cursos que formam professores para a educação básica.

A novidade da síntese com que ora nos brinda Verônica Ferreira, reside justamente em abrir a caixa-preta, ou a caixa de Pandora, como ela menciona, e permitir enxergar os embates cotidianos que possibilitam ou entravam a aplicação de leis, decretos, propostas curriculares. Onde de fato eles esbarram? Como as resistências se manifestam, muitas vezes sub-repticiamente, minando entendimentos e construindo práticas apequenadas? No caso específico investigado, como as universidades vêm lidando com o desafio presente de capacitar professores para atuar com a questão racial na escola básica?

Para enfrentar tais indagações, a autora é dotada de um olhar peculiar, construído na interseção de sua prática totalmente enraizada no chão da escola – uma vez que, além de ter sido professora de curso de formação de professores, é também orientadora educacional na rede municipal de Duque de Caxias –, com um aprofundamento de estudos coerente e sólido na área dos currículos e da formação de professores, tanto na graduação como na pós-graduação. Por ocasião dessa última, tive a honra de participar como sua orientadora de mestrado, momento em que pude constatar seu engajamento e compromisso com os desafios cotidianos da escola, associados ao rigor teórico-metodológico com que os constituía em seu objeto de pesquisa. E esse é o diferencial do presente trabalho em relação a tantos outros onde o pesquisador realiza uma mera experiência intelectual, todavia distanciada dos reais problemas da sua prática e, por conseguinte, abstrata. Ao contrário, aqui, o que guiou a investigação, o que conferiu significado ao caminho metodológico percorrido foram as insatisfações e perplexidades percebidas na práxis de alguém que não só conhece, mas sente visceralmente aquilo de que está falando.

Em suma, as qualidades desse livro são muitas, mas chamo a atenção para dois aspectos principais. O primeiro deles refere-se à vasta documentação levantada para a elaboração da pesquisa que, a partir de agora, poderá ser acessada por professores, pesquisadores, especialistas em currículos, gestores e administradores de cursos de formação de professores. O segundo aspecto relevante é que os achados da pesquisa retiram da cortina de fumaça os conflitos que ocorrem no interior dos cursos de formação de professores, que acabam por enfraquecer a determinação legal de contemplar a questão étnico-racial nos seus currículos. Como a investigação bem demonstrou, não basta apenas que tais conteúdos façam parte da formação teórica, pois, embora eles possam contribuir para a consciência em relação à existência do racismo em nossa sociedade, não instrumentalizam os futuros professores para abordar com propriedade essas questões em sala de aula. Enquanto essa temática for tratada de forma periférica e não constituir um eixo da formação do pedagogo, ficará relegada a disciplinas específicas e desarticuladas, dependentes do esforço individual e da sensibilidade de alguns professores, não chegando todavia a se revestirem com a força genuína da mudança. Isso se evidencia nas entrevistas com professores e gestores onde se pode avaliar o peso das resistências às mudanças, a força dos pré-conceitos, da perspectiva etnocêntrica e eurocêntrica que ainda povoam nossa sociedade e o interior do espaço universitário. Aqui me detenho propositalmente, com o intuito de deixar ao leitor o prazer de saborear essas páginas e descobrir com elas o que Pandora guardava escondido, esperando que a tal explosão que se seguirá seja uma explosão positiva e saudável de consciência que nos ajude a tomar posição frente aos nossos grandes problemas sociais.

Para finalizar, não poderia deixar de lembrar a importância da publicação desse livro justamente num momento em que tantas incertezas se descortinam em nosso horizonte sócio-político, colocando em xeque e abalando conquistas recentes de nossos movimentos sociais. Justamente por isso ele torna-se deveras oportuno na medida em que vem dar sua grande contribuição ao debate sobre justiça social, diversidade e combate às desigualdades em nosso país.

Heloisa Villela
Niterói, 30 de novembro de 2018

INTRODUÇÃO

A formação inicial dos docentes voltada para a educação das relações étnico-raciais tornou-se, nas últimas décadas, uma preocupação mais presente nas políticas educacionais, principalmente quando as discussões acerca dessas questões se acirraram no Brasil. É a partir daí que se percebem lacunas históricas na formação de professores e a necessidade de se fazer uma abordagem educacional voltada para tais questões.

Algumas pesquisas sugerem que a educação escolar no Brasil ainda está pautada numa tradição eurocêntrica, erudita, com uma cultura livresca bem distante da nossa realidade (SANTOS, 2006; RÉGIS, 2011). Isso acaba se expressando em propostas de um currículo para a formação dos professores que afirma uma visão homogeneizadora e linear, conduzindo-os a assumir uma postura de falsa neutralidade, que ignora valores básicos da diversidade étnico-racial na sociedade brasileira (SISS, 2003, 2009, 2010; MUNANGA, 2005, 2008, entre outros). Sugere-se, a partir desses estudos, que ocorre uma valorização de um currículo escolar monocultural de matriz europeia, que privilegia a cultura dos brancos, dentro de um discurso multicultural folclórico, restrito às comemorações de datas históricas e que menospreza, na sua organização e, portanto, nas atividades do cotidiano escolar, as demais culturas, relegadas à inferioridade. As crianças negras ou afrodescendentes, então, desenvolvem-se num ambiente coerente com essa ideologia, desconhecendo a sua história, as suas raízes, a importância que seus antepassados tiveram na construção deste país – e também às outras crianças este conhecimento estaria sendo negado.

Em meu trabalho como orientadora educacional e em sala de aula, nos contatos com crianças e jovens negros, pude identificar em muitos deles um comportamento de autorrejeição e de rejeição aos que compartilham suas características étnicas; muitas vezes, também, a adoção da mesma atitude de superioridade e desvalorização de seus colegas de pele mais clara.

Esses alunos negros constituíam a maioria dos alunos repetentes, fora da faixa etária correspondente à série escolar cursada, bem como a maioria dos que se evadiam durante o ano letivo, o que é compatível com o que alguns autores apontam como sendo a causa do seu insucesso, ou seja, a estigmatização de sua história e cultura. Conforme Capelo (2003, p. 117):

O fracasso escolar brasileiro está relacionado, de um lado, com o quadro de injustiças sociais que caracteriza a realidade. De outro, não se pode descartar a influência de uma determinada cultura escolar que colabora na produção ou reprodução do insucesso escolar. Isso significa que os fazeres e saberes especificamente escolares e pedagógicos não compreendem a complexidade e heterogeneidade sociocultural que só pode manifestar-se na dimensão instituinte do espaço escolar. A presença de formas previamente definidas e planejadas de hierarquização no interior do aparato escolar, bem como a fixação de conteúdos, programas e exigências, sugere a implementação de um novo modelo de escolarização que opere rupturas na cultura escolar hegemônica.

As tentativas que fiz no sentido de contribuir para o desenvolvimento da autoestima desses alunos envolveram a utilização de alguns livros de literatura infantil, tais como: *As tranças de Bintou*[1] e *Os cabelos de Lelê*[2], textos que propiciam o contato com personagens negras representadas com qualidade e beleza, valorizando os alunos negros e desenvolvendo o respeito às diferenças. Essas ações mostravam que esses alunos se identificavam como feios, sem inteligência, e não gostavam da cor de sua pele nem dos seus cabelos. Muitos, inclusive, afirmavam não serem negros, e sim morenos.

A constatação dessa problemática levou-me a procurar, nos diálogos com meus pares, possibilidades de solução sem muito sucesso, uma vez que identifiquei entre eles a tendência a negarem a existência de tais problemas. Minha busca por referencial teórico tornou-se indispensável para o desenvolvimento de um trabalho mais crítico e estimulante[3], o que confirma

---

1 *As tranças de Bintou* é uma linda história, escrita por Sylviane A. Diouf, que conta o sonho de Bintou, uma menina africana, de ter tranças como todas as mulheres mais velhas de sua aldeia. Mas, como ainda é criança, tem de se contentar com os *birotes* (pequenos coques feitos no cabelo).

2 *Os cabelos de Lelê* é uma história escrita por Valéria Belém. Na trama, Lelê não gosta do que vê – de onde vêm tantos cachinhos? – Ela vive a se perguntar. E essa resposta ela encontra num livro em que descobre sua história e a beleza da herança africana.

3 Autores como Kabengele Munanga, Lilia Moritz Schwarcz, Nei Lopes e Nilma Lino Gomes são fontes de consulta permanente, desde então.

a visão de Snyders (1974, p. 12), que ressalta: "Sem teoria revolucionária (pedagógica) não há prática revolucionária (pedagógica)."

É notório que a questão étnico-racial dentro da formação docente no Brasil é tema relevante para estudo, despertando o interesse de diversos profissionais, e particularmente o meu, por ser uma profissional interessada no tratamento da questão na escola. Isso me conduziu a realizar um curso de extensão à distância, oferecido pela Universidade Federal Fluminense (UFF) em 2009, intitulado *Relações étnico-raciais*, que contribuiu sobremaneira para favorecer a reformulação e dinamização de minha prática profissional no que se refere ao tratamento dessa temática. A partir dessas experiências na formação docente – como orientadora educacional nas redes municipais onde atuei e atuo, e também como Professora Docente I da Secretaria Estadual de Educação do Estado do Rio de Janeiro (SEEDUC-RJ), onde lecionei a disciplina de Didática da Educação Infantil, no 4º ano do Curso de Formação de Professores, do Colégio Estadual Professor José Accioli (CEPJA) –, surgiu o interesse maior sobre a formação docente, com um olhar sobre a forma pela qual a questão étnico-racial é abordada no currículo da Licenciatura em Pedagogia. Pude notar, no exercício de minhas funções, a existência de lacunas na formação dos docentes que já atuam na escola, bem como a importância da inclusão da questão étnico-racial na formação dos futuros professores, a fim de prepará-los para lidarem com a diversidade étnico-racial, evitando com isto: a negação do racismo, fruto do mito da democracia racial enraizado no imaginário social, com efeito nas posturas adotadas em sala de aula; a negação da negritude; e a intolerância frente às matrizes religiosas africanas. Todos esses fatores influenciam as concepções e as práticas de ensino em sala de aula.

Sendo assim, resolvi prosseguir meus estudos e fui aprovada no Mestrado em Educação, em 2011, na Universidade Federal Fluminense (UFF), na linha de pesquisa: Diversidade, Desigualdades Sociais e Educação. Contando com orientação das Professoras Doutoras Heloísa dos Santos Vilella e Iolanda de Oliveira, minha dissertação de Mestrado, intitulada *Caminhos percorridos pelo Curso de Pedagogia do Instituto Multidisciplinar/UFRRJ*, procurou analisar de que forma a questão étnico-racial era abordada no currículo do Curso de Pedagogia nesse Instituto, no *campus* de Nova Iguaçu da Universidade Federal Rural do Rio de Janeiro (UFRRJ).

Meu desejo de analisar essa questão de forma mais ampliada fez-me procurar realizar o Doutorado em Educação e, assim, em 2014, fui aprovada no Programa de Pós-graduação em Educação da Faculdade de Educação da Universidade de São Paulo (FEUSP), na linha de pesquisa: Didática, Teorias de Ensino e Práticas Escolares. O trabalho foi desenvolvido sob a orientação da Professora Doutora Cláudia Valentina Assumpção Galian, com projeto de pesquisa sobre a formação inicial docente, buscando analisar os currículos de cursos de Pedagogia, com o foco na educação das relações étnico-raciais[4].

A PESQUISA

O tema dessa pesquisa situa-se no campo dos estudos sobre o currículo da formação inicial docente no curso de Pedagogia, mais especificamente na articulação com a educação das relações étnico-raciais. Assim, seu objetivo geral consiste em investigar em que medida o tratamento conferido às relações étnico-raciais nos cursos de Pedagogia de quatro instituições federais de ensino – Universidade Federal Fluminense (UFF), Universidade Federal do Estado do Rio de Janeiro (UNIRIO), Universidade Federal do Rio de Janeiro (UFRJ) e Universidade Federal Rural do Rio de Janeiro (UFRRJ) – tem o potencial para fortalecer o professor em formação para enfrentar as ideias racistas arraigadas na sociedade, podendo inclusive torná-lo apto a enriquecer o currículo escolar no que se refere ao trabalho com essa temática.

Cabe aqui destacar que, em virtude de desejar continuar a pesquisa sobre formação inicial de professores para a educação das relações étnico-raciais, iniciada no Mestrado, no *campus* do Instituto Multidisciplinar da UFRRJ, no município de Nova Iguaçu, e de querer conhecer um pouco mais sobre o trabalho desenvolvido por essa instituição em relação à formação docente e às relações étnico-raciais, é que resolvi direcionar esse estudo para o

---

[4] Vale destacar que, para possibilitar a realização da pesquisa no tempo previsto, optou-se pelo recorte das questões étnico-raciais nas culturas africana e afro-brasileira. Assim, neste estudo, não foi possível o aprofundamento nas questões das culturas indígenas, embora boa parte dos aspectos aqui discutidos sejam extensíveis a essas culturas também.

campus do Instituto de Educação dessa mesma universidade, localizado no município de Seropédica. No entanto, por ansiar ter uma ideia mais ampla da formação inicial de professores voltada para a educação das relações étnico-raciais em instituições federais de Ensino Superior, incluí na amostra mais três universidades federais. E devido a essa pesquisa voltar-se para investigar uma política afirmativa de valorização das culturas indígena e africana na formação inicial docente, escolhi fazê-la em universidades federais do Estado do Rio de Janeiro, levando em consideração o histórico que esse Estado possui de pioneirismo no país quanto às políticas de ações afirmativas por meio de implementação do sistema de cotas raciais para ingresso em cursos de graduação de alunos negros, pardos e aqueles provenientes de famílias de baixa renda, na Universidade do Estado do Rio de Janeiro (UERJ) em 2001[5].

A fim de identificar o que se vem estudando sobre o tema, bem como a relevância do estudo desenvolvido, na sequência pretende-se evidenciar esse debate, buscando-se justificar a importância de se investir em outras pesquisas, diante do que consideramos claras lacunas existentes sobre o assunto.

LEVANTAMENTO DA PRODUÇÃO ACADÊMICA

Moreira (2001), num trabalho no qual investigou a produção científica sobre currículo e multiculturalismo (1995-2000), verifica, em alguns trabalhos que abordam a formação docente e o multiculturalismo, que os autores discutem a necessidade de inclusão de disciplinas específicas a respeito desse tema, e o quanto é importante que os professores possuam formação multicultural para poderem responder às questões colocadas pela pluralidade cultural na sociedade brasileira. Entretanto, a quantidade de trabalhos que incidia sobre essa questão mostrava-se muito reduzida naquele momento (MOREIRA, 2001, p. 70-71). No levantamento desenvolvido para a presente pesquisa, pretendeu-se identificar se essa situação ainda se mantém, ou seja, se avançamos na produção de pesquisas sobre

---

5 Enquanto este trabalho era realizado, a UERJ vivia uma situação dramática na qual funcionários e docentes estavam há meses sem receber seus salários, tendo sido preciso suspender o início do ano letivo de 2017 em virtude disso.

a formação inicial de professores e as questões relativas à educação das relações étnico-raciais.

Para isso, desenvolveu-se a leitura de artigos acadêmicos, dissertações e teses produzidas no período de 2004 a 2014. A seleção desses trabalhos procurou focalizar textos que tratassem de discutir a formação inicial docente para a educação das relações raciais, por meio da identificação dos seguintes termos nos resumos e/ou nas palavras-chave: formação inicial, multiculturalismo, relações raciais e étnico-raciais. A busca dos artigos, dissertações e teses foi realizada no portal *Scielo* e no Banco de Teses e Dissertações da CAPES[6].

O período compreendido entre 2004 e 2014 foi delimitado para a busca por ser posterior à promulgação da Lei nº 10.639/2003 e da Resolução CNE/CP nº 01, de 17 de junho de 2004, que instituíram as Diretrizes Curriculares Nacionais para a Educação das Relações Étnico-Raciais e para o Ensino de História e Cultura Afro-Brasileira e Africana.

Nesta primeira busca, foi selecionada uma amostra da produção e realizada a leitura dos textos na íntegra, a fim de se atingir uma maior compreensão das análises feitas pelos autores diante dos seus achados de pesquisa. Em termos numéricos, a produção acadêmica encontrada no período de 2004 a 2014 foi de sete artigos em periódicos, seis dissertações de Mestrado e três teses de Doutorado[7], somando um total de 16 trabalhos.

---

6 Disponíveis respectivamente em <www.scielo.org/> e <http://catalogodeteses.capes.gov.br/catalogo-teses/#!/>.

7 As instituições de Ensino Superior e os programas de pós-graduação citados são (pela ordem de ocorrência): FFP, Faculdade de Formação de Professores; PGPS, Estudos Pós-Graduados em Política Social; UFF, Universidade Federal Fluminense (RJ); PPGE, Programa de Pós-Graduação em Educação; UFSCar, Universidade Federal de São Carlos (SP); UFRJ, Universidade Federal do Rio de Janeiro; UFBA, Universidade Federal da Bahia; UFU, Universidade Federal de Uberlândia (MG); UFRN, Universidade Federal do Rio Grande do Norte.

Quadro 1 – Artigos

Periódico	Título do artigo	Autor(es)	Ano de publicação
Revista Cadernos de Pesquisa	A didática na perspectiva multi/intercultural em ação: construindo uma proposta.	Vera Maria Candau	2007
Revista Currículo sem Fronteiras	O multiculturalismo e o papel da pesquisa na formação docente: uma experiência de currículo em ação.	Ana Canen	2008
Revista Currículo sem Fronteiras	Educação multicultural e formação docente.	Flávia Pansini e Miguel Nenevé	2008
Revista da ABPN	Do ponto que vê aos passos de quem caminha: perspectivas teórico-práticas em uma experiência com a educação das relações étnico-raciais entre licenciandos de história.	Everardo Paiva de Andrade, Rosana da Câmara Teixeira e Danielle Henriques Magalhães	2012
Revista Educação e Pesquisa	10 anos da lei federal nº 10.639/2003 e a formação de professores: uma leitura de pesquisas científicas.	Benjamin Xavier de Paula e Selva Guimarães	2014
Projeção e Docência	Educação das relações étnico-raciais negras no currículo da formação de professores.	Francisco Thiago Silva	2014
Revista Poiésis	As relações étnico-raciais nas licenciaturas: os currículos anunciados.	Joana Célia dos Passos	2014

Quadro 2 – Dissertações

Título da Dissertação	Programa de PG	Autor	Ano de defesa
A questão racial na formação de professores na perspectiva dos docentes da FFP.	PGPS – UFF	Mariza de Paula Assis	2006
O curso de Pedagogia e a diversidade étnico-racial.	PPGE – UFSCAR	Vanessa Mantovani Bedani	2006
O currículo de formação de professores das Séries Iniciais: dialogando com as questões culturais.	PPGE – UFRJ	Glória Regina Graçano Soares	2009
Polifonias curriculares: possibilidades para uma construção identitária afrodescendente no currículo do curso de Pedagogia da Universidade Federal do Pará.	PPGE – UFBA	Almira Célia de Cristo Teixeira	2011
Arcabouço jurídico normativo pedagógico da lei federal 10.639/2003 na Universidade Federal de Uberlândia: avanços e limites.	PPGE – UFU	Glênio Oliveira da Silva	2013
Educação antirracista e formação de professores: caminhos percorridos pelo curso de Pedagogia do Instituto Multidisciplinar/ UFRRJ.	PPGE – UFF	Verônica Moraes Ferreira	2013

Quadro 3 – Teses

Título da Tese	Programa de PG	Autor	Ano de defesa
A cor ausente: um estudo sobre a presença do negro na formação de professores, Pará 1970-1989.	PPGE –UFRN	Wilma de Nazaré Baía Coelho	2005
De como tornar-se o que se é: narrativas implicadas sobre a questão étnico-racial, a formação docente e as políticas para a equidade.	PPGE – UFBA	Rita de Cássia Dias Pereira de Jesus	2007
A educação para a educação das relações étnico-raciais em um curso de Pedagogia: estudo de caso sobre a implantação da Resolução CNE/CP 01/2004.	PPGE –UFSCAR	Rosana Batista Monteiro	2010

Destaco que a quantidade de trabalhos encontrada acerca da formação inicial de professores voltados para a educação das relações étnico-raciais, foi bem reduzida. A produção identificada segundo esse critério foi dividida em três grupos: 1) Artigos em periódicos sobre Componentes Curriculares em Cursos de Formação Inicial de Professores e sobre a Perspectiva Inter/Multicultural na Formação Inicial Docente; 2) Artigos sobre Formação de Professores em Geral e sobre Multiculturalismo; 3) Artigos, Dissertações e Teses que incidem sobre as temáticas: Licenciaturas, Formação Inicial e Multiculturalismo. A apresentação do teor do debate no recorte aqui focalizado respeitará essa divisão.

O TEOR DA PRODUÇÃO LEVANTADA

Como foi dito anteriormente, os trabalhos selecionados no levantamento foram organizados em três grupos, o que se explicita a seguir.

GRUPO 1 – ARTIGOS EM PERIÓDICOS SOBRE COMPONENTES CURRICULARES E A PERSPECTIVA INTER/MULTICULTURAL NA FORMAÇÃO INICIAL DOCENTE

O artigo *A didática na perspectiva multi/intercultural em ação: construindo uma proposta,* de Vera Maria Candau (2007), procurou apresentar como se construiu e desenvolveu, em caráter exploratório, um curso de Didática voltado para Licenciatura em Pedagogia numa perspectiva multi/intercultural, numa abordagem metodológica fundamentada em pesquisa-ação. Por conta de revisão bibliográfica realizada no começo da pesquisa a que se refere o artigo, foi possível notar que a perspectiva multi/intercultural continua muito pouco presente na produção teórica do campo da Didática, e essa presença se limita à abordagem de questões mais amplas, não se ocupando de assuntos relativos ao contexto escolar. Em entrevistas realizadas no segundo momento da pesquisa, com especialistas em Didática, questionou-se a aplicabilidade dessas teorias nas práticas de sala de aula.

Nessa experiência foi identificada a dificuldade, por parte dos estudantes, com temas considerados centrais para a perspectiva multi/intercultural, o que pode indicar a conveniência de se buscar alternativas que potencializem esses estudos e que permitam incluí-los nos cursos de Pedagogia. Essa dificuldade na abordagem da disciplina de Didática evidencia a falta ou, ainda, a fragilidade do tratamento dessas temáticas em outras disciplinas do currículo de formação de professores. Dentre essas questões, surpreendeu a pesquisadora a pouca familiaridade dos alunos da turma de Didática com a questão étnico-racial.

Já o artigo de Ana Canen (2008), *O multiculturalismo e o papel da pesquisa na formação docente: uma experiência de currículo em ação,* apresentou-nos a possibilidade de uma articulação entre o multiculturalismo no currículo em ação e a pesquisa em ação, por meio da descrição de uma experiência realizada em disciplina sobre Multiculturalismo e Educação, ministrada em um curso de Formação de Professores, em uma universidade pública brasileira. Os dados levantados pela pesquisa revelaram, de um lado, um discurso que marcava um viés universalizante e unívoco acerca da forma pela qual os estudantes lidavam com o multiculturalismo quando pretendiam traduzi-lo para o ensino, operando como se fosse um guia de receitas para serem apresentadas aos professores e às escolas. A pesquisa ainda evidenciou que esta articulação entre multiculturalismo e pesquisa no interior do curso de Pedagogia trouxe novas indagações, expectativas e desafios em busca de uma educação para a pluralidade cultural, imprescindíveis num mundo cheio de intolerância e exclusão, e a afirmação de que o multiculturalismo não pode ser entendido como uma narrativa mestra e sim como um projeto que se encontra em construção.

GRUPO 2 – ARTIGOS SOBRE FORMAÇÃO DE PROFESSORES EM GERAL E MULTICULTURALISMO

Flávia Pansini e Miguel Nenevé (2008), em artigo publicado na revista *Currículo sem Fronteiras*, intitulado *Educação multicultural e formação docente*, procuram fazer uma reflexão sobre o multiculturalismo e seu impacto numa proposta de educação relacionada à problemática de uma sociedade multicultural. Ao considerarem a formação inicial docente como um lugar fundamental para a valorização e problematização das diferenças no espaço escolar, partem da hipótese de que os currículos universitários necessitam priorizar a reflexão dos futuros educadores sobre suas identidades, saberes, lugares específicos e sobre como a linguagem pode funcionar como causa do silêncio das minorias, com vistas a compreender as relações entre conhecimento escolar, cultura e linguagem.

Os autores tiveram a intenção, por meio desse trabalho, de revelar que a crescente produção teórica concernente ao multiculturalismo no Brasil acaba por determinar uma articulação entre uma formação pedagógica que estenda a discussão sobre a importância de desenvolver-se uma educação multicultural, com o intuito de fornecer um local de reafirmação das distintas vozes presentes no espaço escolar, e o questionamento da preponderância da cultura dominante sobre a cultura dos dominados.

Benjamin Xavier de Paula e Selva Guimarães (2014), por sua vez, no artigo publicado pela revista *Educação e Pesquisa*, intitulado *10 anos da Lei Federal nº 10.639/2003 e a formação de professores: uma leitura de pesquisas científicas*, abordam a formação de professores no sentido da implementação da Lei Federal 10.639/2003. Os autores compreendem o multiculturalismo como conceito e prática estruturante na pesquisa científica em Educação e na formação docente. Eles fazem referência ao trabalho de Pinto (2005), que investigou artigos relacionados à área da Educação, visando averiguar em que proporção as questões étnico-raciais se introduziam na formação de professores. Pinto (2005) pôde constatar que raramente os estudos sobre essa temática introduziam categorias de raça, etnia, preconceito e discriminação em suas considerações. Esse estudo apurou ainda que, até o ano de 2002, tais questões eram invisíveis, tanto na Educação de forma geral quanto na formação de professores, especificamente. Mas, no início dos anos 2000, mediante a promulgação da Lei nº 10.639/2003, essas questões tornaram-se extremamente presentes no debate.

GRUPO 3 – ARTIGOS, DISSERTAÇÕES E TESES SOBRE LICENCIATURAS, FORMAÇÃO INICIAL E MULTICULTURALISMO

O artigo publicado em 2012, na revista da Associação Brasileira de Pesquisadores Negros (ABPN), denominado *Do ponto que vê aos passos de quem caminha: perspectivas teórico-práticas em uma experiência com a educação das relações étnico-raciais entre licenciandos de História*, dos autores Everardo Paiva de Andrade, Rosana da Câmara Teixeira e Danielle Henriques Magalhães, buscou discutir questões relativas à educação das relações étnico-raciais na formação inicial de professores da área de História. Os autores analisaram a experiência-piloto realizada na disciplina de Prática de Ensino, na Licenciatura de História na UFF, a partir do primeiro semestre de 2011. Os licenciandos deveriam dirigir-se à rede escolar de Educação Básica, com vistas a observarem como a questão racial se apresentava nas escolas, além de cumprirem com o programa de leituras e debates na disciplina de Prática de Ensino, realizando seu registro por intermédio de observações e experiências e relacionando-as com o referencial teórico utilizado, visando a produção de dois textos: um relato de experiência e a comunicação de resultados no formato de um artigo acadêmico.

Joana Célia dos Passos (2014), em trabalho publicado pela revista *Poiésis*, denominado *As relações étnico-raciais nas licenciaturas: o que dizem os currículos anunciados,* examina a oferta de disciplinas e conteúdos que podem dar oportunidades para discussões e estudos quanto às relações étnico-raciais em cursos de licenciatura em Santa Catarina. A autora analisou projetos pedagógicos dos cursos de História e Pedagogia de dez universidades catarinenses, com o intuito de averiguar como os cursos têm trabalhado quanto à educação das relações étnico-raciais e o ensino da História e Cultura Afro-Brasileira e Africana. A pesquisadora identificou que, embora tenham-se passado dez anos da mudança na LDB n° 9394/96, trazida pela Lei n° 10.639/03, as universidades de Santa Catarina não revelaram ainda bons resultados em inserir os conhecimentos reivindicados pela legislação em vigor nos projetos de seus cursos: "nos cursos de Pedagogia, as questões étnico-raciais ainda estão na periferia das disciplinas, quer seja pela generalidade de sua abordagem, quer seja pela carga horária insignificante para tais discussões" (PASSOS, 2014, p. 185).

Francisco Thiago Silva (2014) corrobora essa constatação quanto à pouca ênfase que vem sendo dada à inclusão da temática da educação das relações étnico-raciais negras nos currículos da formação de professores, em artigo publicado no periódico científico *Projeção e Docência*, intitulado *Educação das relações étnico-raciais negras no currículo da formação de professores*. O autor ressalta que a questão racial ainda surge de modo periférico em muitos programas de formação docente, e afirma serem necessárias ações tanto políticas quanto pedagógicas para que se tenha um currículo antirracista e uma sociedade racialmente mais justa.

A tese de Doutorado de Wilma Nazaré Coelho (2005), denominada *A cor ausente: um estudo sobre a presença do negro na formação de professores, Pará 1970-1989*, realizada e defendida no Programa de Pós-graduação em Educação da Universidade Federal do Rio Grande do Norte (UFRN), versou sobre a formação de professores ofertada pelo Instituto de Educação do Estado do Pará, nas décadas de 1970 e 1980, e o tratamento da questão racial. Essa investigação apresenta foco na formação inicial e na formação continuada. A investigadora conseguiu averiguar que o Instituto de Educação do Estado do Pará não preparou seus alunos, futuros docentes, para tratarem da questão racial. "Até o presente momento, ainda são incipientes os estudos relativos à formação de professores e à questão racial no âmbito educacional" (COELHO, 2005, p. 133).

A dissertação de Mestrado de Vanessa Mantovani Bedani (2006), *O curso de Pedagogia e a diversidade étnico-racial*, desenvolvida no Programa de Pós-graduação em Educação da Universidade Federal de São Carlos (UFSCar), ressaltou o ponto de vista de alunos(as) e professores(as) sobre como deve ser tratada a diversidade étnico-racial no curso de Pedagogia. Constitui-se esse em um trabalho voltado à investigação da formação inicial de professores, fundamentado nas relações étnico-raciais no curso de Pedagogia, e procurou situar a Pedagogia, como ciência, na perspectiva da diversidade étnico-racial. A pesquisadora verificou a insuficiência de debates a respeito das relações raciais no curso de Pedagogia que tornem possível a promoção de uma sólida formação direcionada à problematização das relações raciais e intervenção na realidade, tanto no que tange ao currículo do curso específico quanto aos conteúdos relativos ao assunto de forma mais ampla.

Mariza de Paula Assis (2006), em estudo intitulado *A questão racial na formação de professores na perspectiva dos docentes da FFP*, realizado e defendido no Programa de Pós-graduação em Política Social da UFF, buscou analisar como a questão racial vem sendo, ou não, abordada nos Cursos de Licenciatura da Faculdade de Formação de Professores (FFP) da Universidade do Estado do Rio de Janeiro (UERJ), respeitando o estabelecido pela Lei nº 10.639/2003, que torna obrigatório o ensino sobre História e Cultura Afro-Brasileira na Escola Básica. No estudo, foi possível constatar que essa instituição, mesmo sendo responsável pela formação docente, não demonstrou tratar dessa temática com a devida relevância em seus discursos e práticas. A pesquisadora verificou também a ausência de um projeto político-pedagógico no qual o conjunto de docentes pudesse tornar claras suas práticas, além de mostrar a resistência de parte dos professores em relação à questão racial, inclusive tendo muitos deles revelado desconhecer a Lei nº 10.639/2003.

A tese de doutorado de Rita de Cássia Dias Pereira de Jesus (2007), intitulada *De como tornar-se o que se é: narrativas implicadas sobre a questão étnico-racial, a formação docente e as políticas para a equidade*, desenvolvida e defendida no Programa de Pós-graduação em Educação da Universidade Federal da Bahia (UFBA), investigou a formação inicial de professores em dois cursos da UFBA. A pesquisadora baseou-se nas perspectivas multirreferencial, multicultural e no pensamento anticolonial da educação, procurando analisar a inserção da questão étnico-racial nos currículos dos cursos, partindo das políticas para a equidade implementadas pela universidade.

A pesquisa de Rosana Batista Monteiro (2010), denominada *A educação para as relações étnico-raciais em um curso de Pedagogia: estudo de caso sobre a implantação da Resolução CNE/CP 01/2004*, promovido no Programa de Pós-graduação em Educação da Universidade Federal de São Carlos – UFSCAR, também incidiu sobre a formação inicial de professores, refletindo acerca da implantação das Diretrizes Curriculares Nacionais para a Educação das Relações Étnico-Raciais (DCNERER) em um curso de graduação em Pedagogia da Universidade São Francisco, na cidade de Bragança Paulista, em São Paulo. O trabalho fundamentou-se na concepção de raça como construto social, e de racismo como operante nas relações sociais em nosso país, analisando as práticas educativas no contexto das relações que ocorrem na escola. A pesquisadora sinaliza que as DCNERER não foram efetivamente implantadas no curso de Pedagogia e aponta a seguinte dificuldade para implantar a educação das relações étnico-raciais, conteúdo central das DCNERER e que atravessa as DCN de Pedagogia: a "influência das pedagogias do 'aprender a aprender' e das competências" (MONTEIRO, 2010, p. 232). A autora justifica seu ponto de vista pela consideração de que tais concepções pedagógicas acabam por simplificar a formação escolar, esvaziando-a dos conteúdos, dando maior ênfase à metodologia como mera técnica que se sobrepõe ao conteúdo, e priorizando o imediatismo e o individualismo.

Almira Célia de Cristo Teixeira (2011), na dissertação de Mestrado *Polifonias curriculares: possibilidades para uma construção identitária afrodescendente no currículo do curso de Pedagogia da Universidade Federal do Pará*, defendida no Programa de Pós-graduação em Educação da UFBA, desenvolveu uma reflexão sobre a formação inicial, na qual procurou investigar o currículo do curso de Pedagogia da Universidade Federal do Pará (UFPA) diante das possibilidades de construção de uma identidade afrodescendente. A autora realizou uma análise do projeto político-pedagógico do curso, procurando evidências de fatores que pudessem influenciar sua composição curricular, referentes às perspectivas de uma construção identitária afrodescendente. A autora constatou que o currículo do curso de Pedagogia da UFPA apresentava uma quase total ausência de abordagens específicas das questões que surgem dos afrodescendentes.

O estudo de Verônica Moraes Ferreira (2013), intitulado *Educação antirracista e formação de professores: caminhos percorridos pelo curso de Pedagogia do Instituto Multidisciplinar/UFRRJ*, sobre formação inicial docente, realizado e defendido no Programa de Pós-graduação em Educação da UFF, investigou como a questão étnico-racial relativa ao negro é tratada no currículo do curso de Pedagogia do Instituto Multidisciplinar, *campus* de Nova Iguaçu da Universidade Federal Rural do Rio de Janeiro (IM/UFRRJ). Na pesquisa, verificou-se que o multiculturalismo crítico é bem presente na estrutura curricular do curso, sendo tratado em cinco disciplinas. Dentre elas, quatro são obrigatórias e uma é eletiva. E, ainda, as disciplinas optativas que abordam a questão étnico-racial relativas ao negro não podiam efetivamente ser oferecidas, porque os professores encontravam-se com sua carga horária completa.

Glênio Oliveira da Silva (2013), em sua dissertação de Mestrado, *Arcabouço jurídico normativo pedagógico da Lei Federal 10.639/2003 na Universidade Federal de Uberlândia: avanços e limites*, defendida no Programa de Pós-graduação em Educação da Universidade Federal de Uberlândia (UFU), pesquisou sobre as políticas públicas que auxiliaram direta ou indiretamente a implementação da Lei nº 10.639/2003 na Universidade, examinando as ações ocorridas nesse âmbito. A investigação baseou-se no seguinte questionamento: Por que a Lei Federal nº 10.639/2003 e sua legislação correlata têm encontrado dificuldade para a sua implementação nos cursos de licenciaturas ou em unidades de ensino responsáveis pela formação de professores, em particular de História, Artes Visuais, Letras e Literatura de Língua Portuguesa e Pedagogia? Nesse estudo, apurou-se que o problema observado para a implementação da lei e seu arcabouço jurídico, normativo e pedagógico encontrava-se na atitude das pessoas e das instituições, pois todos os sujeitos envolvidos possuíam uma responsabilidade direta. Além disso, identificou-se uma disciplina denominada "Racismo e Educação" no curso de Pedagogia, ofertada como optativa; seus conteúdos e concepções metodológicas apresentavam-se articulados entre si, contudo, o autor aponta para a necessidade de uma disciplina obrigatória no curso, para que alunos possam alcançar formação adequada acerca desse tema, uma vez que nem todos cursam uma mesma disciplina optativa.

O estudo de Glória Regina Graçano Soares (2009), denominado *O currículo de formação de professores das séries iniciais: dialogando com as questões culturais*, defendido no Programa de Pós-graduação em Educação da Universidade Federal do Rio de Janeiro (UFRJ), investigou como o novo currículo do curso de Pedagogia da UFRJ introduziu as questões culturais, considerando as atuais Diretrizes Curriculares projetadas para o Curso de Pedagogia (DCNP) (BRASIL, 2006), após a promulgação da LDB nº 9.394/96. Segundo a investigadora, o novo currículo do curso de Pedagogia contempla as questões culturais por meio de disciplinas optativas, disponíveis aos alunos nos três primeiros períodos do curso, o que se torna um problema pois: "Embora seja uma incorporação fraca – como optativas, alguns alunos podem terminar o curso sem terem cursado uma matéria sequer dessas mencionadas –, foi a incorporação possível em meio às relações de poder e disputas em jogo" (SOARES, 2009, p. 110).

TECENDO CONSIDERAÇÕES SOBRE OS PROBLEMAS IDENTIFICADOS NA PRODUÇÃO ACADÊMICA NO PERÍODO DE 2004 A 2014

Muitos dos trabalhos focalizados neste levantamento ressaltam que a questão étnico-racial é tratada pelas universidades, nas licenciaturas, por intermédio de disciplinas eletivas, e isso causa um grande problema quando pensamos a formação inicial docente para tratar da temática da diversidade e educação das relações étnico-raciais. Aparentemente, a universidade mostra cumprir com a obrigatoriedade legal, por incluir nos currículos de seus cursos esse assunto. Entretanto, os trabalhos questionam a efetividade dessa forma de abordagem do tema, porque essas disciplinas, ao serem disponibilizadas aos alunos como optativas, podem não ser de interesse de muitos estudantes, que optam por não cursá-las. Além disso, é recorrente a impossibilidade de se ofertar as disciplinas optativas que tratam da temática, por falta de docentes nos quadros das universidades e pela prevalência das disciplinas obrigatórias na distribuição da carga didática. Assim, a forma de lidar com a temática se constitui numa escolha política a ser feita no âmbito dos cursos de formação de professores. Nesse sentido, deve-se levar em consideração o que diz Snyders (1974, p. 211), sobre o racismo não se constituir numa temática cuja abordagem necessita ser escolhida pelos estudantes para sabermos se constituirá um item importante para discussão na escola, sendo preciso encará-lo como um tema obrigatório já nos currículos de formação inicial.

Em certos trabalhos aparece o desinteresse dos docentes por determinados conteúdos (raciais ou culturais) e o quanto isso pode causar problemas no desenvolvimento de assuntos direcionados à questão étnico-racial no currículo, pois, embora haja prescrições curriculares oficiais, é o professor quem exerce importante papel na seleção do que é importante ou não para ser tratado no ambiente de sala de aula junto aos seus alunos.

Dessa forma fica claro que, mesmo que tenhamos propostas curriculares estruturadas e rígidas, o professor é, de acordo com Sacristán (2008, p. 175), "o último árbitro de sua aplicação [dos conteúdos do ensino] nas aulas". Cabe, portanto, que se busque elaborar propostas curriculares com maior participação dos docentes envolvidos, bem como que se invista na abordagem dessa temática nos cursos de formação inicial de professores, de modo que esses agentes possam reconhecer sua relevância na composição do currículo dos cursos de licenciatura e do currículo escolar.

Os estudos aqui analisados, acerca da formação inicial de professores na articulação com a questão étnico-racial, revelam que o tratamento dado a essa questão nas licenciaturas ainda não é algo substancial, pois, como destacaram os pesquisadores, apenas se pode contar com uma ou duas disciplinas optativas. Em alguns casos oferecem-se disciplinas obrigatórias, contudo, com carga horária menor do que a garantida para as demais. Assim, a presente pesquisa mostra-se relevante e deve trazer importantes contribuições para o debate sobre a formação inicial de professores, uma vez que pretende trazer elementos para enriquecer a discussão quanto ao tratamento dado à questão étnico-racial nos currículos dos cursos de Pedagogia, com vistas a ajudar a fortalecer o professor em formação para enfrentar as ideias racistas arraigadas em nossa sociedade, com possibilidades de também enriquecer o currículo escolar. Para isso, analisa os documentos produzidos por essas instituições e a perspectiva de sujeitos envolvidos no desenvolvimento desses currículos. A lacuna que o levantamento aqui desenvolvido evidencia, e já identificada anteriormente por Moreira (2001), poderá ser parcialmente preenchida por esta pesquisa, já que se pretende ir além da constatação das dificuldades para a implementação da temática no currículo prescrito, focalizando também a forma pela qual os coordenadores e docentes vêm trabalhando na organização dos cursos nas disciplinas que tratam da temática e o que reconhecem como avanços e limitações na direção de uma formação inicial de professores que enfrente com seriedade a preparação para o trabalho com a educação das relações étnico-raciais na Educação Básica.

Esse estudo consiste numa pesquisa qualitativa, em que se buscou analisar ementas e projetos pedagógicos dos cursos de Pedagogia e desenvolver entrevistas semiestruturadas com os coordenadores dos cursos de Pedagogia e docentes que lecionassem disciplinas específicas sobre a temática étnico-racial. Foram elaborados roteiros e categorias para analisar os dados colhidos nas entrevistas, nos projetos pedagógicos dos cursos de Pedagogia e nas ementas das disciplinas específicas sobre o tema pesquisado.

CAPÍTULO 1
PERCORRENDO OS CAMINHOS METODOLÓGICOS DO CURIAR

> A luz da imaginação
> Acende o coração e o leva a curiar.
> Buscar o novo é conceber
> O tempo do saber, desejo de criar...
> É sempre assim, o proibido traz sedução.
> Do início ao fim, do paraíso a tentação
> Meu Tigre mostra as garras nesse jogo
> E vê no fogo a chama da evolução
> Pandora a esperança e o amor ôôôô
> Alquimia do meu ser
> Na imagem do meu criador [...]
> ***(G.R.E.S. Unidos do Porto da Pedra,
> São Gonçalo – RJ: Samba-enredo de 2009)***

Ludke e André (2014, p. 1-2) observam que uma pesquisa é muito mais do que uma simples compilação de informações extraídas de uma enciclopédia, um livro, uma revista etc. Para se fazer uma pesquisa, de acordo com as autoras, é preciso que ocorra um confronto entre os dados, evidências e informações, colhidos a respeito de um determinado assunto, com o conhecimento acadêmico que foi elaborado sobre ele. E isso ocorre partindo-se de um problema que chama a atenção do pesquisador, conforme diz a letra do samba, que "o leva a curiar[8]", delimitando seu trabalho de pesquisa a uma parte específica do saber, para o qual o investigador tem o compromisso de contribuir com elementos para a sua construção. Essa é uma situação especial, em que se juntam o pensamento e a ação do pesquisador ou de um grupo de pesquisadores, com a firme intenção de criar conhecimentos sobre aspectos de uma determinada realidade, que devem auxiliar na elaboração de respostas aos seus problemas. Tais conhecimentos são produto da curiosidade, da inteligência e do trabalho de investigação dos cientistas, que partem do existente e continuam com aquilo que já foi elaborado e sistematizado por todos aqueles que se aplicaram sobre

---

8 O verbo "curiar" é empregado aqui no sentido utilizado na região Nordeste do país, que é o de investigar de forma curiosa. Não confundir com o significado na umbanda, que é o ato de beber ou comer no contexto ritualístico.

o assunto anteriormente. Pode-se, assim, confirmar ou negar, por meio da pesquisa, tudo o que foi construído antes acerca de um mesmo tema.

O objetivo geral dessa pesquisa é investigar em que medida o tratamento conferido às relações étnico-raciais nos cursos de Pedagogia da UFF, UNIRIO, UFRJ e UFRRJ prepara os professores em sua formação inicial para poderem enfrentar as ideias racistas impregnadas na sociedade, podendo também enriquecer o currículo escolar no que se relaciona ao trabalho com essa temática.

Os objetivos específicos consistem em identificar:

1. As tensões que se expressaram nas discussões que resultaram na entrada do tema no currículo dos cursos de Pedagogia.
2. Os acordos tecidos na implementação das disciplinas que abordam a questão étnico-racial, ou em outras formas de abordagem do tema.
3. As possíveis contribuições das disciplinas sobre a questão étnico-racial para a atuação profissional dos professores no desenvolvimento do currículo escolar.
4. O que essas disciplinas não contemplam e que seria relevante na formação docente para que o professor possa enfrentar essa questão no contexto da escola.

Com base nas pesquisas apresentadas anteriormente, espera-se identificar tensões, acordos, contribuições e lacunas deixadas na inserção de disciplinas sobre as questões étnico-raciais nos currículos dos cursos de Pedagogia. Entretanto, considera-se importante identificar outras formas sob as quais essa inserção possa ter-se dado, bem como as perspectivas de sujeitos com elas envolvidos.

O estudo baseia-se nas dimensões do currículo prescrito e do currículo planejado pelas universidades analisadas, assumindo essas dimensões do currículo na perspectiva desenvolvida por Sacristán (2008). É preciso observar que essas dimensões não nos permitem ter uma ideia do currículo real, daquilo que acontece de fato na sala de aula. As dimensões escolhidas propiciarão uma aproximação do que é o currículo real, mas não nos permitirão compreender o processo curricular como um todo; configura-se, assim, um limite desse trabalho. Porém, cabe ressaltar que as dimensões escolhidas para serem investigadas neste trabalho pretendem identificar o caminho definido para a abordagem do tema e a organização desse caminho definido pelas universidades.

A curiosidade de Pandora[9] levou-a a abrir a caixinha que havia sido dada para Epimeteu como presente de núpcias de Zeus ao casal; foi ela o fio condutor para descobrir o conteúdo daquele objeto, e é essa mesma curiosidade que conduziu à escolha de uma metodologia que contribuiu para levantar informações que permitiram responder à seguinte pergunta de pesquisa: Em que medida o tratamento conferido às relações étnico-raciais, nos cursos de Pedagogia, tem o potencial para fortalecer o professor em formação para enfrentar as ideias racistas arraigadas na sociedade, podendo inclusive levá-lo a enriquecer o currículo escolar no que se refere ao trabalho com esse tema? Para isso, a investigação assumiu um cunho qualitativo e adotou como procedimentos de pesquisa a entrevista semiestruturada e a análise documental, numa interlocução contínua com os referenciais teóricos relativos à temática abordada. As informações foram levantadas em fontes primárias, tais como ementas de disciplinas, projetos pedagógicos, planos de curso, fluxogramas das disciplinas específicas sobre a questão étnico-racial, além das declarações de professores e coordenadores das instituições investigadas.

Partindo da pergunta de pesquisa definida acima, delinearam-se as seguintes questões de investigação:

1. Quais as tensões que se expressaram nas discussões que resultaram na entrada do tema no currículo dos cursos de Pedagogia da UFF, UNIRIO, UFRJ e UFRRJ?
2. Quais os acordos que foram tecidos na implementação das disciplinas que abordam essa questão?
3. Quais as possíveis contribuições, dessas disciplinas que abordam o tema, para a atuação profissional dos professores no desenvolvimento do currículo escolar?
4. O que essas disciplinas não contemplam e que seria importante na formação docente para que o professor possa enfrentar essa questão no cotidiano escolar?

---

9 Pandora foi fabricada pelo deus-ferreiro Hefesto por ordem de Zeus, como uma vingança contra os humanos, a quem o titã Prometeu protegia. Pandora foi dada como esposa a Epimeteu, irmão de Prometeu, e levou com ela um pote que, sem que ela soubesse, continha todos os males que acometem a humanidade.

A escolha pela pesquisa do tipo qualitativo explica-se pela consideração de que essa abordagem é muito eficiente para analisar dados referentes ao campo da Educação. De acordo com Ludke e André (2014, p. 4):

> São poucos os fenômenos na área de educação que podem ser submetidos ao tipo de pesquisa quantitativa pois em educação as coisas acontecem de maneira tão inexplicável que fica difícil isolar as variáveis envolvidas e mais ainda apontar claramente quais são os responsáveis por determinado efeito.

As autoras falam ainda da possibilidade de realizar várias leituras do processo educacional para melhor compreender o objeto de pesquisa:

> [...] importante em relação à pesquisa qualitativa é reconhecer que ela revela uma interpretação – que não é única nem a melhor, mas deixa aberta a possibilidade de que outras possam surgir. E aí está sua riqueza: ao revelar cenas do cotidiano escolar, ficam abertas as possibilidades de várias leituras desse cotidiano, o que pode ser feito pela análise dos dados e pela exploração do referencial teórico (LUDKE; ANDRÉ, 2014, p. 104).

Ludke e André (2014) nos ajudam a lembrar que o pesquisador, como partícipe de um determinado tempo e de uma sociedade, refletirá, em sua pesquisa, os valores e os princípios reputados como relevantes dentro dessa mesma sociedade. Deste modo, sua visão de mundo, pontos de partida e os fundamentos para compreender e explicar esse mundo acabarão por influenciar o modo como ele apresenta suas pesquisas ou, em outros termos, as hipóteses que conduzem suas reflexões irão guiar também sua abordagem. Por isso, a metodologia aplicada no estudo necessita facilitar o confronto entre os dados, as evidências, as informações colhidas, relativas a um tema específico, e o conhecimento teórico reunido sobre ele.

A análise documental, utilizada para a análise dos documentos que compõem a amostra, de acordo com Ludke e André (2014, p. 45), constitui-se "numa técnica valiosa de abordagem de dados qualitativos, seja complementando as informações obtidas por outras fontes, seja desvelando aspectos novos de um tema ou problema." No entanto, o que se pode classificar como documento? Com que fim se utiliza essa técnica nas pesquisas educacionais? As mesmas autoras apresentam-nos uma definição ampla de documento e citam alguns exemplos daquilo que pode ser julgado como objeto de análise numa pesquisa:

> São considerados documentos quaisquer materiais escritos que possam ser usados como fonte de informação sobre o comportamento humano. Estes incluem desde leis, regulamentos, normas, pareceres, cartas, memorandos, diários pessoais, autobiografias, jornais, revistas, discursos, roteiros de programas de rádio e televisão, até livros, estatísticas e arquivos escolares (LUDKE; ANDRÉ, 2014, p. 45).

Já Prior[10] (2003, apud FLICK, 2009, p. 231) acrescenta que:

> Se tivermos que arcar com a natureza dos documentos, então precisaremos afastar-nos de um conceito que considere como artefatos estáveis, estáticos e pré-definidos. Em vez disso, devemos considerá-los em termos de campos, de estruturas e de redes de ação. De fato, o *status* das coisas enquanto "documentos" depende precisamente das formas como esses objetos estão integrados nos campos de ação, e os documentos só podem ser definidos em relação a esses campos.

Ainda no que se refere à sua relevância para a pesquisa, na perspectiva de Cellard (2014, p. 295):

> o documento escrito constitui [...] uma fonte extremamente preciosa para todo pesquisador nas ciências sociais. Ele é, evidentemente, insubstituível em qualquer reconstituição referente a um passado relativamente distante, pois não é raro que ele represente a quase totalidade dos vestígios da atividade humana em determinadas épocas. Além disso, muito frequentemente, ele permanece como o único testemunho de atividades particulares ocorridas num passado recente.

---

10 A obra original do professor inglês Lindsey Prior chama-se *Using Documents in Social Research*. Foi publicada em 2003 pela editora Sage de Londres.

Ludke e André (2014, p. 45) apontam as seguintes vantagens do emprego dessa técnica em pesquisas: o seu baixo custo, pois só requer tempo e atenção por parte do pesquisador na seleção e análise dos documentos mais relevantes; o fato de os documentos serem "fonte não reativa", por permitirem obter dados quando não é possível acessar os sujeitos da pesquisa; e sua contribuição para complementar informações colhidas por meio de outras técnicas de coleta, tais como a entrevista.

Nesse mesmo sentido, Cellard (2014, p. 295) afirma que um dos benefícios de usar documentos é reduzir a influência exercida pelo pesquisador, uma vez que o documento constituiria um instrumento que o pesquisador não domina.

Mas, mesmo diante dessas vantagens e potencialidades do uso da análise documental, Ludke e André (2014, p. 46-47) apresentam algumas críticas quanto ao uso de documentos: eles constituiriam amostras que não representam os fenômenos pesquisados; não possuem objetividade e sua validade é discutível. Isso porque o material recolhido no campo não dá conta de tudo aquilo que ali ocorre, constituindo-se essa em uma questão relevante a ser considerada pelo pesquisador; além disso, os documentos representam escolhas arbitrárias dos autores, já que somente são escolhidos levando-se em consideração os aspectos e temáticas a serem destacados por eles, que guiam sua seleção. Devido a esse aspecto, as autoras entendem que tais escolhas se constituem em um outro dado de pesquisa a ser analisado (LUDKE; ANDRÉ, 2014, p. 47).

Ainda sobre os documentos, de acordo com Ludke e André (2014, p. 47), eles podem ser caracterizados como: técnicos, oficiais e pessoais. Os documentos técnicos consistem em relatórios, planejamentos etc.; os oficiais abarcam decretos, pareceres etc.; e os pessoais compreendem cartas, biografias, diários etc.

Já para Cellard (2014, p. 297-298), eles podem ser classificados em documentos públicos e documentos privados. Tanto os documentos de domínio público quanto os documentos de domínio privado podem ser arquivados ou não arquivados. Para o autor, os documentos públicos dividem-se nos arquivos públicos, consistindo numa documentação bem volumosa e organizada, que inclui arquivos do governo (federais, regionais, municipais, escolares), arquivos do estado civil e arquivos de origem notarial ou jurídica;

e nos documentos públicos não arquivados, que consistem em jornais, periódicos e outros documentos. Já os documentos privados consistem nos documentos que não são de domínio público, oriundos de organizações políticas, grupos religiosos, empresas, instituições etc.

Nesta investigação serão utilizados os seguintes documentos técnicos dos cursos de Pedagogia e de produção dos docentes da UFF, UNIRIO, UFRRJ, UFRJ:
- Ementário;
- Projeto Pedagógico do Curso de Pedagogia;
- Planos de Curso.

Além disso, serão focalizados documentos oficiais. São eles:
- Parecer CNE/CP nº 01/2004 (BRASIL, 2004a);
- Resolução CNE/CP nº 03/2004 (BRASIL, 2004b);
- Lei 10.629/2003 (BRASIL, 2003);
- Lei 11645/2008 (BRASIL, 2008);
- Diretrizes Curriculares Nacionais para o Curso de Pedagogia (BRASIL, 2006);
- Plano Nacional para Implementação da Educação para as Relações Raciais (BRASIL, 2010).

Para Ludke e André (2014), não se escolhem documentos de forma aleatória, e sim por causa dos propósitos ou hipóteses que conduzem essa seleção. A seleção dos documentos que deverão ser analisados dependerá obviamente do propósito do pesquisador, já que nenhuma escolha é neutra. Sendo assim, a escolha delimitada acima visa averiguar em que medida o tratamento conferido à questão étnico-racial no currículo dos cursos de Pedagogia das universidades pesquisadas ajuda o futuro docente nas escolhas que fará no processo de constituição do currículo escolar, marcando clara posição na luta antirracista.

Flick (2009, p. 232-233) destaca que uma pessoa ou uma instituição elaboram seus documentos direcionados para um objetivo (prático) e para um determinado uso (incluindo também a definição de para quem se destinam). Quando o pesquisador utiliza documentos em uma pesquisa, necessita considerá-los como meios de comunicação. O autor entende que os documentos não são simplesmente dados que se emprega como recursos para um estudo. Ao utilizá-los, o investigador necessita pensar neles como um tópico de pesquisa, questionando quais são suas características, as condições em que foram elaborados etc.

Para a análise dos documentos, foram preparados instrumentos específicos (Roteiros de Análise Documental e Roteiro das Entrevistas semiestruturadas – ver Apêndice A).

É muito importante que os documentos sejam entendidos como uma forma de contextualizar a informação e não como "contêineres de informação" (FLICK, 2009, p. 234). Cabe, portanto, ao pesquisador, após determinar que tipo de documento usará em sua pesquisa, perguntar-se sobre quem produziu o documento e com quais objetivos. Em instituições, segundo Flick (2009, p. 235), os documentos destinam-se a conter os registros de dados importantes que validam o trabalho desenvolvido. E isso acaba por ser algo relevante quando se requer justificar erros ou fracassos. Sendo assim, verifica-se que os documentos podem ser empregados, procurados e reutilizados no contexto prático.

Quando se focaliza a entrevista, vale destacar o que afirmam Ludke e André (2014, p. 38): "é uma das principais técnicas de trabalho em quase todos os tipos de pesquisas utilizados nas ciências sociais". As autoras destacam o caráter interativo que perpassa a entrevista, pois cria-se uma relação de interação, construindo-se um clima de influência entre entrevistador e entrevistado. Isso ocorre principalmente nas entrevistas não totalmente estruturadas, em que não se impõem ordenadamente as questões, e os entrevistados podem falar sobre o tema proposto, fundamentando-se no conhecimento que possuem e que se constitui na razão real da entrevista.

Uma das vantagens de empregar essa técnica em relação às demais é que ela possibilita acessar, de modo imediato e corrente, a informação pretendida. Ludke e André (2014, p. 40) observam que, por ser realizada em caráter exclusivo com pessoas e grupos, "permite correções, esclarecimentos e adaptações que a tornam sobremaneira eficaz na obtenção das informações desejadas".

O emprego de métodos qualitativos e da entrevista, em particular, segundo Poupart (2014, p. 216), consistiu, e ainda hoje consiste, em um "modo de dar conta dos atores sociais e de considerá-los para compreender e interpretar suas realidades". Assim, a entrevista se torna relevante, conforme observa o autor, não apenas como um método para compreender a experiência alheia, mas, igualmente, como dispositivo que auxilia a esclarecer suas condutas, na proporção em que essas apenas podem ser explicadas levando-se em conta a própria visão dos atores, ou seja, o significado que eles mesmos dão às suas ações.

Há muitos tipos de entrevistas, e, para Ludke e André (2014, p. 40), como dito anteriormente: "a semiestruturada é o tipo mais adequado para o trabalho de pesquisa, que se faz em Educação. É aquela que se desenrola a partir de um esquema básico, porém não aplicado rigidamente, permitindo que o entrevistador faça as necessárias adaptações."

Os sujeitos entrevistados no presente trabalho foram: os coordenadores dos cursos de Pedagogia, com a intenção de conhecer sua visão a respeito da formação do professor das primeiras séries da Educação Básica, no que se refere ao tratamento concedido às relações étnico-raciais nos cursos em análise; e os professores de disciplinas específicas que focalizam a questão étnico-racial, com vistas a identificar como avaliam, apreciam, explicam e interpretam seu trabalho nessas disciplinas.

As entrevistas requerem alguns cuidados e um deles, segundo indicam Ludke e André (2014), é a existência de um ponto que pode invalidar as informações obtidas por meio dessa técnica, que é a imposição de uma problemática. Quer dizer, quando o entrevistador inclui um questionamento sem relação alguma com o universo de preocupações e de valores do entrevistado, permite que este ofereça respostas esvaziadas, dadas somente com a intenção de confirmar as expectativas do entrevistador. Tais respostas não apresentam relação, muitas vezes, com a realidade, pois foram elaboradas com o propósito de se liberar o mais prontamente de uma situação desconfortável. Buscando evitar isso, cabe ao entrevistador o respeito pela cultura e pelos valores do outro, além de uma escuta atenta, visando estimular a livre expressão dos indivíduos. Sendo assim, uma entrevista:

> ultrapassa os limites da técnica, dependendo em grande parte das qualidades e habilidades do entrevistador, [...] tais como uma boa capacidade de comunicação verbal, aliada a uma boa dose de paciência para ouvir aten-

tamente. Não há receitas infalíveis a serem seguidas, mas sim, cuidados a serem observados e que, aliados a inventiva honesta e atenta do condutor, levarão a uma boa entrevista. (LUDKE; ANDRÉ, 1986, p. 42)

Outra questão a ser considerada, segundo as autoras, refere-se à confiabilidade do discurso verbalizado. Não se pode aceitar o discurso na íntegra como expressão da verdade; deve-se analisá-lo, interpretá-lo e confrontá-lo com informações obtidas por intermédio de outras fontes. Conforme diz Pollak (1992, p. 200), sobre as pesquisas que empregam a história oral, utilizando entrevistas, relatos ou conversação, torna-se bastante claro que o que se recolhe são memórias individuais, ou, no caso de entrevistas grupais, obtêm-se memórias coletivas. Deste modo, a questão é saber como analisar esse material, como retirar, partindo das memórias, na maioria das vezes dispersas, aspectos referentes à realidade.

Poupart (2014, p. 215) aponta ainda, nesse sentido, que:

> De um lado, as entrevistas constituem uma porta de acesso às realidades sociais, apostando na capacidade de entrar em relação com as outras. Do outro, essas realidades sociais não se deixam facilmente apreender, sendo transmitidas através do jogo e das questões das interações sociais que a relação de entrevista necessariamente implica, assim como do jogo complexo das múltiplas interpretações produzidas pelos discursos.

Ludke e André (2014, p. 53) ressaltam, ao tratarem do processo de análise dos dados obtidos na pesquisa qualitativa, que ela implica trabalhar com todos os materiais recolhidos durante a investigação, tais como as transcrições das entrevistas, os excertos dos documentos, os relatos de observações e/ou outras informações. A análise envolve, preliminarmente, a sistematização de todo o material, desmembrando-o em partes, procurando relacionar essas partes e buscando verificar no material tendências e/ou padrões importantes. Na sequência, as tendências e os padrões são novamente avaliados, com o objetivo de buscar conexões e produzir considerações mais aprofundadas.

O processo de identificar, categorizar e analisar o conteúdo obtido por meio dos documentos e entrevistas pode ser realizado de formas e meios diferentes. Krippendorff[11] (apud LUDKE; ANDRÉ, 2014, p. 49) destaca que, por ser esse um momento em que o pesquisador esmiúça os detalhes, buscando compreender e interpretar a realidade pesquisada, ele usa "não só o conhecimento formal, lógico, mas também um conhecimento experiencial onde estão envolvidas sensações, percepções, impressões e intuições", revelando-se, assim, o caráter subjetivo da construção intelectual. Esse autor indica, ainda, que: "O reconhecimento desse caráter subjetivo da análise é fundamental para que possam ser tomadas medidas específicas e utilizados procedimentos adequados ao seu controle."

Ao realizar a leitura das entrevistas, foi possível identificar elementos que possibilitavam agrupar as informações segundo categorias, para ajudar a compreender em que medida o tratamento ministrado à questão étnico-racial nos cursos de Pedagogia representavam contribuição para os professores no enfrentamento do racismo e para um possível enriquecimento do currículo escolar no que se refere a esse tema. Formou-se, assim, um conjunto de categorias para realizar a análise. São elas:

- *Categoria 1.* Conhecimento acerca da legislação que trata da educação para as relações étnico-raciais.
- *Categoria 2.* Importância atribuída à educação das relações étnico-raciais na formação inicial docente.
- *Categoria 3.* Implementação da questão étnico-racial no currículo.
- *Categoria 4.* Conteúdo e forma de abordagem nas disciplinas específicas sobre a questão étnico-racial.

Após a seleção dos documentos e a realização das entrevistas, realizou-se a análise dos dados, por meio de um diálogo constante com o referencial teórico utilizado para esta pesquisa, na busca de se produzir conhecimento a respeito do assunto pesquisado. Esse momento do trabalho requereu inúmeras leituras e releituras, constituindo-se num processo de voltar-se várias vezes para analisar os documentos, buscando-se confrontar a teoria e a empiria. Nessa etapa, reformularam-se formas de pensar e surgiram

---

11 A obra original do professor estadunidense Klaus H. Krippendorff chama-se *Content Analysis: An Introduction to Its Methodology*. A primeira edição foi publicada pela editora Sage da Califórnia em 1980.

novos focos de interesse, que geraram novas leituras, aprofundando o olhar da pesquisadora sobre o objeto investigado.

1.1 CARACTERIZAÇÃO DAS UNIVERSIDADES E DOS CURSOS DE PEDAGOGIA

Neste item, são apresentadas informações que visam caracterizar as universidades cujos currículos de Pedagogia foram objeto desse estudo.

A UFF[12]

Esta universidade completa 59 anos de sua criação em 2019. O surgimento da universidade ocorreu, em caráter oficial, em 18 de dezembro de 1960, quando foi aprovada a Lei nº 3.848, de autoria do deputado federal João Batista de Vasconcellos Torres, constando o nome de Universidade Federal do Estado do Rio de Janeiro (UFERJ).

A UFF tem origem na incorporação das Escolas Federais de Farmácia, Odontologia e Direito (1912), Medicina (1926) e Medicina Veterinária (1936). Incorporou ainda outras cinco escolas, das quais três eram estaduais – Enfermagem (1944), Serviço Social (1945) e Engenharia (1952) –, e outras duas, particulares: Ciências Econômicas (1942) e Filosofia (1947). Depois de serem federalizadas e incorporadas, esse conjunto passou a ser chamado de Universidade Federal Fluminense (UFF).

Atualmente, é composta por 40 unidades de ensino – 23 Institutos, 10 Faculdades, seis Escolas e um Colégio de Aplicação. Há, na íntegra, 123 Departamentos de Ensino, 129 Cursos de Graduação presenciais e seis Cursos de Graduação à distância, ofertados em 28 polos da Universidade Aberta do Brasil, em convênio com o CEDERJ-RJ. Na Pós-Graduação *stricto sensu* existem 80 programas e 119 cursos, 42 de Doutorado, 59 de Mestrado Acadêmico e 18 Mestrados Profissionais.

Em 1961, a recém-criada UFERJ tinha somente 60 docentes, 170 funcionários e 3 mil alunos; nos dias atuais, a UFF possui: 3.410 docentes ativos,

---

12 As informações trazidas nesta seção do texto estão disponíveis em: <http://www.uff.br/?q=apresentacao>. Acesso em: 14 abr. 2016.

sendo 75% doutores e 15% mestres; 4.457 servidores técnico-administrativos; 2.259 terceirizados, sendo 402 lotados no Hospital Universitário Antônio Pedro (HUAP); 40.941 discentes de graduação, dos quais 33.499 cursam a Graduação Presencial e 7.442 a Graduação à Distância. Em 2015, a UFF contou com 6.305 alunos de Pós-Graduação *stricto sensu*, sendo 2.184 no Doutorado, 3.072 no Mestrado Acadêmico e 1.049 em Mestrados Profissionais.

O CURSO DE PEDAGOGIA DA UFF[13]

Com a reforma do Ensino Superior, em 1968, segundo a Lei nº 5.540, passa a ser uma obrigação legal a formação dos especialistas em Educação em cursos superiores de Pedagogia. Este curso, já na UFF, ficou a cargo da recém-criada Faculdade de Educação, como um dos braços da Faculdade de Filosofia, Ciências e Letras. Seu currículo foi reestruturado em 1970, com a criação das habilitações, obedecendo aos impositivos políticos e normativos da época. Os currículos plenos aprovados pelo Conselho de Ensino e Pesquisa da UFF, em 1976, proporcionava as habilitações de: Magistério para as disciplinas pedagógicas do Curso Normal, Supervisão Escolar, Administração Escolar e Orientação Educacional, para assumir tais funções nas escolas que hoje correspondem à Educação Básica. A sua organização curricular, atendendo às exigências da reforma universitária, apresentava os ciclos: básico e profissional.

A concepção que permeava a formação desses profissionais era a da Pedagogia tecnicista e do primado dos estudos psicológicos. As habilitações oferecidas visavam a compreensão do processo ensino-aprendizagem somente no ciclo profissional, com ênfase para as suas especificidades e desarticuladas das questões comuns enfrentadas no cotidiano pelos profissionais da Educação. Nesse sentido, as habilitações desconsideravam as exigências reais da escola pública brasileira.

A partir de 2010, o pedagogo que se afirma querer formar é um profissional da educação, intelectual investigador, capaz de intervir, de forma crítica, criativa, construtiva e responsável, nas práticas educativas que ocorrem na escola e em outros contextos. Assume-se que o perfil do

---

13 Texto baseado no Projeto Pedagógico do Curso de Pedagogia da UFF.

graduado em Pedagogia deverá receber consistente formação teórica, diversidade de conhecimentos e de práticas que se articulem ao longo do curso. De acordo com a Resolução CNE nº 1, de 15 de maio de 2006, que estabelece as novas Diretrizes Curriculares Nacionais do Curso de Pedagogia, para a formação do licenciado em Pedagogia, três elementos são centrais: o conhecimento da escola, a pesquisa e a gestão (Art. 3º – Parágrafo Único).

A UNIRIO[14]

A Universidade Federal do Estado do Rio de Janeiro (UNIRIO) é uma fundação de direito público que integra o Sistema Federal de Ensino Superior. A UNIRIO tem sua origem na Federação das Escolas Isoladas do Estado da Guanabara (FEFIEG), estabelecida por meio do Decreto-Lei nº 773, de 20 de agosto de 1969, que uniu estabelecimentos isolados de Ensino Superior, antes ligados aos Ministérios do Trabalho, do Comércio e da Indústria, da Saúde e da Educação e Cultura.

A criação da FEFIEG possibilitou unir instituições tradicionais, como a Escola Central de Nutrição, a Escola de Enfermagem Alfredo Pinto, o Conservatório Nacional de Teatro (atual Escola de Teatro), o Instituto Villa-Lobos, a Fundação Escola de Medicina e Cirurgia do Rio de Janeiro e o Curso de Biblioteconomia, da Biblioteca Nacional.

Com a junção dos Estados da Guanabara e do Rio de Janeiro, em 1975, a FEFIEG começou a se chamar Federação das Escolas Federais Isoladas do Estado do Rio de Janeiro (FEFIERJ). Dois anos depois, incorporaram-se à FEFIERJ o Curso Permanente de Arquivo (do Arquivo Nacional) e o Curso de Museus (do Museu Histórico Nacional).

Em 5 de junho de 1979, por intermédio da Lei nº 6.555, a FEFIERJ institucionalizou-se com o nome de Universidade do Rio de Janeiro (UNIRIO). No dia 24 de outubro de 2003, a Lei nº 10.750 modificou o nome da instituição para Universidade Federal do Estado do Rio de Janeiro, mas se manteve a sigla.

---

14 As informações trazidas nesta seção do texto estão disponíveis em: <http://www.unirio.br/institucional/historia>. Acesso em: 14 abr. 2016.

O CURSO DE PEDAGOGIA DA UNIRIO[15]

Em 1987, a UNIRIO criou o Curso de Pedagogia, inicialmente, com duas habilitações: Magistério das Disciplinas Pedagógicas e Magistério de Primeira à Quarta Série do Primeiro Grau. Em 1995, o Ministério da Educação e do Desporto (MEC) reconheceu o Curso de Pedagogia e a primeira das habilitações indicadas.

A Resolução UNIRIO 2.061, de 06/05/99, publicada num contexto de mudanças, tanto na realidade social quanto na legislação educacional, redefiniu a proposta curricular do Curso de Pedagogia, aprofundando-a e ampliando-a.

O projeto pedagógico, partindo da especificação do profissional que se pretendia formar para uma sociedade como a brasileira, dinâmica, porém desigual, mas com grande potencial de transformação, evidenciou a necessidade de o curso habilitar seus alunos para atuarem na Educação Infantil, nos anos iniciais do Ensino Fundamental, na Educação de Jovens e Adultos e/ou na Educação e Comunicação, habilitações estas que constituíram o alicerce da reformulação curricular empreendida naquele ano.

Nos anos subsequentes, realizaram-se pequenos ajustes na estrutura do curso, porém de caráter pouco significativo. Em 2007, o Curso de Pedagogia da UNIRIO completou 20 anos e, embora sua contemporaneidade curricular se revele frente às Diretrizes Curriculares Nacionais para o Curso de Pedagogia aprovadas pelo MEC em 15 de maio de 2006, transformações sócio-político-culturais vêm impondo novas demandas à sociedade brasileira e, consequentemente, ao processo educacional, resultando na necessidade de uma nova adequação da sua estrutura curricular.

A atual concepção do Curso de Pedagogia, fruto de embates travados pelo conjunto dos profissionais de Educação que se inicia nos anos 1980, indica a necessidade de formação de um profissional capaz de atuar nos espaços escolares e não-escolares que compreendem o campo educacional.

Partindo do princípio de que a Pedagogia se aplica ao campo teórico-prático da Educação como *práxis* social, a reformulação do curso justificou-se pela constante necessidade de considerar a dinâmica dos movimentos

---

15 As informações trazidas nesta seção do texto estão disponíveis em: <http://www2.unirio.br/unirio/cchs/educacao/institucional/historico>. Acesso em: 14 abr. 2016.

dos diferentes tempos e contextos sócio-político-culturais da realidade brasileira e mundial.

Entretanto, o projeto pedagógico do Curso de Pedagogia desenvolveu-se, dentre outros aspectos, a partir de três perspectivas: 1) integração ao curso da produção acadêmica instalada/construída; 2) introdução de conhecimentos pertinentes à gestão, constitutivos da docência ampliada, e 3) adequação de ajustes propostos pelas novas Diretrizes Curriculares Nacionais da Pedagogia.

A UFRJ[16]

Em 7 de setembro de 1920, por meio do Decreto n° 14.343, foi criada pelo Governo Federal a Universidade do Rio de Janeiro – a URJ. Essa Universidade foi concebida a partir da união de três escolas criadas no início do século XIX, depois da vinda da família real e da corte portuguesa para o Brasil, a saber: a Faculdade de Engenharia (formada inicialmente pela Academia Real Militar, em 1810), a Faculdade de Medicina (formada em 1832, nas acomodações do Real Hospital Militar, antigo Colégio dos Jesuítas) e a Faculdade de Direito (construída em 1891, pela junção das anteriormente existentes Faculdades de Ciências Jurídicas e Sociais e Faculdade Livre de Direito da Capital Federal).

Em 5 de julho de 1937, a Lei n° 452 reestruturou e modificou a URJ para Universidade do Brasil (UB), integrando a ela muitas unidades e institutos já existentes nas áreas de Química, Filosofia, Ciências e Letras, Metalurgia, Música, entrevendo a união de institutos que colaborassem, como o Museu Nacional (o qual se anexou à Universidade do Brasil) e o Instituto Oswaldo Cruz. Existia a previsão, ainda, de haver escolas como Veterinária e Agronomia, que não foram incorporadas à Universidade.

No ano de 1965, no ambiente de autoritarismo em que vivia o Brasil, o Governo Federal uniformizou o nome das instituições universitárias federais e, em 20 de agosto, foi aprovada a Lei n° 4.759, que estabelecia em seu artigo primeiro que as Universidades e Escolas Técnicas Federais da União seriam denominadas "federais", recebendo o nome do devido estado.

---

16 As informações trazidas nesta seção do texto estão disponíveis em: <http://www.sibi.ufrj.br/Projeto/ufrj_historia.html>. Acesso em: 12 nov. 2015.

Desse modo, a UB é reestruturada e modificada para Universidade Federal do Rio de Janeiro (UFRJ). A organização da UFRJ ocorre a partir do vínculo das unidades e institutos em Centros, que até hoje a compõem: Centro de Ciências da Saúde (CCS), Centro de Letras e Artes (CLA), Centro de Filosofia e Ciências Humanas (CFCH), Centro de Ciências da Matemática e da Natureza (CCMN), Centro de Ciências Jurídicas e Econômicas (CCJE) e Centro de Tecnologia (CT).

O CURSO DE PEDAGOGIA DA UFRJ[17]

Com a promulgação da Lei n° 5540/68, a Reforma Universitária em julho de 1968, extinguiu-se a Faculdade Nacional de Filosofia, que era vinculada ao Departamento de Educação, e criou-se a Faculdade de Educação do Centro de Filosofia e Ciências Humanas da UFRJ, com cursos de graduação, especialização e pós-graduação *stricto sensu*.

Em 1970, a nova unidade habilitava o especialista em Educação para Supervisão Escolar, Orientação Educacional e Administração Escolar, vinculando-os ao exercício do magistério das disciplinas pedagógicas do Curso Normal.

Já em 1989, iniciara-se na Faculdade de Educação um processo de revisão curricular com ampla participação de todos os segmentos, devido às inúmeras discussões nacionais acerca dos problemas do curso de Pedagogia e dos novos rumos que deveriam orientar a formação do pedagogo.

No debate nacional acerca da redefinição da identidade e da função do pedagogo na sociedade e, consequentemente, da responsabilidade da universidade na formação deste profissional, dois aspectos se destacaram: 1) Argumentações em defesa da docência como núcleo central da identidade profissional do pedagogo; e 2) Necessidade de se ter a formação dos professores de Educação Infantil e Séries Iniciais garantida em nível superior; concomitantemente, criticava-se a fragmentação do trabalho pedagógico e fazia-se a defesa de um pedagogo "integral".

Os professores e instituições de ensino questionavam a competência do especialista em assumir funções específicas sem conhecer a experiência docente e impunham uma mudança. Ocorre que se estabeleceu

---

[17] Texto baseado no Projeto Pedagógico do Curso de Pedagogia da UFRJ.

na Faculdade de Educação da UFRJ a convicção de que o caminho a ser seguido pela Pedagogia passava pela valorização do magistério, para que se definisse a formação do professor como finalidade da graduação em Pedagogia da UFRJ, colocando-se as demais áreas no âmbito dos cursos de especialização (*lato sensu*).

Passado o período de debates e sistematização de propostas, aprovou-se o atual currículo do Curso de Pedagogia da Faculdade de Educação da UFRJ, que entrou em vigor em 2008, procurando atender às demandas do sistema educacional brasileiro identificadas à época, oferecendo ao licenciado em Pedagogia cinco áreas concomitantes de atuação. São elas: 1) Docência na Educação Infantil; 2) Docência nos Anos Iniciais do Ensino Fundamental; 3) Docência nas Disciplinas Pedagógicas do Curso Normal (modalidade do Ensino Médio); 4) Docência na Educação de Jovens e Adultos; 5) Gestão de Processos Educacionais.

A UFRRJ

Esta universidade foi criada por meio do Decreto 8.319, de 20 de outubro de 1910, que fundou a Escola Superior de Agricultura e Medicina Veterinária (ESAMV), além de ter estabelecido as bases do ensino agropecuário no Brasil. Nilo Peçanha, Presidente da República em exercício, e o Ministro da Agricultura, Rodolfo Nogueira da Rocha Miranda, assinaram esse Decreto. O engenheiro agrônomo Gustavo Dutra foi o primeiro diretor da ESAMV, e o motivo pelo qual o escolheram para ocupar esse cargo foi sua grande importância no campo da Agronomia.

A Universidade Federal Rural do Rio de Janeiro ganhou esse nome devido ao Decreto n° 60.731, de 17 de maio de 1967, que, além de transferir para o Ministério da Educação e Cultura os órgãos de ensino do Ministério da Agricultura, também estabeleceu novo nome para as universidades transferidas, como se pode contemplar no Artigo 2° do referido decreto (BRASIL, 2018).

Em 1967, a Universidade Federal Rural do Rio de Janeiro (UFRRJ) era transferida do Ministério da Agricultura para o Ministério da Educação e Cultura. Nesse período, o Brasil passava pela ditadura militar, e escolas e universidades públicas sofreram com a falta de investimentos. Otranto (2004) pondera que a UFRRJ talvez tenha sofrido mais, devido à desvinculação do Ministério da Agricultura e perda de seu *status* frente ao novo órgão gestor, uma vez que este Ministério a considerava uma escola de padrão nacional entre as instituições educacionais de Agronomia, além de ser forçada a dividir recursos com outras instituições, segundo regras que favoreciam instituições com maior quantidade de alunos e cursos. Por ser pequena em relação às demais universidades, ela acabou por receber bem menos verbas que as demais.

Por quase todo o período da ditadura militar, a Lei n° 5.540/68 fixou as normas de organização e funcionamento do Ensino Superior e sua articulação com a Escola Média no Brasil. Essa Lei estabelecia o dever das universidades de se organizarem de acordo com algumas características, conforme o artigo 11 estipulava, tais como a "universalidade de campo, pelo cultivo das áreas fundamentais dos conhecimentos humanos" (BRASIL, 1968). Determinava, ainda, que, se as universidades rurais mantidas pela União não se adequassem ao disposto no texto do documento, seriam então incorporadas a outras universidades federais. No entanto, é preciso tomar conhecimento de que, nesse tempo, a UFRRJ só oferecia cursos na área das Ciências Agrárias e, de repente, necessitava, como consta Otranto (2007), por imposição legal, incorporar cursos de outras áreas, como a de Ciências Sociais e Humanas, para permanecer como uma universidade.

Assim, Otranto (2007) analisa que, com a intenção de continuar sendo uma universidade autônoma, não precisando se preocupar em se ver incorporada a outra universidade federal, o Conselho Universitário elaborou, em 1968, o Plano de Reestruturação da Universidade Federal Rural do Rio de Janeiro. Nele eram traçadas as diretrizes para o Estatuto da Rural. Segundo Ata da Reunião de 6/5/1969, adotando as exigências legais, dividiu-se a UFRRJ em unidades acadêmicas chamadas de:

> Institutos e não Faculdades, como adotada pela maior parte das instituições universitárias da época, compostos por, no mínimo, três departamentos cada. Dentre os Institutos tradicionais, como Agronomia, Veterinária, Biologia e outros, encontrava-se o novo Instituto de Educação e Ciências Sociais, composto pelos Departamentos de Ciências Econômicas e Sociais, Ciências Pedagógicas, Economia do Lar e Línguas (OTRANTO, 2007, p. 4).

A UFRRJ atualmente possui 11 Institutos[18], que são: 1) Instituto de Agronomia (IA), 2) Instituto de Biologia (IB), 3) Instituto de Ciências Exatas (ICE), 4) Instituto de Ciências Humanas e Sociais (ICHS), 5) Instituto de Educação (IE), 6) Instituto de Florestas (IF), 7) Instituto de Tecnologia (IT), 8) Instituto de Veterinária (IV), 9) Instituto de Zootecnia (IZ), 10) Instituto Multidisciplinar (IM) (*campus* Nova Iguaçu) e 11) Instituto Três Rios (*campus* Três Rios).

O CURSO DE PEDAGOGIA DA UFRRJ

A Pedagogia surge na UFRRJ, como alega Otranto (2007), pela necessidade que havia de prover a região de profissionais para trabalhar com a Educação Infantil e as séries iniciais do Ensino Fundamental.

O curso de Pedagogia, conforme Otranto (2007), apresentava as seguintes características: duração mínima de quatro anos, semestral, sistema de créditos e oferecimento no turno noturno. Foi construído com vistas a formar professores para exercer o magistério na Educação Infantil e nas primeiras séries do Ensino Fundamental e para a docência no Nível Médio, na modalidade Normal, assim como em outras áreas de serviço e apoio pedagógicos.

A UFRRJ, por meio de seu Conselho de Ensino, Pesquisa e Extensão (CEPE), em uma reunião ordinária em 7 de agosto de 2006, resolveu aprovar a criação e o funcionamento do Curso de Graduação em Pedagogia, noturno, no *campus* de Seropédica, por intermédio da Deliberação nº 142. No dia 14 de agosto desse mesmo ano, o Conselho Universitário desta Instituição de Ensino Superior autorizou o funcionamento do referido curso através da Deliberação nº 14.

O Projeto Pedagógico do curso aprovado revelou o desenho de um curso de Licenciatura direcionado para o Magistério e a Gestão do Trabalho Pedagógico na Educação Infantil, nas Séries Iniciais do Ensino Fundamental e do Ensino Médio – Modalidade Normal.

---

18 Institutos são unidades universitárias coordenadas e integradas administrativamente, nas quais as atividades de ensino, pesquisa e extensão são desenvolvidas. Cada Instituto é estruturado da seguinte forma: Conselho Departamental, Diretoria, Departamentos e Secretaria Administrativa.

1.2 CARACTERIZAÇÃO DOS SUJEITOS DA PESQUISA

Nesta pesquisa foram entrevistados coordenadores dos cursos de Pedagogia analisados, bem como os docentes envolvidos com as disciplinas ligadas à temática étnico-racial. Neste ponto, trazem-se algumas informações acerca desses sujeitos. A fonte dos dados em todos os casos foi o *Curriculum Vitae* disponível na Plataforma Lattes (http://lattes.cnpq.br/).

Os docentes entrevistados foram os que lecionavam disciplinas específicas que focalizassem a questão étnico-racial. O objetivo foi averiguar como esses sujeitos inserem a temática em seus planejamentos, como avaliam esse trabalho e o que pensam acerca do seu papel na formação de professores. A lista a seguir reúne informações sobre esses sujeitos, bem como evidencia a forma pela qual eles foram denominados nesta pesquisa.

DOCENTES ENTREVISTADOS

PROFESSORA A
Universidade: UFF
Formação: Graduação em Letras – Português/Francês – UFF. Mestrado em Letras – UFF – com pesquisa sobre a questão étnico-racial. Doutorado em Letras – UFF– com pesquisa sobre a questão étnico-racial.
Militância no Movimento Negro: Não

PROFESSORA B
Universidade: UNIRIO
Formação: Graduação em Ciências Sociais – UERJ – com monografia sobre a questão étnico-racial. Especialização em Educação com Aplicação da Informática (Carga Horária: 360 h) – UERJ – com trabalho baseado na questão étnico-racial. Mestrado em Educação – UERJ – com pesquisa sobre a questão étnico-racial. Doutorado em Educação – UNICAMP – pesquisa voltada para a questão étnico-racial.
Militância no Movimento Negro: Não

PROFESSORA C-1
Universidade: UFRJ
Formação: Graduação em Ciências Sociais – UFF. Mestrado em Sociologia – Instituto Universitário de Pesquisas do Rio de Janeiro (IUPERJ). Doutorado em Sociologia – IUPERJ.
Militância no Movimento Negro: Não

PROFESSORA C-2
Universidade: UFRJ
Formação: Graduação em História – UFF. Especialização em História da África e do Negro no Brasil – Universidade Cândido Mendes (UCAM). Mestrado em História – UFF – com pesquisa sobre a questão étnico-racial e de gênero. Doutorado em História – UNICAMP – com pesquisa sobre a questão étnico-racial e de gênero. Pós-Doutorado em História – UFF.
Militância no Movimento Negro: Sim

PROFESSOR D-1
Universidade: UFRRJ
Formação: Graduação em Educação Física e Desportos – UFRJ. Especialização em História da África – Universidade Cândido Mendes (UCAM). Mestrado em Educação – UERJ – com pesquisa sobre a questão étnico-racial. Doutorado em Ciências Sociais – UERJ – com pesquisa sobre a questão étnico-racial.
Militância no Movimento Negro: Sim

PROFESSORA D-2
Universidade: UFRRJ
Formação: Graduação em História – USP. Mestrado em Educação – USP. Doutorado em Educação – USP.
Militância no Movimento Negro: Não

Foram entrevistados, também, os coordenadores dos cursos de Pedagogia, com o objetivo de tomar conhecimento de sua visão acerca do tratamento dado na formação inicial à questão étnico-racial pelos cursos analisados. A lista a seguir reúne informações sobre esses sujeitos, bem como evidencia a forma pela qual eles foram denominados nesta pesquisa.

COORDENADORAS ENTREVISTADAS

COORDENADORA A
Universidade: UFF
Formação: Graduação em Pedagogia e Psicologia Pré-Escolar – Universidade Estatal de Pedagogia de Moscou [RU]. Mestrado em Pedagogia e Psicologia Pré-Escolar – Universidade Estatal de Pedagogia de Moscou. Doutorado em Educação na Universidade de Brasília (UnB).
Militância no Movimento Negro: Não

COORDENADORA B-1
Universidade: UNIRIO – Vespertino
Formação: Graduação em Ciências Sociais – UNICAMP. Especialização em Antropologia Social – UNICAMP. Mestrado em Educação – Pontifícia Universidade Católica de Campinas, (PUC Campinas). Doutorado em Educação – UNICAMP.
Militância no Movimento Negro: Não

COORDENADORA B-2
Universidade: UNIRIO – Noturno
Formação: Graduação em Psicologia – UFRJ. Aperfeiçoamento *lato sensu* em Linguística Aplicada à Educação de Surdos – UERJ. Especialização em Psicopedagogia Institucional – UFRJ. Mestrado profissional em andamento em Saúde da Família pela Universidade Estácio de Sá (UNESA). Mestrado em Psicologia (Psicologia Clínica) – Pontifícia Universidade Católica do Rio de Janeiro (PUC-Rio). Doutorado em Psicologia Social – UERJ. Pós-Doutorado na Universidade de Brasília (UnB).
Militância no Movimento Negro: Não

COORDENADORA C
Universidade: UFRJ
Formação: Graduação em Pedagogia pela Universidade Santa Úrsula (USU). Especialização em Administração, Orientação e Supervisão Educacional – UFF. Mestrado em Educação – Pontifícia Universidade Católica do Rio de Janeiro (PUC-Rio). Doutorado em Educação – PUC-Rio. Pós-Doutorado em Educação – Pontifícia Universidade Católica de São Paulo (PUC-SP).
Militância no Movimento Negro: Não

COORDENADORA D-1
Universidade: UFRRJ
Formação: Graduação em Economia Doméstica – UFRRJ. Graduação em Pedagogia – Fundação Educacional Unificada Campograndense (FEUC). Especialização em Metodologia do Ensino Superior – UFRRJ. Especialização em análise psico-orgânica e massagem biodinâmica – *École française d'analyse psycho-organique* (EFAPO, Paris). Mestrado Profissional em Ensino de Ciências da Saúde e do Ambiente – Centro Universitário Plínio Leite (UNIPLI).
Militância no Movimento Negro: Não

CAPÍTULO 2
REFLEXÕES SOBRE O CURRÍCULO E A QUESTÃO ÉTNICO-RACIAL

Este capítulo, em primeiro lugar, procurará discutir a concepção de currículo que embasa este estudo, focalizando as duas dimensões definidas como objeto da investigação, o currículo prescrito e o currículo modelado pelos professores, destacando a relevância do primeiro nos processos de ensino e de aprendizagem e buscando refletir acerca do currículo multicultural. A seguir serão analisados os empregos dados ao conceito de raça em algumas vertentes teóricas e seus impactos na educação ao longo do tempo. Depois, o texto abordará as ações pedagógicas do movimento negro que procuraram garantir uma educação das relações étnico-raciais anteriores à Lei 10.639/2003 e à Resolução 01/2004 – e isto é importante porque nos ajuda a entender que já se fazia uma educação antirracista anteriormente à promulgação de uma legislação que tornou de caráter obrigatório a inclusão da temática étnico-racial no currículo. Por fim, desenvolver-se-á uma análise de documentos de produção central que referenciam a educação das relações étnico-raciais.

2.1 O CURRÍCULO ENTENDIDO COMO PROCESSO

A análise dos currículos dos cursos de Pedagogia focalizados neste trabalho baseou-se na perspectiva de currículo como processo, de acordo com Sacristán (2008). Para esse autor, o currículo é constituído por muitas dimensões, das quais destaca seis: o currículo prescrito, o currículo apresentado aos professores, o currículo moldado pelos professores, o currículo em ação, o currículo realizado e o currículo avaliado. Acerca do currículo como processo, o autor afirma que:

> o currículo é um objeto que se constrói no processo de configuração, implantação, concretização e expressão de determinadas práticas pedagógicas e em sua própria avaliação como resultado das diversas intervenções que nele se operam. Seu valor real para os alunos, que aprendem seus conteúdos, depende desses processos de transformação aos quais se vê submetido. (SACRISTÁN, 2008, p. 101)

O autor parte do entendimento do currículo como um "projeto de seleção cultural, social, política e administrativamente condicionado, que preenche a atividade escolar e que se torna realidade nas condições da escola tal como se acha configurada" (SACRISTÁN, 2008, p. 34).

Os currículos dos cursos de Pedagogia das universidades federais UFF, UNIRIO, UFRRJ e UFRJ foram analisados com ênfase nessas duas dimensões, como já indicado: o currículo prescrito e o currículo moldado pelos professores. O intuito foi procurar compreender de que forma essas instituições relacionam-se com as prescrições curriculares para o curso de Pedagogia quanto à abordagem da questão étnico-racial no currículo.

Ao escolher investigar o currículo com base nessas dimensões, é importante destacar que isoladamente elas não nos permitem ter uma ideia do currículo em ação, daquilo que acontece de fato em sala de aula, uma vez que não se constituem como proposta dessa pesquisa as observações de aulas. As dimensões foram escolhidas por ajudarem a fazer uma aproximação do que é o currículo real, mas não representam a realidade de fato, apenas duas dimensões desse processo, configurando-se isso em uma limitação deste trabalho, como apontado anteriormente.

Nesta pesquisa foram analisados documentos em dois momentos de produção do currículo: o que comporta a produção dos marcos legais específicos sobre a obrigatoriedade da questão étnico-racial; e o que representa as escolhas e adaptações realizadas pelos docentes, expressas nos projetos pedagógicos dos cursos e nas ementas das disciplinas. Esses são dois momentos de produção do currículo em contextos distintos, o que fez com que esses movimentos resultassem em documentos diferentes e se tornassem importantes para o estudo.

É relevante dizer ainda que as dimensões escolhidas para serem investigadas permitirão identificar a maneira como o Estado define como as coisas devem ser e que essa determinação é central para o que acontecerá realmente, mesmo que isso não seja mecanicamente realizado. Além disso, as formas pelas quais as universidades organizam o currículo acabam por criar as bases para a prática docente. Contudo, Sacristán (2008, p. 117) destaca que:

> Por mais intervencionismo que a administração queira fazer e por mais precisas que suas orientações pretendam ser, normalmente os professores

não podem encontrar nas disposições oficiais um guia preciso para sua ação. As prescrições curriculares costumam se referir a conteúdos e orientações pedagógicas que podem ser determinantes, no melhor dos casos, para a elaboração de materiais, se se ajustarem a elas, ou para realizar o controle do sistema, mas mais dificilmente costumam ser reguladoras da prática pedagógica dos professores de uma forma direta.

A seguir será traçado um breve panorama acerca do currículo prescrito numa perspectiva histórica, a fim de ressaltar o peso e a relevância que essa dimensão do currículo possui na definição do currículo real. É preciso enfatizar que o que se encontra no currículo prescrito cria de fato condições para a formação de professores, para elaboração de materiais produzidos para a escola, para as avaliações externas e para o modo como a escola vai procurar dar andamento ao currículo.

2.1.1 O CURRÍCULO PRESCRITO

Goodson (2013) examina as definições elaboradas por Jackson[19] (currículo pré-ativo e interativo) e por Young[20] (currículo como fato e currículo como prática) e, após analisar as abordagens desses autores, aponta para as discussões relativas às possíveis divisões curriculares, notando que essas definições não podem resultar num trabalho isolado em que se assimile uma e se isole outra. Sendo assim, afirma que:

> Podemos entender algo da extensão de debates e conflitos que envolvem a palavra currículo. Em certo sentido, a promoção do conceito de "currículo de fato" responde pela priorização do "estabelecimento" intelectual e político do passado, tal como está inserido no currículo escrito. Já o "currículo como prática" dá precedência à ação contemporânea e faz concessões à ação contraditória, extravagante ou transcendente em relação à definição pré-ativa. Isso, muitas vezes, tem levado os reformistas ao desejo de pri-

---

19 A obra original do educador estadunidense Philip W. Jackson intitula-se *Life in Classrooms*. Foi publicada em 1968 pela editora Holt Rinehart and Winston Inc., de Nova York (US).

20 A obra original dos educadores ingleses Michael F. D. Young e Geoff Whitty chama-se *Society, State and Schooling*. Foi publicada em 1977 pela editora Falmer Ringmer (Lewes-UK).

meiro, ignorar as definições pré-ativas – por eles consideradas um legado do passado – e, depois, criar espontaneamente novas normas básicas para a ação (GOODSON, 2013, p. 19).

O autor realiza um estudo a respeito da diferença entre o currículo prescrito – ou escrito – e o currículo que se desenvolve na sala de aula, e declara que o currículo educacional atual não está definido de forma aleatória e que os conflitos sociais existentes nas "construções históricas atravessam sua construção" (GOODSON, 2013, p. 19).

No mesmo sentido, Feliciano (2012, p. 24) analisa que o currículo formal está carregado de estudos, análises, discussões e conhecimentos dos grupos que determinarão e fixarão o que deverá fazer parte da educação escolar. Ao concluir a elaboração desse documento de currículo – que traz, além da definição a respeito do que, como e para que ensinar, os interesses daqueles que o construíram –, a proposta é que esse currículo seja "aplicado" em sala de aula. Nessa perspectiva, o que se tem é a pretensão de aplicar o que foi delineado, o que já passou, que se encontra pronto, estático. Contudo, ao colocar as mãos nesse documento, o docente participa de mais um momento de construção, que ocorre na hora da ação, na sala de aula.

Ao ser entendido como uma construção histórica e social, o currículo prescrito deixa de ser algo que pode ser facilmente reproduzido e transforma-se em algo para além da tradição. Ele é coberto pelo "legado do passado" que ajuda na sua releitura, fazendo com que, na sua implementação, uma interação o torne presente e ativo. Dessa forma, o autor ressalta que é:

> politicamente ingênuo e conceitualmente inadequado afirmar que 'o importante é a prática em sala de aula' (da mesma forma que é uma ignorância querer excluir a política da educação). O que importa ainda, e mais obviamente neste caso, é compreender os parâmetros anteriores à prática (GOODSON, 2013, p. 20-21).

A associação dos níveis pré-ativo e ativo do currículo ajuda a melhor compreender o processo de desenvolvimento curricular.

Não se pode deixar de lado essas duas faces de currículo e por isso torna-se imprescindível compreender as marcas dessas duas dimensões curriculares. O currículo pré-ativo representa o lado idealizado, formado por meio de normas e critérios pré-elaborados, junto a seus significados. Porque "o estabelecimento de normas e critérios tem significado, mesmo quando a prática procura contradizer ou transcender esta definição pré-ativa. Com isso, ficamos vinculados a formas prévias de reprodução, mesmo quando nos tornamos criadores de novas formas" (GOODSON, 2013, p. 18).

Já o currículo ativo cuida das ações singulares, das interações manifestadas tanto pelos professores como pelos alunos. Essa dimensão do currículo consiste na construção que se opera na sala de aula, quando o docente realiza seu trabalho, e durante o processo de aprendizagem dos alunos.

O estudo do currículo, com base na consideração dessas duas dimensões, constitui-se numa abordagem que o considera como uma construção social. Assim, mesmo que a formação do currículo prescrito não represente precisamente o que é desenvolvido na prática, "isso não implica que devamos abandonar nossos estudos sobre prescrição como formulação social, e adotar, de forma única, o prático. Pelo contrário, devemos procurar estudar a construção social do currículo tanto em nível de prescrição como de interação" (GOODSON, 2013, p. 78).

A análise do currículo se torna indispensável para estudar a escolarização. Na visão de Goodson (2013), tanto o currículo pré-ativo quanto o currículo ativo são relevantes para se realizar um trabalho reflexivo. Assim, não é possível largar de mão a construção histórica que orienta o currículo formal e planejado, nem a renovação desse currículo realizada pelo docente na relação com seus alunos.

Quanto ao currículo prescrito, Goodson (1997) enfatiza a existência de uma predisposição para desvalorizar o seu papel, postura que se originou de uma perspectiva crítica sobre o currículo:

> Nos anos 60 e 70, os estudos críticos do currículo como construção social apontavam para sala de aula como o local da sua negociação e concretização. A sala de aula era o "centro da acção", a "arena de resistência". Segundo esta perspectiva, o currículo era o que se passava na sala de aula. A definição de currículo escrito, pré-activo — a perspectiva a partir do "terreno elevado" e das montanhas — encontrava-se sujeita a redefinições ao nível da sala de aula e era, muitas vezes, irrelevante. Este ponto de vista é insustentável

nos dias de hoje. É verdade que o "terreno elevado" do currículo escrito está sujeito a renegociação a níveis inferiores, nomeadamente na sala de aula. Mas considerá-lo irrelevante, como nos anos 60, não faz qualquer sentido. Parece-me que a ideia de que o terreno elevado é importante está a ganhar uma aceitação cada vez maior. No "terreno elevado" o que é básico e tradicional é reconstruído e reinventado (GOODSON, 1997, p. 20).

Ao enfatizar a relevância do currículo prescrito, o autor não aparenta estar reivindicando o papel de determinação das práticas para o currículo prescrito, nem muito menos qualquer tipo de proeminência em relação ao currículo praticado em sala de aula, apesar de empregar os seguintes termos: "terreno elevado face a níveis inferiores", que possibilitariam insinuar uma supervalorização do currículo oficial, prescrito. O autor apenas destaca o seu importante papel balizador: "Significa [...] afirmar que o currículo escrito fixa frequentemente os parâmetros importantes para a prática da sala de aula (nem sempre, nem em todas as ocasiões, nem em todas as salas de aula, mas frequentemente)" (GOODSON, 1997, p. 20).

A ordenação do currículo compete ao Estado, como um dos elementos da estruturação da vida social. Organizar o conhecimento por meio do sistema educacional é um meio de não apenas influenciar na definição do que se considera a cultura legítima a ser enfatizada, como também de produzir efeitos em toda a estrutura econômica e social. Em todas as sociedades existem ajustes do currículo, com graus e modelos distintos de intervenção, conforme períodos históricos e sistemas políticos, que possuem diversos resultados acerca do desempenho do sistema como um todo.

O currículo prescrito refere-se ao conjunto de aspectos que atuam como referência na ordenação do sistema escolar, ou seja, é o primeiro nível de definição do currículo. É entendido como uma ferramenta da política educacional. Como explica Sacristán (2008, p. 109), ele é:

> Um aspecto específico da política educativa, que estabelece a forma de selecionar, ordenar e mudar o currículo dentro do sistema educativo, tornando claro o poder e a autonomia que diferentes agentes têm sobre ele, intervindo, dessa forma, na distribuição do conhecimento dentro do sistema

escolar e incidindo na prática educativa, enquanto apresenta o currículo a seus consumidores, ordena seus conteúdos e códigos de diferentes tipos.

Pode-se afirmar, a respeito da política curricular, que ela envolve as deliberações acerca do conteúdo e da prática pedagógica, nos âmbitos político e administrativo. Na hora em que temos um Estado regulador dos processos educativos, possuímos uma política curricular que interferirá nos sistemas de ensino. Sobre essa mediação, Sacristán (2008, p. 109) identifica duas formas de intervenção: a administrativa, coercitiva, dispersa numa série de regulações desconectadas entre si, limitadora da autonomia dos professores, sendo ela mais clara ou mais oculta, dissimulada; e outra democrática, que assegura a participação dos agentes da comunidade educativa em vários níveis.

Diante das intervenções coercitiva e democrática, devem ser considerados cinco aspectos que auxiliam a dar forma à política curricular: 1) as formas de regular ou impor uma determinada distribuição do conhecimento dentro do sistema educacional; 2) a estrutura de decisões, centralizadas ou não, na regulação e controle do currículo; 3) os aspectos sobre os quais o controle incide; 4) os mecanismos explícitos ou ocultos pelos quais se exerce o controle sobre a prática educativa; 5) as políticas de inovação do currículo, assistência às escolas e de aperfeiçoamento dos professores como estratégias para melhorar a qualidade do ensino (SACRISTÁN, 2008, p. 110). Segundo o autor, ao refletirmos sobre os caminhos de intervenção num determinado currículo, entenderemos o significado do currículo como área na qual se expressa uma ação que, mesmo não sendo pedagógica, possui significativo poder de enquadrar o que é a prática no ensino.

As prescrições e regulações curriculares encontram, na abordagem do autor, cinco funções dentro dos sistemas social e escolar, assim como na prática pedagógica. A primeira refere-se aos mínimos curriculares para uma educação nacional. Sacristán entende os mínimos curriculares como denominadores comuns a todos os alunos, estando essa ideia vinculada, também, à pretensão de uma escola comum. Isso então se constituiria na concepção de um currículo comum na educação obrigatória, que uniformizaria (de forma hipotética) a educação escolar nacional.

A segunda função das prescrições curriculares é a da igualdade de oportunidades na saída do sistema educacional. O fato de existirem mínimos curriculares pretende revelar uma cultura que se considera válida para todos. Deste modo, para Sacristán (2008, p. 112):

> Na decisão de que cultura se define como mínima e obrigatória está se expressando o tipo de normalização cultural que a escola propõe aos indivíduos, a cultura e o conhecimento considerado valioso, os padrões pelos quais todos serão, de alguma forma, avaliados e medidos, expressando depois para a sociedade o valor que alcançaram nesse processo de normalização cultural.

O autor afirma, ainda, quanto a esse ponto, que, se todo currículo abrange um projeto de socialização para o aluno, os mínimos que são regulados apresentam exigências para satisfazer a essa socialização.

Goodson (2013) afirma que é importante reconhecer que a inclusão ou exclusão de algum aspecto no currículo prescrito estão vinculadas à inclusão ou exclusão na sociedade. Nesse sentido, Silva (1995) considera importante destacar que a cultura escolar não pode, em seus conteúdos e práticas, considerar e fazer com que os membros de uma determinada minoria se percebam acolhidos; se toda a cultura escolar não aborda de forma adequada a questão mais geral do currículo multicultural, não se pode alcançar essa condição; torna-se inviável o debate da questão da diversidade em geral. Porém, para introduzir a questão racial nos currículos é preciso, de acordo com esse autor, ter uma estrutura curricular distinta da dominante e uma mentalidade diferente por parte de docentes, pais, alunos, administradores e agentes que organizam os materiais escolares.

A ordenação da sequência do progresso pela escolaridade constitui-se na terceira função da regulação do currículo. Conforme Sacristán (2008, p. 113):

> O currículo prescrito, quanto a seus conteúdos e a seus códigos, em suas diferentes especialidades, expressa o conteúdo base da ordenação do sistema, estabelecendo a sequência de progresso pela escolaridade e pelas especialidades que o compõem.

Após se fazer a ordenação do ensino, são estipulados os conteúdos que devem ser privilegiados em cada período da vida escolar:

> Intervém-se, determinando parcelas culturais ponderando umas mais que as outras, ao optar por determinados aspectos dentro das mesmas, quando se dão orientações metodológicas, ao se agrupar ou separar saberes, ao decidir em que momento um conhecimento é pertinente dentro do processo de escolaridade, ao proporcionar sequências de tipos de cultura e de conteúdo dentro de parcelas diversas (SACRISTÁN, 2008, p. 113).

A quarta função do currículo prescrito acaba por delimitar a prática de ensino. De acordo com o autor, a ordenação da prática curricular dentro do sistema educativo representa, sem sombra de dúvidas, um pré-condicionamento para o ensino, pois as decisões em torno de certos códigos são projetadas de modo inexorável em metodologias concretas, com diferente grau de eficácia em seus resultados. O controle aqui apontado não pode ser totalmente efetuado, uma vez que, entre as prescrições e a ação docente, há uma longa distância a ser percorrida. Entre o prescrito e o realizado existem outros agentes curriculares – editores e autores de materiais didáticos, professores, alunos, familiares, dentre outros.

Como quinta função do currículo prescrito, tem-se o controle de qualidade, que pode ser adotado mediante a regulação administrativa, que guia como deve acontecer a prática escolar, através de inspeção ou por meio de avaliação externa dos estudantes como fonte de informação.

2.1.2 O CURRÍCULO MOLDADO PELOS PROFESSORES

A dimensão do currículo moldado pelos professores, nas escolas e nas universidades, constitui o conjunto de escolhas que o docente realiza em seus planos de curso, nas ementas das disciplinas e no planejamento de suas aulas.

Considera-se o professor como um elemento de central importância na atividade pedagógica e, mesmo que se reconheça que o currículo prescrito molda suas práticas, também se afirma que os docentes incrementam e influenciam o currículo na definição de seus cursos e aulas – e esse processo é recíproco. A esse respeito, Sacristán afirma que:

Se o currículo expressa o plano de socialização através das práticas escolares imposto de fora, essa capacidade de modelação que os professores têm é um contrapeso possível se é exercida adequadamente e se é estimulada como mecanismo contra-hegemônico. Qualquer estratégia de inovação ou de melhora da qualidade da prática do ensino deverá considerar esse poder modelador e transformador dos professores, que eles de fato exercem num sentido ou noutro, para enriquecer ou para empobrecer as propostas originais (SACRISTÁN, 2008, p. 166).

Por isso, o planejamento docente e o desenvolvimento de suas práticas são elementos relevantes e que vão determinar o que é ensinado nas escolas e universidades. O currículo, como resultado tornado realidade por conta de materiais e práticas didáticas, sofre, para Sacristán (2008), transformações e adaptações no processo de planejar, por meio de acréscimos, subtrações, ou pelas escolhas dos professores quanto ao tempo, à continuidade e às ênfases diferenciais em determinados componentes ou conteúdos.

Esse autor ainda observa que os professores demonstram maior interesse por tratar determinados conteúdos em relação a outros dentro do currículo, para os quais dedicam mais tempo e desenvolvem atividades mais significativas. Sobre isso, afirma que:

> Qualquer professor tem experiência pessoal, por pouco consciente que seja de seu próprio trabalho, de que dedica mais tempo a alguns conteúdos do que a outros, de que realiza atividades mais variadas em alguns que em outros; inclusive alguns temas lhe agradam mais e outros nem tanto, etc. Uma margem de atuação que é mais ampla quando um só professor atende a um mesmo grupo de alunos na maioria das áreas do currículo. Isso inclusive em contextos rigidamente controlados, pois nenhum controle, felizmente, pode chegar a esses extremos de eficácia (SACRISTÁN, 2008, p. 174-175).

O autor compreende que a epistemologia implícita do professor, ou seja, a concepção que tem do que seja conteúdo do ensino e conhecimento valioso, conduzirá os docentes a preferirem determinados itens e dar mais atenção a uns do que a outros, a se entreterem com atividades variadas com uns elementos e com outros não, e a considerarem tudo isso na hora da avaliação.

Esse pode ser um entrave para o desenvolvimento do tema referente à educação das relações étnico-raciais dentro do currículo dos cursos de Licenciatura e da Escola Básica, uma vez que, apesar do que prescrevem os planos e currículos oficiais, será o professor quem decidirá, em última instância, o que é relevante a ser trabalhado em sala de aula. Então, se o docente não tem interesse por essa questão ou não a vê com a mesma relevância que atribui a outras – ou mesmo se não tem embasamento para fazer a sua abordagem –, tenderá a não enfatizá-la. Por mais que as propostas curriculares sejam estruturadas de forma rígida e controlada, o professor é, segundo Sacristán (2008, p. 175), "o último árbitro de sua aplicação nas aulas". Sendo assim, para tentar evitar essa situação de desprezo ou subvalorização da temática étnico-racial, é importante buscar elaborar tais propostas curriculares com maior participação dos docentes em sua construção, num processo dialético entre os conhecimentos, valores dos professores e as novas propostas.

Embora se tenha muitas vezes atribuído historicamente para o docente o papel de um mero executor do currículo ou transmissor das mensagens nele contidas, ou, mesmo que se reconheça o seu valor como alguém que contribui para o seu desenvolvimento, com determinado grau de contribuição pessoal, a figura do docente é imprescindível. É por conta disso que Sacristán (2008) afirma que, ao se proporem inovações nos currículos, essas discussões devem estar vinculadas à participação dos docentes, muito mais do que tomá-los como meros consumidores, pois nunca o serão, uma vez que a implementação de qualquer currículo perpassa o exame e a ação dos profissionais da educação.

Sacristán (2008, p. 179) pondera ainda que pode acontecer de os professores assumirem um papel passivo, como meros executores do currículo prescrito, ou de profissionais críticos, que empregam tanto o conhecimento quanto sua autonomia para criarem soluções criativas para encarar cada realidade vivida no âmbito educacional. Ele acredita que o papel assumido pelo professor pode se configurar em três níveis, conforme o grau de independência conferido a esses agentes:

1. ***imitação-manutenção*** – é aquele em que os professores seguem à risca os livros-texto e os guias curriculares; nele há a confiança na habilidade dos docentes para o desempenho das funções em conformidade com um determinado padrão, não havendo questionamento dos professores sobre o material empregado.
2. ***o professor como mediador*** – toma o professor como mediador capaz de adaptar os materiais, os currículos ou as inovações com base nas condições da realidade com que trabalha. O professor sabe as condições da escola, dos alunos, os recursos que possui.
3. ***professor criativo-gerador*** – é o professor que, juntamente com seus pares, reflete sobre o seu fazer e busca condições melhores, identifica as dificuldades e elabora hipóteses de trabalho para solucioná-las, seleciona materiais, enfim, desenvolve um trabalho de pesquisa na ação.

O autor entende que esses níveis constituem-se por meio de opções políticas que buscam delinear um modo de compreender a profissionalização docente. Contudo, essa opção configurar-se-á como uma ficção, à qual se pretende submeter o professor, e não algo real, pois o professor sempre exerce o papel de adaptador ou de criador. A visão de dependência severa em relação à burocracia organizativa ou de poderes externos, ou uma formação ruim, podem dar essa ideia de carência de apoio na realidade. O professor é, sem sombra de dúvidas, mediador, "para o bem ou para o mal, num sentido ou noutro, só que se pode atribuir-lhe politicamente o papel de adaptador ou, em maior medida, o de criador" (SACRISTÁN, 2008, p. 179).

2.2 O CURRÍCULO MULTICULTURAL

O multiculturalismo consiste num fenômeno que se originou nas nações dominantes do Norte e, embora seja um movimento legítimo de reivindicações que começaram no interior de grupos culturais subjugados dentro desses países, para que suas formas culturais tivessem reconhecimento e fossem representadas dentro da cultura nacional, também pode ser usado como um dispositivo que ajuda na acomodação dessas classes.

Segundo Canen (2007), o multiculturalismo consiste no movimento político, ideológico e social que caminha para o diálogo a respeito das diferenças, confrontando atitudes preconceituosas e visões estereotipadas. Não se baseando simplesmente em enaltecer as diferenças e em promover eventos que as coloquem em evidência, mas enfatizando o questionamento do lugar que essas diferenças ocupam nas relações de poder e cultura desiguais, mostrando de que forma essas diferenças vêm sendo tratadas de modo a gerarem e reforçarem desigualdades de toda sorte.

Na perspectiva do multiculturalismo humanista liberal, afirma-se a igualdade oriunda de uma "posição ontológica de igualdade entre os seres humanos" (SISS, 2002, p. 145), em que se ressalta que todos têm uma mesma humanidade, ainda que sejam diferentes.

As desigualdades existentes na sociedade norte-americana, por exemplo, não são originárias das diferenças culturais ou raciais, mas sim resultado da diferenciação de oportunidades no sistema educacional e social ofertados aos indivíduos. Não há igualdade nos Estados Unidos, de acordo com a visão dos multiculturalistas liberais, pois não existem as mesmas oportunidades sociais e educacionais para que as pessoas possam competir igualmente no mercado capitalista. Poderia haver uma igualdade "relativa" entre os diversos grupos raciais apenas mediante a redistribuição de recursos sociais e econômicos. Enfim, as desigualdades raciais e culturais não são vistas como resultado de um atraso cultural dos grupos dominados, mas encaradas como problemas sociais.

De acordo com Silva (2005), os teóricos do multiculturalismo humanista liberal de esquerda compreendem que as demais correntes, por darem destaque à igualdade racial, provocam o ocultamento das características e diferenças sociais, de classe, de gênero e sexualidade. E esse tipo de multiculturalismo enfatiza as diferenças culturais e sugere que a importância dada à igualdade das raças oculta muitas outras diferenças culturais relevantes: aquelas que são responsáveis por atitudes, valores, comportamentos e práticas sociais variadas. Trata a diferença cultural como algo a-histórico, descontextualizado e cujas relações de poder ajudam na construção da diferença e seus sentidos.

Já a perspectiva crítica entende a noção de diferença como resultado das relações históricas, de cultura e de poder. O multiculturalismo crítico encontra-se dividido entre uma concepção pós-estruturalista e outra que podemos chamar de "materialista". Do ponto de vista da concepção pós-estruturalista, a diferença cultural pode ser compreendida, precisamente, como um processo linguístico de significação, não sendo a diferença algo natural, mas sim construída discursivamente. A diferença é relacional, pois uma coisa só pode ser diferente em relação a alguma outra coisa que, de acordo com certos contextos, é encarada como referência padrão e apenas adquire esse *status* também em uma relação. Por outro lado, na concepção materialista, de inspiração marxista, a diferença cultural resulta de "processos institucionais, econômicos, estruturais", que podem ser compreendidos como produtores da "discriminação e desigualdade baseadas na diferença cultural". Sobre isso, Silva (2005, p. 87-88) afirma que:

> a análise do racismo não pode ficar limitada a processos exclusivamente discursivos, mas deve examinar também (ou talvez principalmente) as estruturas institucionais e econômicas que estão em sua base. O racismo não pode ser eliminado simplesmente através do combate a expressões linguísticas racistas, mas deve incluir também o combate à discriminação racial no emprego, na educação e na saúde.

O multiculturalismo encaminha ao terreno político a compreensão da diversidade cultural que se encontrava restringida à perspectiva antropológica. E, mesmo sofrendo várias críticas, posturas divergentes e ataques, o multiculturalismo trouxe grandes contribuições ao debate sobre o currículo, tais como: destacou as relações de poder como geradoras das desigualdades; pôs as diferenças culturais como base para discutir os valores da civilização ocidental; reuniu as contribuições das diversas culturas dominadas. Em relação à educação das relações étnico-raciais, o multiculturalismo contribuiu de maneira considerada ainda muito restrita, conforme analisa Silva (2005). Contudo, é preciso levar em consideração as contribuições do multiculturalismo aos diversos espaços de luta por essas causas sociais.

Peter McLaren é um importante autor que aborda a questão do multiculturalismo com base na realidade dos Estados Unidos, país que tem vivenciado muitas tragédias relacionadas, muitas vezes, à questão racial.

Por isso mesmo, dentro desse contexto, o debate a respeito da educação multicultural constitui algo muito importante e urgente.

Para McLaren (2000a, p. 122), o multiculturalismo deve ter uma agenda política de transformação, caso contrário pode tornar-se outro modo de adaptação "a uma ordem social maior". Ele utiliza o *insight* pós-estruturalista, destacando o significado da resistência, dando ênfase ao papel que a língua e a representação possuem na constituição de significado e identidade. De acordo com esse autor:

> A perspectiva que estou chamando de multiculturalismo crítico compreende a representação de raça, classe e gênero como o resultado de lutas sociais mais amplas sobre signos e significações e, neste sentido, enfatiza não apenas o jogo textual e o deslocamento metafórico como forma de resistência, mas enfatiza a tarefa central de transformar as relações sociais, culturais e institucionais nas quais os significados são gerados (McLAREN, 2000a, p. 123).

De acordo com McLaren, a linguagem necessita ser desafiada e questionada para assim poder romper com a ideia de neutralidade que ela nos coloca. É a língua que funda a realidade, não somente por refleti-la, mas sim por refratá-la, transformando o mundo, construindo também as identidades. McLaren nos dá uma noção de uma abordagem de ensino partindo da pedagogia crítica, revelando que ela pode colaborar para uma formação crítica e seu emprego no cotidiano da sala de aula, através da linguagem e da experiência. O destaque é dado para a experiência do aluno. Para ele, isso tem implicações:

> Em primeiro lugar, o conceito de experiência do estudante é validado como uma fonte primária de conhecimento, e a subjetividade do estudante é vista como um repositório de significados, construído em camadas e muitas vezes contraditório. [...] Em segundo lugar, tal pedagogia tenta oferecer aos estudantes os meios críticos para negociar e traduzir criticamente suas próprias experiências e formas de conhecimento subordinado. [...] Em terceiro lugar, um discurso radical de pedagogia deve incorporar uma teoria da leitura crítica viável que enfoque os interesses

e pressupostos que informam a própria geração do conhecimento. Isso é particularmente importante para o desenvolvimento de uma pedagogia, como diria Paulo Freire, para ler tanto a palavra quanto o mundo (McLAREN, 2000b, p. 43).

Para esse autor, uma pedagogia da linguagem e da experiência compreende ensinar os alunos a ler uma palavra, a imagem e o mundo de modo crítico, com entendimento dos códigos culturais e da produção ideológica presentes na vida em sociedade.

James Banks é um autor comprometido com a questão de uma educação multicultural, revelando uma concepção do tipo liberal. Esse autor está focado nas questões do multiculturalismo numa dimensão didático-pedagógica, encontrando-se bastante interessado na questão do fracasso escolar dos estudantes das camadas mais pobres da população e dos afrodescendentes.

Para Banks (2006, p. 6), uma educação multicultural implica:

> uma ideia que designa que todos os estudantes, independentemente do grupo a que pertençam, tais como aqueles relacionados a raça, cultura, classe social ou língua – possam vivenciar a igualdade educacional nas escolas. [...] A educação multicultural é também um movimento de reforma planejado para promover a transformação da escola, objetivando que estudantes de diferentes grupos tenham chances iguais de sucesso. [...] Como a educação multicultural é um processo continuo que tenta visibilizar metas idealizadas – como igualdade educacional e erradicação de todas as formas de racismo e discriminação [...] um de seus maiores objetivos é ajudar alunos a adquirir conhecimento, atitudes e habilidades necessárias para se tornarem cidadãos que promovam justiça social dentro de suas comunidades locais, países e comunidades globais.

Banks (2006, p. 23) mostra-se bastante preocupado em envidar esforços para incluir conteúdos multiculturais no currículo e, para isso, apresenta seu modelo de educação multicultural para ser empregado no cotidiano da sala de aula, organizado em cinco dimensões relacionadas entre si, que são:

1. ***Integração de conteúdo*** – trata dos modos pelos quais os professores empregam exemplos, dados e informações originários de distintos

grupos e culturas para exemplificar conceitos-chave, princípios, generalizações e teorias nas matérias ou disciplinas.
2. **Construção do conhecimento** – indica maneiras pelas quais os docentes auxiliam seus alunos a compreenderem, pesquisarem e determinarem como pressuposições culturais implícitas, quadros de referência, perspectivas e preconceitos em uma disciplina influem nos modos pelos quais o conhecimento é elaborado.
3. **Equidade pedagógica** – que se refere às mudanças que os professores operam em seus modos de ensinar, de maneira a facilitarem o rendimento acadêmico dos alunos de distintos grupos étnicos, raciais e sociais, incluindo o emprego de uma pluralidade de estilos de ensino, em coerência com os vários estilos de aprendizagem dos variados grupos étnicos e culturais.
4. **Redução do preconceito** – essa dimensão baseia-se na descrição de atividades, lições e métodos que os docentes podem utilizar para modificar atitudes dos alunos em relação à questão racial.
5. **Viabilização da cultura escolar** – uma cultura escolar e uma estrutura social que confiram poder aos mais variados grupos deve promover que se reestruture a cultura e que se organize a escola, com vistas a que os discentes de diferentes grupos étnicos, sociais e raciais sejam capazes de vivenciar a equidade educacional e seu complemento na escola.

Já quando se focaliza a teoria pós-colonialista, verifica-se que ela possui como objetivo, de acordo com Silva (2005, p.125): "analisar o complexo das relações de poder entre as diferentes nações que compõem a herança econômica, política e cultural da conquista colonial europeia tal como se configura no presente momento".

Essa teoria se baseia no princípio de que o mundo em que vivemos, no instante em que se torna globalizado, só pode ser entendido de forma adequada se levarmos em conta as consequências da chamada "aventura colonial europeia" (SILVA, 2005, p. 125). Essa teoria pode ser situada no período do final do império colonial europeu, delimitado em termos de conquista de território, que ocorre dos anos finais da Segunda Guerra Mundial até os anos 1960. A investigação pós-colonial não está reduzida a apenas investigar as relações de poder existentes entre as grandes cidades e os atuais países libertados, mas voltar no tempo para levar em conta toda a história da expansão imperial europeia desde o século XV. Essa análise é bem ampla na definição do que são as "relações coloniais" de poder, compreendendo desde relações de invasão e domínio diretos, como ocorridos na Índia, nos países africanos e asiáticos, percorrendo os planos de "colonização" por grupos de "colonos" – como na Austrália –, para juntar as relações atuais de poder entre nações, fundamentadas na exploração econômica e no imperialismo cultural.

Silva (2005) pondera que a teoria pós-colonial procura analisar tanto as obras literárias escritas a partir do olhar dos dominantes quanto aquelas escritas pelos dominados. O objetivo de analisar as obras produzidas pelos dominantes está fundamentado em examiná-las como narrativas que criam o outro colonial enquanto objeto de conhecimento e como sujeito subalterno. As narrativas imperiais são percebidas como parte de um programa de sujeição dos povos colonizados. Já as obras literárias produzidas pelos indivíduos pertencentes aos grupos colonizados são consideradas como narrativas de luta contra a visão e o poder imperiais. Essas narrativas são vistas em oposição às narrativas literárias dos dominantes, pois procuram colocar o outro colonizado como objeto de curiosidade, do saber e do poder das grandes cidades.

Este mesmo autor afirma que, numa visão mais restrita, a teoria pós-colonial deveria estar baseada principalmente nas manifestações literárias e artísticas dos povos dominados, compreendidas como revelação de sua vivência da opressão colonial e pós-colonial. Por conta disso, a teoria pós-colonial consiste num dado importante no questionamento e na crítica de currículos baseados no denominado "cânone ocidental" das grandes obras literárias e artísticas.

A teoria pós-colonial, conforme destaca Silva (2005), junto com o feminismo e as teorias críticas ancoradas em movimentos sociais, tais como o movimento negro, acabam por exigir a inserção das formas culturais que expressam a experiência de grupos cujas identidades culturais e sociais são estigmatizadas pela identidade europeia dominante. Essa teoria está concentrada em questionar as narrativas acerca da nacionalidade e sobre "raça" que se acham no centro da criação imaginária que o Ocidente fez, e faz, do Oriente e de si próprio. Silva (2005) reflete que a teoria pós-colonial destaca, principalmente, as ligações intrincadas entre, de um lado, a exploração econômica e a ocupação militar e, do outro, a dominação cultural.

De acordo com Silva (2005), outro campo teórico e investigativo importante originou-se em 1964, com a criação do Centro de Estudos Culturais Contemporâneos, na Universidade de Birmingham, Inglaterra – trata-se dos Estudos Culturais. Os estudos desenvolvidos por esse centro se iniciaram por meio de indagações a respeito do entendimento da cultura dominante na crítica literária inglesa. Diante desse legado, ilustrado pelo trabalho de F. R. Leavis[21] com a obra *For Continuity* (de 1933), a cultura era identificada apenas nas denominadas grandes obras da literatura e das artes em geral, o que revelava uma visão burguesa e elitista da cultura como algo específico de um grupo restrito de indivíduos, ocorrendo um conflito entre cultura e democracia.

Os Estudos Culturais tiveram suas bases para teorização em duas principais obras da literatura, que consistiram nos trabalhos de Hoggart, *The uses of literacy*, e de Raymond Williams, *Culture and Society*, segundo nos informa Silva (2005).

No trabalho de Williams, a cultura era entendida como o modo de vida global de qualquer grupo social e essa visão não permitia a distinção qualitativa entre as grandes obras da literatura e os outros modos de organização e significação do mundo. Já o livro de Hoggart, que analisa a classe operária e o conceito de cultura, começa a envolver o que na literatura anglo-saxônica é tido como cultura popular.

Os Estudos Culturais estão preocupados, então, em analisar a cultura, entendida, de acordo com a conceitualização original de Raymond Williams, como modo de vida global ou experiência vivida por um grupo social. Silva (2005) salienta que essas ideias nos ajudam a compreender o currículo como um território de lutas ao redor da significação e da identidade. A partir delas se pode observar o conhecimento e o currículo como campos culturais submetidos à disputa e à interpretação, nos quais os distintos grupos procuram construir a hegemonia de suas posições e interesses.

---

21 O professor e crítico literário inglês Frank Raymond Leavis publicou *For Continuity* em 1933 pela editora Minority, de Cambridge (UK).

Esse autor analisa, ainda, que o currículo, coerentemente com essa visão, se constitui num artefato cultural em dois sentidos: "1) a 'instituição' do currículo é uma invenção social como qualquer outra; 2) o 'conteúdo' do currículo é uma construção social" (SILVA, 2005, p. 135). Silva considera necessário entender que essa construção social não deve ser entendida isoladamente, sem um exame das relações de poder que fizeram e fazem com que se tenha um currículo e não outro, privilegiando-se determinados conteúdos e não outros.

Na perspectiva dos Estudos Culturais, portanto, é preciso valorizar o hibridismo e pensar na incorporação nos currículos escolares das mais variadas tradições dos grupos que constituem a sociedade, até mesmo daqueles aos quais historicamente se vem atribuindo a condição de subalternidade, tais como mulheres, negros, homossexuais, etc.

No próximo item, analisaremos a ideia de cultura e o uso indiscriminado do conceito de raça e suas implicações na área da educação ao longo da história.

2.3 O CONCEITO DE RAÇA E SEUS USOS AO LONGO DO TEMPO

Zigmunt Bauman inicia o primeiro capítulo de seu livro, *O mal-estar da pós-modernidade*, com a seguinte afirmação:

> Os grandes crimes, frequentemente, partem de grandes ideias. Poucas grandes ideias se mostram completamente inocentes quando seus inspirados seguidores tentam transformar a palavra em realidade – mas algumas quase nunca podem ser abraçadas sem que os dentes se descubram e os punhais se agucem. (BAUMAN, 1998, p. 13)

Segundo o autor, estão, entre essas grandes ideias, as de pureza e, especialmente importante para esta pesquisa, a ideia de pureza racial. Mas no que consistem essas ideias de pureza racial? Como se constroem ideias desse tipo? Sem dúvida, elas têm embasamento no darwinismo social[22], na eugenia[23], dentre outras teorias que buscavam se constituir em estratégias capazes de dar elementos para classificar ou hierarquizar os povos, possibilitando um jogo perigoso: o da inclusão e exclusão social de pessoas de acordo com seu pertencimento étnico-racial.

Os Estados-Nação usaram a diversidade para gerar a confusão e o caos, procurando assim conceber seus sonhos de pureza e homogeneidade da sociedade, assumindo a ordem de erradicar determinadas diferenças. O projeto foi formar uma sociedade racial e culturalmente homogênea, onde apenas existiria lugar para indivíduos "iguais" e, ao mesmo tempo, previsíveis. Aqueles que não conseguissem se encaixar ou que resistissem a entender as categorias classificatórias de dominação seriam identificados como "estranhos", "anormais", "inferiores".

Mas como surgiram essas categorias classificatórias para embasar a dominação sobre os grupos em condição de desvantagem?

A partir do século XV, quando se iniciaram as grandes navegações e os navegadores conheceram povos com características físicas diferentes das deles, como os indígenas e os africanos, começou-se a cogitar se estes povos poderiam ser considerados seres humanos. Mas, para que pudessem ser identificados como humanos, seria necessário comprovar que, acima de tudo, eram descendentes de Adão e Eva, tanto quanto os europeus. Munanga (2010, p. 182) nos ajuda a relembrar que, entre os séculos XV e XVII, o conhecimento e a explicação da origem da humanidade encontravam-se nas mãos da Igreja, por meio da Teologia. Em um debate eclesiástico, foi definido que tais povos possuíam alma, mas lhes faltava serem convertidos para que saíssem de sua condição pecaminosa e, assim, aperfeiçoassem sua condição de humanidade primitiva.

---

22 Darwinismo social consiste num pensamento determinista de cunho racial. Segundo Schwarcz (2008, p. 58), "Essa nova perspectiva denominada 'darwinismo social' ou 'teoria das raças' via de forma pessimista a miscigenação, já que acreditava que 'não se transmitiriam caracteres adquiridos', nem mesmo por meio de um processo de evolução social".

23 "A eugenia supunha uma nova compreensão das leis da hereditariedade humana, cuja aplicação visava a produção de 'nascimentos desejáveis, controlados'; enquanto movimento social, preocupava-se em promover casamentos entre determinados grupos e – talvez o mais importante – desencorajar certas uniões consideradas nocivas à sociedade" (SCHWARCZ, 2008, p. 60).

Munanga (2010, p. 183) também aponta que os filósofos iluministas, no século XVIII, não aceitaram a explicação religiosa a respeito de indígenas e negros, buscando na razão uma explicação científica para a diferença entre os seres humanos. Eles rejeitaram e substituíram o mito de Adão e Eva por uma visão histórica cumulativa, que recuperava o conceito de raça empregado nas ciências naturais, na Zoologia e Botânica, nas quais o conceito era utilizado para classificar as espécies animais em classes ou raças, de acordo com critérios objetivos, mas que não tinham a ver somente com as cores.

Quanto a esse uso do conceito de raça, Seyferth (2016) diz que a palavra "raça" vai aparecer a partir do século XVIII, para dar destaque às pequenas diferenças biológicas nas classificações realizadas pela Zoologia, primeiramente utilizada para qualificar rebanhos, conforme assinalado por Comas (1966 apud SEYFERTH, 2016, p. 23).

Munanga (2010) afirma que, nos séculos XIX e XX, os cientistas aliaram critérios de cor da pele à ideia de raça humana, acrescentando características morfológicas, tais como o formato do crânio e da cabeça, lábios, nariz, queixo, etc., e somando ainda outras características genéticas hereditárias, tais como os grupos sanguíneos e a presença de algumas doenças hereditárias e raciais, para fundamentar as classificações. Esses aspectos constituíram marcadores genéticos que consagrariam a tarefa científica de classificação das raças humanas.

Mas é importante considerar que não foi o fato de existirem diferenças físicas entre indivíduos ou grupos numa mesma sociedade o que levou ao surgimento do racismo, conforme afirma Seyferth (2016), mas sim o significado social que se dava a essas distinções, empregadas de forma subjetiva pelos indivíduos.

Segundo Skidmore (1976, p. 46), o conde Arthur de Gobineau, em visita ao Brasil no século XIX, afirmava que a população brasileira era integralmente mulata, viciada no sangue e no espírito e assustadoramente feia. Não apenas descreveu a mestiçagem, mas também marcou de forma específica e negativa a sua identidade, adjetivando-a como feia, assustadoramente feia, vista como algo que explicaria o atraso e a inviabilidade do Brasil como país. Para Skidmore, Gobineau referia-se aos brasileiros dizendo que:

> nem um só brasileiro tem sangue puro porque os exemplos de casamentos entre brancos, índios e negros são tão disseminados que as nuanças de cor são infinitas, causando uma degeneração do tipo mais deprimente tanto nas classes baixas como nas superiores. (SKIDMORE, 1976, p. 46)

Gobineau pensava que a população nativa iria desaparecendo com o tempo, devido à sua "degenerescência" genética. De acordo com Skidmore (1976, p.46), Gobineau, com o auxílio de cálculos matemáticos, considerou que "em menos de duzentos anos [chegaria] o fim dos descendentes de Costa Cabral (sic) e dos imigrantes que o seguiram".

Sílvio Romero, João Batista de Lacerda e outros pensavam que, quanto mais branco fosse o povo brasileiro, melhor seria para o país, e esse pensamento conduziu-nos a um ideal de branqueamento que pretendeu ganhar legitimidade científica, uma vez que as teorias racistas foram interpretadas pelos brasileiros como uma confirmação de suas ideias racistas de que a raça superior, a branca, seria a que iria prevalecer no processo de miscigenação, ainda segundo Skidmore (1976). Através dos discursos de intelectuais da época, como Silvio Romero, que acreditava ser a mestiçagem a resposta para uma população mais homogênea, a mestiçagem significava "a condição de vitória do branco no país", pois concluía que era o mestiço o produto final de uma raça nacional ainda em seu início, de acordo com Schwarcz (2008, p. 154). Os racialistas brasileiros demonstraram desse modo entender que se chegaria à raça pura (branca) por intermédio de uma miscigenação seletiva. Esse equívoco fortaleceu, no âmbito acadêmico e em nossa sociedade como um todo, segundo Seyferth (1990), o mito do branqueamento e, em contrapartida, o da democracia racial.

Mas em que se constitui o mito da democracia racial? Consiste em, simplesmente, pensar que, aceitando a mestiçagem, o Brasil acabaria por resolver o problema racial, além de eliminar o preconceito e assim estabelecer um clima harmonioso entre as três raças fundadoras da nossa nacionalidade. Contudo, o racismo não está restrito a uma ideologia fundamentada em uma ciência falsa das três raças (Seyferth, 1990, p. 3). O racismo existe no mundo, ainda que não seja prontamente identificável, uma vez que este mundo está composto não apenas de grupos diferentes racialmente, mas desiguais. De acordo com Seyferth (1990, p. 3), a desigualdade pode ser observada por meio da ligação entre raça e estrutura social, podendo ser verificada no caso das chamadas "populações de cor" nos censos demográficos.

Apesar do ideário disseminado em nosso país de que vivemos numa democracia racial na qual não há preconceito e discriminação, sob a crença de que qualquer pessoa pode ascender socialmente, não importando seu pertencimento racial, isso é facilmente desmentido, pois, na prática, a cor da pele marca a posição de classe e o *status*.

Nos anos 1930, entra no Brasil o culturalismo, se propondo a refletir sobre a formação do povo brasileiro acerca da presença de pessoas tão diversas no processo de construção nacional. Nesse período, eram duas as questões sobre a origem da diversidade cultural que preocupavam antropólogos e, acima de tudo, políticos e educadores: o grande número de descendentes de imigrantes italianos, alemães e japoneses, situados nos estados do Sul, e os descendentes de africanos, espalhados por todo o país.

Esses grupos preocupavam as pessoas que possuíam a responsabilidade de organizar o sistema educacional. Segundo Consorte (1997, p. 2), num primeiro momento, duas pareciam ser essas preocupações: a primeira era a necessidade de abrasileirar os descendentes de imigrantes, de maneira que não pudessem representar problemas culturais capazes de ameaçar a unidade nacional; a segunda era a eliminação das tradições culturais de origem africana, algo que ameaçava o projeto de construção de um país branco, ocidental e cristão. Tais preocupações focalizavam a questão cultural, ao invés de buscarem valorizar as diferenças; o objetivo central era fazer desaparecer as matrizes culturais alemã, italiana, japonesa e africana, em virtude do abrasileiramento.

Cabe ressaltar que Franz Boas, fundador da antropologia culturalista norte-americana, introduziu uma noção mais ampla de cultura, relacionando-a a tudo o que era aprendido, diferentemente daquilo que se herda geneticamente. O autor refutou as ideias de que tanto as determinações do meio físico quanto as raciais seriam responsáveis pela diversidade da vida humana, buscando na cultura e na história a razão para a diversidade. É preciso compreender que o culturalismo se baseava num processo de afirmação e de respeito à diversidade cultural, diferentemente de como foi introduzido e usado esse conceito no processo de escolarização brasileiro, como um instrumento de apagamento de culturas consideradas como ameaça à unidade nacional.

Contudo, essa percepção de cultura como sistema foi vista como futilidade quando Lévi Strauss trouxe um novo olhar para o termo cultura, entendida como "uma estrutura de escolhas, uma matriz de permutações possíveis, finitas em número, mas incontáveis na prática" (BAUMAN, 2012, p. 39).

A cultura como matriz vê o multiculturalismo como uma zona de fronteira, pois a humanidade chegou a um lugar em que necessita reconhecer o direito do outro a ser diferente. Para Bauman (2012, p. 31), as fronteiras em nossa experiência pós-moderna são porosas e não mais intransponíveis:

> Qualquer que tenha sido o caso, essa imagem se choca de modo estridente com nossa experiência atual de símbolos culturais que flutuam livremente; da porosidade das fronteiras que algumas pessoas gostariam de fechar, embora não sejam capazes; e de governos de estado que promovem ativamente o "multiculturalismo", não mais interessados em privilegiar algum modelo particular de cultura nacional, mas preocupados em não infringir qualquer das incontáveis "opções culturais" individual ou coletivamente assumidas.

Rodrigues e Abramowicz (2013, p. 19) assinalam que, de acordo com o modo como o conceito de cultura foi sendo empregado, a concepção de cultura tem servido como tropo de "raça, como diversidade, como diferença, como resposta curricular dada pelas políticas públicas aos movimentos sociais que reivindicam reparação e/ou representação cultural".

Nesse sentido, Ortiz (2007, p. 15) observa que muitos documentos de organismos nacionais e internacionais trazem como orientação que a "diversidade dos povos necessita ser preservada", e que "o respeito a todas as culturas é um direito de reconhecimento à diferença" considerando assim a diversidade como um valor universal, transformando o diverso em um bem comum, o que se constitui na valorização das diferenças, empregando um ideal universal de democracia, igualdade e cidadania.

É relevante pensar sobre o uso que está sendo dado ao tema diversidade dentro do currículo dos cursos de Pedagogia e nos currículos escolares, e também verificar se o tratamento conferido à diversidade se limita ao elogio às diferenças, pluralidades. Se for esse o seu limite, isso pode acabar se transformando numa armadilha conceitual, pois, ao não se operar uma análise crítica da diferença, não se ressaltam os processos tanto de discriminação quanto de exclusão a que estão submetidos os diferentes em nossa sociedade, ou seja, não se contribui para a discussão sobre as formas pelas quais as diferenças acabam se tornando desigualdades.

Mas como essa questão da diversidade emerge na política nacional brasileira? Rodrigues e Abramowicz (2013) contam que, na década de 1990, a temática da diversidade passou a ser mais constante dentro do contexto político brasileiro por meio de pressões internacionais para que se cumprissem acordos internacionais visando combater as desigualdades raciais, de gênero e outras, na coexistência de um contexto nacional de reivindicações.

As autoras afirmam que no governo de Fernando Henrique Cardoso, nos anos de 1995 a 2002, é que se consolidaram as discussões sobre políticas de combate à discriminação, ao preconceito e à discriminação na esfera pública. Mas foi por meio do contexto pós-Durban e depois da eleição de Luís Inácio "Lula" da Silva, em seu primeiro mandato, que frutificou a parceria do governo com os movimentos sociais, por meio de um planejamento de governo com metas que levavam em conta as reivindicações históricas do movimento negro e de mulheres. Isto gerou, em 2003, um espaço de muitas expectativas quanto à reestruturação institucional e de políticas públicas que considerassem as questões de raça, gênero, sexualidade e outras, cobrando do Estado um tratamento específico das desigualdades pensadas por um longo período como algo abstrato (RODRIGUES; ABRAMOVICZ, 2013, p. 25).

No entanto, cabe ressaltar que a discussão da questão racial nos currículos é anterior à legislação que trata da temática. Começa nas primeiras décadas do século XX, com a luta do movimento negro no Brasil contra o racismo e pela valorização da história e cultura dos afro-brasileiros e africanos, assunto que será abordado adiante.

2.4 MOVIMENTOS EDUCATIVOS QUE PRECEDERAM A LEGISLAÇÃO SOBRE A EDUCAÇÃO DAS RELAÇÕES ÉTNICO-RACIAIS

Os romanos, de maneira sábia, leram o passado sob a nomenclatura de *perfectum*[24]: o que já foi feito, o que está acabado, e que, portanto, é a única instância da ação que pode ser considerada perfeita, concluída. No mito de Orfeu[25], o personagem fica inconsolável com a morte de sua mulher Eurídice, que, fugindo de ser violada pelo apicultor chamado Aristeu, é picada por uma serpente e morre. Isso faz com que Orfeu fique totalmente inconformado com a morte da esposa, buscando, assim, descer ao Hades[26] para trazê-la de volta. A atitude amorosa de Orfeu emociona Plutão e Perséfone, que concordam em devolver-lhe sua esposa. Dizem-lhe então que, enquanto caminhasse pelas trevas infernais, objetivando sua saída do Hades, não olhasse para trás, ainda que ouvisse qualquer tipo de som. Mas, na sua caminhada para a luz, Orfeu sente dúvidas: e se Eurídice não estivesse atrás dele? E se isso não passasse de um engodo dos deuses apenas com o intuito de enganá-lo? (BRANDÃO, 1987, p. 142)

Orfeu age movido pelo *póthos*[27], quando sai dos infernos. Volta-se para trás, observando que o rosto impossível[28] de Eurídice perdia-se nas trevas de um vazio sem limites. Nenhuma outra lei foi mais dura do que a que orientou a negação desse olhar, simbolizando, através de Orfeu – incapaz que fora de superar sua própria insuficiência –, a falta de força na alma para se libertar da instância do visível. Uma negação em cujos limites o veto àquilo que se vê talvez não se encontre diferenciado da proibição daquilo de que se lembra. Olhar para trás ganha, nesse contexto, o interessante

---

24 *Perfectum* – tempos verbais, em latim, de ações concluídas ou perfeitas.

25 Orfeu é um poeta e músico da mitologia grega.

26 Hades – Mundo inferior para onde iam os espíritos dos mortos; também era o nome do deus que governava este lugar, chamado de Plutão pelos romanos. A rainha de Hades, esposa do deus, chamava-se Perséfone.

27 *Póthos* – Saudade do que está ausente, o desejo grande da presença de uma ausência.

28 Impossível – Refere-se à impossibilidade de rever a materialidade do rosto de Eurídice e deve-se pensar também quanto ao fato de ser impossível repetir essa experiência dessa mesma forma.

sentido de transgredir através da memória, porque só podemos lembrar aquilo que já foi esquecido e que para sempre deveria permanecer no espaço da ausência: nossos erros, nossas faltas – *hamartía*[29] –, todas as transgressões. Contudo, nesse tempo passado, espaço condenado daquilo que não deveria, não encontramos lugar também para tudo aquilo que nunca deveria deixar de ser?

Nos dias de hoje, entretanto, abolidas as antigas leis, é preciso lembrar a necessidade desse aprendizado da memória: simplesmente porque, cada vez mais, parece que ela já foi esquecida. E se é preciso esquecer para que se possa lembrar, também é necessário lembrar para não esquecer. Não esquecer que olhar para trás requer esforço e paciência para vencer a distância e o estranhamento. Lembrar, principalmente aqueles que ainda têm muito pela frente, que voltar-se para trás pode não significar apenas o encontro indesejável.

No contexto desta pesquisa, esse indesejável é visto num currículo escolar monocultural, de matriz europeia, privilegiando a cultura dos brancos, dentro de um discurso multicultural folclórico, restrito às comemorações de datas históricas. O indesejável é entendido aqui como o menosprezo conferido, na seleção curricular e, portanto, nas atividades do cotidiano escolar, às demais culturas, que foram relegadas à inferioridade, inclusive no aspecto social.

Mas esse olhar para trás pode significar também, neste caso, voltar-se para a compreensão de que o movimento negro trouxe não apenas reivindicações para a educação, mas também "problematizações teóricas e ênfases específicas" (GOMES, 1997, p. 21). Essa autora indica as contribuições que partem do ponto de vista assumido pelo movimento negro. A primeira contribuição é a denúncia do fato de que a escola reproduz o racismo existente na sociedade brasileira. A segunda baseia-se na ênfase no processo de resistência negra. A terceira contribuição tem a ver com a centralidade da cultura. A quarta refere-se ao reconhecimento da existência de diferentes identidades, problematizando o discurso e a prática homogeneizadoras escolares. E a quinta diz respeito a repensar a estrutura excludente da escola e à denúncia de que essa estrutura necessita ser refeita, para não somente

---

29 *Hamartía* – Palavra grega que significa erro, pecado, falta cometida.

garantir o direito ao acesso à educação, como também a permanência e o sucesso escolar dos educandos de diferentes pertencimentos raciais e de níveis socioeconômicos.

Lima (2007) sinaliza a questão do desconhecimento, tanto na sociedade quanto na história da educação brasileira, da proposta pedagógica implementada pelo movimento negro no Brasil, nos sistemas de ensino. Isso constitui uma dificuldade a ser superada. O autor afirma ainda a busca por:

> cobrir a ausência de temas que contextualizem propostas de intervenção do movimento negro, em pesquisas no campo acadêmico. Cunha Júnior[30] (1999, p. 22) aponta que os temas mais trabalhados em pesquisas universitárias envolvendo educação e afrodescendentes são "sala de aula, currículo (explícito e oculto) e relações étnicas e de poder no espaço escolar". Existe, portanto, uma lacuna sobre as propostas educativas formuladas pelo movimento negro (LIMA, 2007, p. 58).

As propostas pedagógicas desenvolvidas pelo Movimento Negro, conforme aponta Lima (2007), se iniciaram com a retomada dos movimentos populares, na década de 1970, e se constituem em artimanhas para continuar uma trajetória de luta e resistência do povo negro que remete aos quilombos, aos terreiros, às irmandades, aos grupos, às associações, à imprensa negra e até às organizações dos dias atuais do Movimento Negro, inspirados por lutas começadas a partir da década de 1960. Essa década foi marcada por um tempo de profundas transformações. Dentre elas têm-se os movimentos de independência de colônias europeias, a continuidade dos movimentos pelos direitos civis nos Estados Unidos, os movimentos de contracultura e as lutas contra a ditadura militar no Brasil.

Até os anos 1960, de acordo com Doimo (1995), os estudos realizados acerca dos movimentos sociais se baseavam, principalmente, no movimento dos trabalhadores, a respeito da questão de classe. Diferindo desse olhar surgiram, no início do século XIX, em 1833, jornais escritos por negros,

---

30 O texto citado, do engenheiro, sociólogo e professor universitário Henrique Cunha Júnior, é *Pesquisas educacionais em temas de interesse dos afrodescendentes*. Fez parte do nº 6 da série Pensamento Negro em Educação, intitulado *Os negros e a escola brasileira*, organizado por Ivan Costa Lima e Jeruse Romão, e publicado em 1999 pelo Núcleo de Estudos Negros (NEN) de Florianópolis.

em São Paulo, que exerciam funções educativas, denunciando o racismo e a violência da polícia.

Tal feito, segundo Lima (2007), ajudou na criação do movimento político conhecido como Frente Negra Brasileira (FNB), que se transformou em partido político em 1936 e acabou desfeita em 1937, no governo de Getúlio Vargas, devido aos negros serem desautorizados de atuar em partidos políticos. A FNB concebeu uma escola primária que buscava responder à tarefa que a escola oficial não conseguia dar conta, que era dar educação às crianças e aos adultos negros.

Gonçalves e Silva (2000) verificam, quanto a essa questão, que, já no começo do século XX, o movimento negro construiu suas próprias instituições, conhecidas como entidades ou sociedades negras, que possuíam como objetivo ampliar seu poder de ação na sociedade para lutar contra o racismo e produzir dispositivos de valorização dos negros. Os pesquisadores dizem que uma das bandeiras de luta do movimento era o direito à educação, que se encontrava todo o tempo presente na agenda, ainda que entendida por meio de significados distintos, da seguinte forma:

> [...] ora vista como estratégia capaz de equiparar os negros aos brancos, dando-lhes oportunidades iguais no mercado de trabalho; ora como veículo de ascensão social e, por conseguinte de integração; ora como instrumento de conscientização por meio do qual os negros aprenderiam a história de seus ancestrais, os valores e a cultura de seu povo, podendo a partir deles reivindicar direitos sociais e políticos, direito a diferença e respeito humano. (GONÇALVES; SILVA, 2000, p. 337)

A ação dos movimentos negros estava baseada mais numa iniciativa autônoma do que de tutela. Isso por conta de que os negros precisavam realizar algo pela educação deles, sem poderem esperar muito do poder público. Essa baixa expectativa sobre o Estado encontra explicação nas perspectivas de exclusão e abandono que se cruzam já quando se examina a situação das crianças beneficiadas pela Lei do Ventre Livre, de 28 de setembro de 1871. As crianças nascidas de mulheres escravas eram consideradas livres a partir dessa data e deveriam ser educadas. Mas, quem se ocuparia da educação dessas crianças? Para responder a essa pergunta surge então um projeto de lei, em 1870, que estabelecia ser esse dever de incumbência dos senhores de escravos. Eles deveriam oferecer a essas crianças instrução elementar.

Contudo, devido ao descontentamento dos senhores por causa dessa lei, o que poderia ameaçar inclusive a outorga da Lei do Ventre Livre, a situação levou a um difícil acordo entre parlamentares e proprietários de escravos e à elaboração da lei nº 2.040, em 1871, que desobrigava os senhores quanto a qualquer incumbência com relação ao ensino das crianças que nascessem livres de mulheres escravas. As crianças que seriam educadas consistiriam, então, somente naquelas que fossem entregues pelos senhores de escravos ao governo, e isso através de ressarcimento financeiro.

De acordo com essa lei, o Estado poderia entregar essas crianças nas mãos de instituições habilitadas por ele, desde que fossem abandonadas pelos seus senhores ou deles retiradas, devido a maus tratos. Por causa da discussão criada em meio a essa questão, por intermédio do Ministério da Agricultura, o governo começou a dar dinheiro aos proprietários de escravos com a intenção de cuidar da educação dos ingênuos[31] e libertos. Gonçalves e Silva (2000) refletem acerca dos efeitos da política desenvolvida pelo Ministério da Agricultura, afirmando que tanto documentos quanto estudos revelam que os donos de escravos não entregavam as crianças ao Estado, e muito menos educavam essas crianças. Quanto a isso, os autores dizem ainda:

> O registro de matrículas de crianças beneficiadas pela Lei do Ventre Livre, entre 1871 e 1885, apresentado no relatório do Ministério da Agricultura de 1885, revela que, na capital e nas 19 províncias, o contingente de matriculados chegava a 403.827 crianças de ambos os sexos. Destes, apenas 113 foram entregues ao Estado mediante indenização no mesmo período (Quadro de Matrícula dos Filhos Livres de Mulher Escrava, apud Fonseca[32], 2000, p. 77). (GONÇALVES; SILVA, 2000, p. 137)

---

31 Ingênuo – Filho livre de escrava, uma nova condição jurídico-legal concebida de acordo com o primeiro Artigo da Lei nº 2040 de 28 de setembro de 1871, conhecida como Lei do Ventre Livre.

32 O texto citado é a dissertação de Mestrado em Educação do professor Marcos Vinícius Fonseca, apresentada à UFMG em 2000 e intitulada *Concepções e práticas em relação à educação dos negros no processo de abolição do trabalho escravo no Brasil (1867-1889)*.

Outra importante ação vem do século XX, sob a liderança de Abdias do Nascimento, na atuação do Teatro Experimental do Negro (TEN), que associava participação política, artística e educacional, durante o período de 1940 a 1960.

O projeto do TEN, segundo a análise de Gonçalves e Silva (2000), possibilitava a abertura de novos caminhos para se ponderar acerca do futuro dos negros e o desenvolvimento da cultura brasileira. Tinha, como objetivo fundamental, combater o racismo. E, para dar conta disso, reivindicava medidas práticas, da seguinte forma: a criação de instrumentos jurídicos que assegurassem o direito dos negros, a democratização do sistema político, a abertura do mercado de trabalho, o acesso dos negros à educação e à cultura, e a criação de leis contra o racismo.

As proposições do TEN quanto ao acesso à educação defendiam um ensino gratuito para todas as crianças brasileiras e o ingresso subsidiado de estudantes nos estabelecimentos de ensino secundários e universitários, local de onde foram excluídos por conta da discriminação e da pobreza devido a sua condição étnica.

No entanto, todas essas formas de organização e resistência do movimento negro são fortemente reprimidas pela ditadura militar. Então, nos anos 70 do século XX, um novo rumo é assumido, com o aparecimento do Movimento Negro Contra a Discriminação Racial (MNCDR), que, no ano de 1978, em São Paulo, foi formado por causa de um protesto por conta da morte de dois trabalhadores negros pela polícia, o que acarretou uma forte comoção nos militantes negros, fortalecendo assim a urgência do reaparecimento dos movimentos sociais, especialmente do movimento negro, conforme expõe Sader (1988, p. 26):

> A novidade eclodida em 1978 foi primeiramente anunciada sob a forma de imagens, narrativas e análises referindo-se a grupos populares os mais diversos que irrompiam na cena pública reivindicando seus direitos, a começar pelo primeiro, pelo direito de reivindicar direitos. O impacto dos movimentos sociais em 1978 levou a uma revalorização de práticas sociais presentes no cotidiano popular, ofuscados pelas modalidades dominantes de sua representação. Foram assim redescobertos movimentos sociais desde sua gestação no curso da década de 70. Eles foram vistos, então, pelas suas

linguagens, pelos lugares de onde manifestavam, pelos valores que professavam, como indicadores da emergência de novas identidades coletivas.

Lima (2007) diz que, com o ressurgimento das organizações do movimento negro em nosso país, na década de 1970, a educação começou a ser vista como uma grande preocupação desse setor, entendida como uma das políticas públicas imprescindíveis para a organização dos setores marginalizados. E foi nessa perspectiva que o movimento negro buscou elaborar e desenvolver propostas pedagógicas.

O Movimento Negro, de acordo com Lima (2007, p. 60), além de fazer a denúncia de racismo e das desigualdades raciais que vinham ao longo do tempo ocorrendo nos sistemas de ensino, também criou propostas pedagógicas de intervenção, contrárias a uma visão etnocêntrica vivida nos espaços escolares. Dentre essas iniciativas, destaca-se a elaboração de pedagogias. No ano de 1978, tem-se a Pedagogia Interétnica, do Núcleo Afro-Brasileiro, em Salvador, que focaliza tanto o indígena quanto o negro. Essa educação Interétnica pressupõe cinco eixos que são:

1. *Aspecto histórico* – procura das raízes históricas do preconceito e da discriminação racial contra o negro;
2. *Aspecto culturológico* – estudo do preconceito cultural e do etnocentrismo e uma análise da linguagem e discurso racista;
3. *Aspecto antropobiológico* – análise das teorias pseudocientíficas de superioridade racial, para desmistificá-las;
4. *Aspecto sociológico* – estudo da condição socioeconômica do negro na sociedade, investigando as situações de baixa renda;
5. *Aspecto psicológico* – estudo dos dispositivos de autorrejeição e os reflexos condicionados com o objetivo da transformação do comportamento e das atitudes preconceituosas para com o negro.

No ano de 1986, temos a Pedagogia Multirracial, criada por Maria José Lopes, no Rio de Janeiro, que emprega como referência a Pedagogia Interétnica. Assim se delineava a sua visão sobre o universo escolar:

a escola deve ser considerada não apenas o espaço para a apropriação do saber sistematizado – como entendem algumas concepções pedagógicas – mas também o espaço de reapropriação da cultura produzida pelos grupos sociais e étnicos excluídos. [...] a escola deve deixar de ser o espaço de negação dos saberes para enfatizar a afirmação da diferença, num processo em que os indivíduos e grupos sejam aceitos e valorizados pelas suas singularidades, ao invés de buscar a igualdade pela tentativa de anulação e inferiorização das diferenças. (LOPES, 1997, p. 25)

No que se refere à intervenção estatal nesse debate, ela só aparece em 1997, segundo Lima (2007, p. 123), por meio dos Parâmetros Curriculares Nacionais (PCN), que continham dez volumes produzidos e distribuídos pelo Ministério da Educação. Nascimento (2001) destaca que esse acontecimento é muito relevante para a política educacional em nosso país, uma vez que foi por conta dos PCN que a temática da pluralidade cultural se tornou tema transversal, sendo abordada numa parte do décimo volume dos PCN. A autora diz que essa ação se deve à contribuição do movimento negro, por causa do seu empenho para fazer com que essa temática conseguisse chegar às mesas de discussão sobre a educação no Brasil.

Houve vários grupos do movimento negro que desenvolveram propostas educativas voltadas para combater o racismo e toda forma de discriminação, tais como: o centro de Estudos Afro-Asiáticos (CEAA); o Grupo de Trabalho André Rebouças; o Programa de Educação do Núcleo de Estudos Negros (NEN); o Programa de Educação sobre o Negro na Sociedade Brasileira (PENESB) e outros.

Adiante será analisada a legislação que referencia a educação para as relações étnico-raciais.

2.5 MARCOS LEGAIS E TEXTOS ORIENTADORES DA EDUCAÇÃO DAS RELAÇÕES ÉTNICO-RACIAIS

A CONSTITUIÇÃO DE 1988 E A LDB N° 9394/96
A Constituição da República de 1988 (BRASIL, 1988) foi promulgada no mesmo ano em que se celebrou o terceiro centenário da morte de Zumbi e o primeiro centenário da Abolição da escravidão no Brasil, dois eventos históricos importantes, que ajudaram nas lutas contra a exploração e as

desigualdades sociais no nosso país. A Constituição apresenta muitos avanços quanto à questão racial em relação às demais leis. Na Carta de 1988, em seu preâmbulo, institui-se o Estado Democrático como meio para garantir "o exercício dos direitos sociais e individuais, a liberdade, a segurança, o bem-estar, o desenvolvimento, a igualdade e a justiça como valores supremos de uma sociedade fraterna, pluralista e sem preconceitos [...]". Nessa mesma visão, leva a progressos expressivos, tais como: estabelece-se como um de seus Princípios Fundamentais "a dignidade da pessoa humana", definindo, em seu Art. 3º, inciso IV, dentre os objetivos fundamentais da Nação Brasileira, "promover o bem de todos, sem preconceitos de origem, raça, sexo, cor, idade e quaisquer outras formas de discriminação" e, no Art. 4º, inciso VIII, como um dos princípios que regem as relações internacionais, o "repúdio ao terrorismo e ao racismo." Em relação aos direitos sociais da população de forma geral, apresenta grande progresso; quanto à população negra, vem procurando assegurar direitos nas áreas da educação e da cultura, e reconhecendo aos remanescentes quilombolas o direito de propriedade sobre a terra onde residiram seus ancestrais.

Quando a Carta Magna trata, no Art. 5º (Tít. II, Cap. I), "Dos Direitos e Deveres Individuais e Coletivos", nos incisos X e XLII garante-se o direito de inviolabilidade da imagem, além de reconhecer-se que, na sociedade brasileira, existe discriminação racial, definindo como crime a prática do racismo. A educação é entendida como um direito social (Art. 6º) e é importante ressaltar que esta Carta é a primeira Constituição na qual o Estado brasileiro percebe de forma positiva as origens diversas dos povos e culturas sobre as quais se fundou a Nação brasileira, quando determina, no Art. 242, § 1º, que o ensino da História do Brasil leve "em conta as contribuições das diferentes culturas e etnias para a formação do povo brasileiro."

Quanto à cultura, a Carta, em seu Art. 215, § 1º, faz referência diretamente aos negros e índigenas como sujeitos históricos: "O Estado protegerá as manifestações das culturas populares, indígenas e afro-brasileiras, e das de outros grupos participantes do processo civilizatório nacional". E como resultado do disposto ainda neste Artigo, § 2º, estabelece que "A lei disporá sobre a fixação de datas comemorativas de alta significação para os diferentes segmentos étnicos nacionais."

Em relação à constituição do patrimônio cultural brasileiro, em seu Art. 216, inciso V, § 5º, afirma-se que "Ficam tombados todos os documentos e os sítios detentores de reminiscências históricas dos antigos quilombos".

Após oito anos da promulgação da Constituição de 1988, o Estado brasileiro aprovou, em 20 de dezembro de 1996, a Lei nº 9394/96, que estabelecia as diretrizes e bases da educação nacional: a LDB 9394/96 (BRASIL, 1996).

A Conferência Mundial contra o Racismo, a Discriminação Racial, a Xenofobia e Formas Correlatas de Intolerância (CMR), que aconteceu em Durban, na África do Sul, em 2001, orientou os Estados na direção: da importância do compromisso na luta contra o racismo, a discriminação racial, a xenofobia e a intolerância correlata; da necessidade de implementação de programas culturais e educacionais que incluam componentes antidiscriminatórios e antirracistas; da importância da realização de campanhas públicas de informação; da busca por promover programas de educação em direitos humanos para todos os níveis de ensino; do cuidado com a produção de material didático e programas de educação pública formal e informal que promovam a diversidade cultural e religiosa; da implementação de políticas de promoção da igualdade de oportunidades.

Então, no ano de 2003, a LDB 9394/96 sofre alterações em seu texto, no Art. 26-A, trazidas pela Lei nº 10.639/03, que determina a obrigatoriedade do ensino sobre "História e Cultura Afro-Brasileira" nos currículos escolares brasileiros (BRASIL, 1996). Define também os conteúdos programáticos a serem ministrados "no âmbito de todo o currículo escolar, em especial nas áreas de Educação Artística e de Literatura e História Brasileiras". O Art. 79-B estabelece a inclusão, no calendário escolar, do dia 20 de novembro como o "Dia Nacional da Consciência Negra".

O Conselho Nacional de Educação/Conselho Pleno/DF se propôs, então, a traçar regulamentações das alterações oriundas da Lei nº 10.639/03 trazidas à LDBEN. Dessa forma, elaborou-se um relatório, de autoria da relatora, Petronilha Beatriz Gonçalves e Silva, que foi aprovado por unanimidade pelo Conselho Pleno, tornando-se o Parecer CNE/CP 3/2004, homologado pelo Ministro da Educação no período. Sendo assim, o Conselho Nacional de Educação, através da Resolução nº 1, de 17 de junho de 2004, que integrou o Parecer CNE/CP 3/2004, instituiu as Diretrizes Curriculares Nacionais para a Educação das Relações Étnico-raciais e para o Ensino de História e Cultura Afro-Brasileira e Africana.

Em 10 de março de 2008, foi aprovada a Lei nº 11.645/08 que incluía no currículo escolar o ensino da história e cultura indígena além da africana e afro-brasileira, alterando o texto da LDBEN no parágrafo 1º do Art 26-A, dando a ele a seguinte redação:

> O conteúdo programático a que se refere este artigo incluirá diversos aspectos da história e da cultura que caracterizam a formação da população brasileira, a partir desses dois grupos étnicos, tais como o estudo da história da África e dos africanos, a luta dos negros e dos povos indígenas no Brasil, a cultura negra e indígena brasileira e o negro e o índio na formação da sociedade nacional, resgatando as suas contribuições nas áreas social, econômica e política, pertinentes à história do Brasil (BRASIL, 1996).

Em 13 de maio de 2009, foi aprovado o Plano Nacional de implementação dessas diretrizes, elaborado mediante a participação da sociedade civil, do movimento negro, de instituições como a Organização das Nações Unidas para a Educação, a Ciência e a Cultura (UNESCO), o Conselho Nacional de Secretários de Educação (CONSED) e a União Nacional dos Dirigentes Municipais de Educação (UNDIME).

O plano é o resultado de seis encontros chamados de Diálogos Regionais, que ocorreram no ano de 2008 para implementar a Lei nº 10.639/03, e de várias ações desenvolvidas pelo MEC, especialmente a partir da criação da Secretaria de Educação Continuada, Alfabetização, Diversidade e Inclusão (SECADI), em 2004, e também mediante documentos e textos legais sobre o assunto. Ele apresenta como finalidade principal a institucionalização da implementação da educação das relações étnico-raciais, ampliando a atuação dos diversos atores por meio da compreensão e do cumprimento das Leis nº 10.639/2003 e nº 11.645/2008, da Resolução CNE/CP 01/2004 e do Parecer CNE/CP 03/2004.

Esse plano torna claras quais as atribuições e ações que os diversos estabelecimentos de ensino precisam desenvolver, segundo seis eixos temáticos: 1) fortalecimento do marco legal; 2) política de formação para gestores e profissionais da educação; 3) política de material didático e paradidático; 4) gestão democrática e mecanismos de participação social; 5. avaliação e monitoramento; e 6) condições institucionais. Seu texto tem caráter pedagógico e procura guiar e delimitar a direção dos sistemas de ensino e instituições afins, na implementação das Leis nº 10.639/2003 e nº 11.645/2008.

OS PCN – PLURALIDADE CULTURAL

Um texto publicado pelo Ministério da Educação (MEC), em 1997, foi o documento *Temas Transversais*, que integralizava a coleção de documentos dos Parâmetros Curriculares Nacionais (PCN). Com o objetivo de orientar a formação para a cidadania, o texto do documento baseava-se na Constituição Federal de 1988 e na nova LDB nº 9394/96, especificamente no que se refere ao Artigo 27, inciso I, no qual se afirma a relevância da: "difusão de valores fundamentais ao interesse social, aos direitos e deveres dos cidadãos, de respeito ao bem comum e à ordem democrática" (BRASIL, 1996).

Os PCN constituem uma resposta ao que se apresentava como a emergência da criação de uma referência curricular nacional para o Ensino Fundamental que embasasse essa discussão e a sua tradução em propostas regionais, em diferentes estados e municipalidades nacionais, em projetos educacionais nas escolas e nas salas de aula.

As questões sociais, referentes ao meio ambiente, à saúde, à pluralidade cultural, à ética, ao trabalho, ao consumo e à orientação sexual, acabaram por ser incorporadas na proposta educativa dos PCN e ficaram conhecidas como Temas Transversais. Contudo, havia a indicação de que o tratamento desses temas não deveria ser entendido como indicadores da necessidade de se constituírem novas disciplinas, mas sim como um grupo de aspectos que atravessariam todas as áreas de conhecimento, por meio de seus objetivos, conteúdos, critérios de avaliação e orientações didáticas.

E o que diz o documento relativo ao tema transversal *Pluralidade Cultural*, sobre a diversidade?

O documento *Pluralidade Cultural* é composto por dois volumes, um direcionado para o primeiro e segundo ciclos (do 1º ao 5º ano de escolaridade do Ensino Fundamental) e outro para o terceiro e quarto ciclos (do 6º ao 9º ano de escolaridade do Ensino Fundamental). Os dois volumes foram organizados em duas partes: da primeira, constam a introdução, contribuições para o estudo dessa temática, ensino aprendizagem na perspectiva da pluralidade cultural e objetivos gerais; na segunda, são indicados os conteúdos propostos para a abordagem da pluralidade cultural, que abarcam desde o primeiro ao quarto ciclos, e são apresentados critérios para avaliar o trabalho com o tema e orientações didáticas.

Na introdução do primeiro e também no segundo volumes encontramos o conceito assumido para pluralidade cultural:

> A temática da pluralidade cultural diz respeito ao conhecimento e à valorização das características étnicas e culturais dos diferentes grupos sociais que convivem no território nacional, às desigualdades socioeconômicas e à crítica às relações sociais discriminatórias e excludentes que permeiam a sociedade brasileira, oferecendo ao aluno a possibilidade de conhecer o Brasil como um país complexo, multifacetado e algumas vezes paradoxal (BRASIL, 1997a, p. 19).

É possível verificar, na conceitualização do termo, a função principal atribuída no documento a um trabalho baseado na pluralidade cultural que seria "fornecer ao aluno possibilidades de conhecer o Brasil como um país complexo, multifacetado e algumas vezes paradoxal" (BRASIL, 1997a, p. 19), para assim ajudar a desconstruir muitos estereótipos e preconceitos sociais, raciais, culturais, linguísticos etc.

O assunto "pluralidade" abre espaços para que se explicite a diversidade étnica e cultural brasileira e ajuda na compreensão das desigualdades sociais e econômicas, além de mostrar caminhos para possíveis mudanças. Entretanto, de acordo com o documento de pluralidade cultural, é importante levar em consideração que, quando se aborda a questão da diversidade, não se está dizendo com isso que se deva apagar ou negar a existência de características comuns ou a viabilidade de nos tornarmos uma nação, ou, ainda, a existência de uma perspectiva universal do ser humano.

Para se desenvolver o tema da pluralidade cultural, em conformidade com o documento dos parâmetros curriculares, haveria algumas condições básicas, que seriam as seguintes: a criação de um ambiente de diálogo, a percepção da cultura em sua totalidade, emprego de fontes e materiais com informações diversas. Nesse sentido, a pluralidade cultural nos brindaria com componentes significativos para o entendimento de que respeitar as diferenças étnicas e culturais não significa dizer que se deva tomar como nossos os valores dos outros e sim que é preciso respeitá-los como "expressão da diversidade" (BRASIL, 1997a, p. 19).

Segundo se afirma no documento, o Brasil possui uma grande heterogeneidade em sua constituição populacional, amplamente desconhecida pela população. Nele se destaca que, no cotidiano brasileiro, vive-se em meio a estereótipos, tanto regionais quanto culturais, sociais e raciais; enfatizam-se, também, as dificuldades históricas para o tratamento de questões relacionadas ao preconceito e à discriminação étnico-racial e o papel crucial da escola no processo de mudança desse quadro.

Nesse sentido, caberia às escolas acrescentar, no âmbito dos estudos e atividades nelas desenvolvidas, as contribuições histórico-culturais dos povos indígenas e descendentes de asiáticos, além das culturas de matrizes africana e europeia.

A proposta de trabalho sugerida por esse documento possuía um caráter pioneiro para a época, constituindo-se em algo inovador e trazendo em si algumas dificuldades, tais como a inclusão de temas relativos à discussão do preconceito, da diversidade cultural e étnico-racial no currículo escolar e ações voltadas para a desconstrução de qualquer forma de discriminação e racismo, o que exigia uma formação docente compatível com esse plano. Cabe portanto dizer que os PCN reconhecem essas dificuldades para desenvolver o trabalho proposto:

> Tradicionalmente a formação dos educadores brasileiros não contemplou essa dimensão. As escolas de formação inicial não incluem matérias voltadas para a formação política nem para o tratamento de questões sociais. Ao contrário, de acordo com as tendências predominantes em cada época, essa formação voltou-se para a concepção de neutralidade do conhecimento e do trabalho educativo (BRASIL, 1997b, p. 52).

São apresentados no documento alguns elementos que contribuem para o estudo da pluralidade cultural no âmbito da escola de acordo com o tratamento proposto para esse tema transversal: 1) fundamentos éticos; 2) conhecimentos jurídicos; 3) conhecimentos históricos e geográficos; 4) conhecimentos sociológicos; 5) conhecimentos antropológicos; 6) conhecimentos populacionais; e 7) conhecimentos psicológicos e pedagógicos.

Vale destacar que, com relação ao item 5, "conhecimentos antropológicos", o texto faz a opção pela substituição do conceito de raça pelo conceito de etnia, por se entender que ele "substitui com vantagens o termo 'raça', já que tem base social e cultural" (BRASIL, 1997a, p. 45). Fica claro, portanto, que, nos PCN Pluralidade Cultural, o conceito de raça se baseia nas ciências biológicas:

> Raça é a subdivisão de uma espécie, cujos membros mostram com frequência um certo número de atributos hereditários. Refere-se ao conjunto de indivíduos cujos caracteres somáticos, tais como a cor da pele, o formato do crânio e do rosto, tipo de cabelo, etc., são semelhantes e se transmitem por hereditariedade. (BRASIL, 1997a, p. 44)

Mas, de acordo com o Parecer CNE/CP 03/2004, raça é "a construção social forjada nas tensas relações entre brancos e negros, muitas vezes simuladas como harmoniosas, nada tendo a ver com o conceito biológico de raça cunhado no século XVIII e hoje sobejamente superado."

No Parecer CNE/CP 03/2004, identifica-se também a opção pelo termo étnico-racial:

> O termo étnico, na expressão étnico-racial, serve para marcar que essas relações tensas devido à cor da pele e traços fisionômicos o são também devido à raiz cultural plantada na ancestralidade africana, que difere em visão de mundo, valores e princípios das de origem indígena, europeia e asiática. (BRASIL, 2004b, p. 13)

É importante destacar que tanto o documento de Pluralidade Cultural quanto o Parecer CNE/CP 03/2004 propõem orientações curriculares com base nas dimensões sociais, históricas e antropológicas da realidade nacional, procurando combater o racismo, as discriminações e os preconceitos. Com base nesse olhar, sugere-se a disseminação e a construção de conhecimentos, a criação de atitudes, posturas e valores que possibilitem a educação do cidadão, promovendo o orgulho pelo seu pertencimento étnico-racial, tanto por parte de descendentes de africanos, como dos povos indígenas, europeus e asiáticos, para juntos construírem um país democrático, em que todos possam ter seus direitos garantidos e sua identidade valorizada.

Conforme sinaliza Valente (2010, p. 26), o PCN Pluralidade Cultural é um dos primeiros textos de produção federal a tratar de forma sistemática e aprofundada esse tema na escola, trazendo também sugestões de formas concretas para essa abordagem. Já o professor Kabengele Munanga (2005, p. 15-16) afirma que o MEC, com os PCN, procura buscar caminhos mais propícios e eficazes para implementar a luta contra os mais variados tipos de preconceitos:

> O Ministério da Educação e do Desporto, ao instituir os Parâmetros Curriculares Nacionais, introduzindo neles o que chamou de Temas Transversais, busca caminhos apropriados e eficazes para lutar contra os diversos tipos de preconceitos e de comportamentos discriminatórios que prejudicam a construção de uma sociedade plural, democrática e igualitária.

Por outro lado, Santos (2001, p. 112) pondera que a ação do MEC, ao aprovar os PCN e, de forma específica, o tema transversal Pluralidade Cultural, sugere alguns caminhos, mas não assegura sua implementação; por um lado, porque se trata de um conjunto de parâmetros, e, por outro, pela ausência de acompanhamento e apoio para o desenvolvimento dessa reflexão nas escolas.

Por sua vez, Canen (2000) tece uma crítica específica ao documento Pluralidade Cultural. Ela argumenta que o tratamento dado à diversidade cultural sob a forma de temas transversais é tão frágil que pode operar para torná-la invisível na prática pedagógica. Ou ainda, para limitá-la à condição de um "imperativo moral", acolhido apenas do ponto de vista formal no currículo. Segundo a autora, a abordagem dada à diversidade cultural no documento em questão acaba restringindo-a a apresentação de fatos históricos, a rituais e costumes de determinados grupos, transformando-os em um simples conjunto de manifestações culturais de diferentes grupos, sem que se problematizem as contradições da sociedade.

A LEI N° 10.639/2003

A Lei n° 10.639/2003, sancionada pelo presidente Luiz Inácio Lula da Silva, que torna obrigatório o ensino de história e cultura africana e afro-brasileira, respondeu às reivindicações do movimento negro. Contudo, sofreu e sofre ainda muitas críticas de especialistas no currículo e em legislação educacional.

Muitos especialistas argumentaram serem contrários à Lei n° 10.639/2003[33], porque entendiam que ela não era necessária, uma vez que a Lei de Diretrizes e Bases da Educação Nacional de 1996 já tratava dessa questão quando dizia em seu texto que "o ensino de história do Brasil levará em conta as contribuições das diferentes culturas e etnias para a formação do povo brasileiro, especialmente das matrizes indígena, africana e europeia". Eles criticavam o fato de que no instante em que se começa a prescrever o que se deve ensinar, isso acaba por transformar o currículo numa armadilha, onde é o governo quem estabelece o que deve ou não ser ensinado. Considerava-se, nessa perspectiva, a Lei n° 10.639/2003 como uma arbitrariedade, por contrariar a autonomia garantida às escolas pela LDBEN para desenvolverem seus currículos em sala de aula.

Em contrapartida, os defensores da Lei n° 10.639/20003 replicaram, dizendo que ela é extremamente importante para que os professores e estudantes aperfeiçoem seus conhecimentos acerca da história dos negros no Brasil. Eles veem a lei como um instrumento que auxilia na construção de uma imagem positiva dos negros, pois é comum ver-se a história dos negros abordada de modo simplificado e até mesmo ser ridicularizada nos livros didáticos e nas escolas.

Os opositores a essa legislação alegam ainda que a contribuição do negro para a formação do Brasil chega a ser tão evidente que não se precisaria de uma lei para evidenciar isto, ficando claro que não se pode ensinar história do Brasil sem se abordar a contribuição do negro. Já os partidários da lei – dentre eles, Petronilha Beatriz Gonçalves e Silva – contradizem a obviedade da abordagem da contribuição do negro dentro dos conteúdos

---

33 Pode-se citar como exemplos: Ulisses Panisset, ex-Presidente da Câmara de Educação Básica do Conselho Nacional de Educação, entre os anos de 1997 e 2003; Guiomar Namo de Mello, também Conselheira do Conselho Nacional de Educação, no período de 1998 a 2002 e Eduardo Chaves, professor da Faculdade de Educação da UNICAMP.

escolares defendida pelos opositores da lei, justamente porque nem todas as escolas seguem essas orientações legais e isso só acontece quando os professores são negros ou estudam sobre essa temática.

De todo modo, estudos vêm sendo desenvolvidos em torno da implementação da Lei nº 10.639/2003, tal como o de Gomes (2012), que verificou que uma boa parcela dos trabalhos pedagógicos realizados em escolas públicas brasileiras baseava-se apenas no conteúdo da lei, um texto curto, e não apontava qualquer orientação pedagógica aos docentes, o que acabava por colocar em risco a sua eficiência quanto à mudança nos padrões de relações raciais hoje vigentes no Brasil.

Vejamos a seguir o que prescrevem as Diretrizes Curriculares Nacionais para a Educação das Relações Raciais para o trabalho na formação inicial docente.

DIRETRIZES CURRICULARES PARA A EDUCAÇÃO DAS RELAÇÕES ÉTNICO-RACIAIS (DCNERER)

Na Introdução do Parecer CNE nº 03/2004, deparamo-nos com os seguintes objetivos: atender os propósitos expostos na Indicação CNE/CP nº 6/2002 e regulamentar a alteração da LDB nº 9394/96, pela Lei 10.639/2003, além de elencar os dispositivos jurídicos referentes à temática racial, tais como a Constituição Federal de 1988, Constituições estaduais e leis orgânicas sobre a inclusão de conteúdos específicos sobre o negro no currículo escolar, incluindo aí o Estatuto da Criança e do Adolescente e o Plano Nacional de Educação (BRASIL, 2001). O texto do documento procura indicar a quem ele se destina e a metodologia utilizada em sua constituição.

O Parecer encontra-se dividido em cinco itens:

1. Questões Introdutórias;
2. Políticas de Reparações, de Reconhecimento e Valorização de Ações Afirmativas;
3. Educação das Relações Étnico-Raciais;
4. História e Cultura Afro-Brasileira e Africana;
5. Obrigatoriedade do Ensino de História e Cultura Afro-Brasileiras, Educação das Relações Étnico-Raciais e os Conselhos de Educação.

No item *Questões Introdutórias,* a relatora, Profa. Dra. Petronilha Beatriz Gonçalves e Silva, situa o Parecer como uma importante política curricular que possui como "meta o direito dos negros se reconhecerem na cultura nacional, expressarem visões de mundo próprias, manifestarem com autonomia, individual e coletiva, seus pensamentos" (BRASIL, 2004b, p. 10). O documento ainda aborda a garantia da escolarização do negro e de todos os cidadãos em todos os níveis de ensino.

O item *Políticas de Reparações, de Reconhecimento e Valorização de Ações Afirmativas* explicita cada uma dessas palavras, procurando basear-se na história do negro no Brasil, para desse modo defender o emprego dessas políticas no país. A relatora atentou para pormenorizar as muitas ações relativas ao "reconhecimento e valorização e afirmação de direitos", como se pode verificar no trecho a seguir:

> Políticas de Reparações e de Reconhecimento formarão programas de ações afirmativas, isto é, conjunto de ações políticas dirigidas à correção de desigualdades raciais e sociais, orientadas para oferta de tratamento diferenciado com vistas a corrigir desvantagens e marginalização criadas e mantidas por estrutura social excludente e discriminatória (BRASIL, 2004b, p. 12).

Essas ações afirmativas atendem ao Programa Nacional de Direitos Humanos e aos compromissos assumidos pelo Brasil, tal como o de Durban (UNESCO, 2001).

O reconhecimento exige que se valorize e respeite "as pessoas negras, a sua descendência africana, sua cultura e história" (BRASIL, 2004b, p. 12).

Já o item *Educação e Relações Étnico-Raciais,* chama de relações étnico-raciais "as relações entre negros e brancos", e entende que raça é a "construção social forjada nas tensas relações entre brancos e negros". Neste sentido, a relatora lembra que o Movimento Negro tem:

> insistido no quanto é alienante a experiência de fingir ser o que não é para ser reconhecido, de quão dolorosa pode ser a experiência de deixar-se assimilar por uma visão de mundo que pretende impor-se como superior e, por isso, universal e que os obriga a negarem a tradição do seu povo. Se não é fácil

ser descendente de seres humanos escravizados e forçados à condição de objetos utilitários ou a semoventes, também é difícil descobrir-se descendente dos escravizadores, temer, embora veladamente, revanche dos que, por cinco séculos, têm sido desprezados e massacrados (BRASIL. 2004b, p. 14).

Destaca-se no documento que, para se realizar a reeducação das relações étnico-raciais em nosso país, necessita-se fazer aflorar as "dores e medos que têm sido gerados" (BRASIL, 2004b, p. 14). Assim, a compreensão do que seja educação das relações étnico-raciais, colocada no Parecer, refere-se às "aprendizagens entre brancos e negros, trocas de conhecimentos, quebras de desconfianças, projeto conjunto para construção de uma sociedade justa, igual, equânime" (BRASIL, 2004b, p. 14).

Além disso, a Resolução CNE/CP nº 01/2004, em seu Art. 2º, parágrafo 1º, apresenta como objetivo da Educação para as Relações Étnico-Raciais:

> §1º A ERER tem por objetivo a divulgação e produção de conhecimentos, bem como de atitudes, posturas e valores que eduquem cidadãos quanto à pluralidade étnico-racial, tornando-os capazes de interagir e de negociar objetivos comuns que garantam, a todos, respeito aos direitos legais e valorização da identidade, na busca da consolidação da democracia brasileira (BRASIL, 2004a, p. 31).

A educação para as relações étnico-raciais, então, é entendida como uma prática que possui uma natureza política, moral e ética. Essa educação configura-se por meio de um ensino centrado em conhecimentos, atitudes e valores que contribuam com a melhoria das relações entre diferentes grupos, buscando a redução das desigualdades.

Ressalta-se no texto que o combate ao racismo, o trabalho para terminar com a desigualdade social e racial e a reeducação das relações étnico-raciais não se configuram em atividades limitadas apenas à escola, sendo preciso que sejam construídas Pedagogias antirracistas para dar conta disso.

Cumpre destacar uma crítica ao documento, desenvolvida por Monteiro (2010), que considera que não foi adequado a relatora fazer detalhamentos do que apresenta como equívocos relacionados aos negros, ao se discriminarem entre si e ao também assumirem postura racista, porque isso acabaria por abrir precedentes para interpretações erradas a respeito do racismo.

Seguindo em sua crítica, a autora afirma que o Parecer se assemelha a uma cartilha, por apresentar vários exemplos de experiências relacionadas a preconceitos, discriminações, e ao propor modos de resolução de situações de conflito. Monteiro (2010) aponta ainda que o documento toma o racismo como "processo estruturante e constituinte da história brasileira", sem que se encontre no texto uma explicação para o que isso significa de verdade.

Seguindo na apresentação do Parecer, no final do terceiro item, a relatora ressalta que é necessário que os professores sejam qualificados para intervirem em distintas áreas de conhecimento, sendo importante que, além disso, "sejam sensíveis e capazes de direcionarem positivamente as relações entre pessoas de diferentes pertencimentos étnico-raciais, no sentido do respeito e da correção de posturas, atitudes, palavras preconceituosas" (BRASIL, 2004b, p. 17). Cabe como missão de grande importância do poder público investir para que os professores, além de receberem "sólida formação na área específica de atuação" (BRASIL, 2004b, p. 17), possam também ter acesso à formação que possibilite entender não apenas a relevância das questões referentes à diversidade étnico-racial, mas as que dizem respeito à forma de desenvolver o seu tratamento.

O quarto item, *História e Cultura Afro-Brasileira e Africana*, dá ênfase à modificação no currículo trazida pela Lei nº 10.639/2003, tratando-a como uma decisão política. O estudo desse tema não cabe apenas a negros, mas a todos os brasileiros, não se pretendendo desse modo transferir o foco etnocêntrico europeu para o africano, e sim ampliar os currículos escolares direcionados para a diversidade cultural, racial brasileira. As escolas, nesse item, são vistas como responsáveis pela inclusão da história e cultura afro-brasileira e africana nos estudos e atividades, e devem, por meio de sua autonomia, procurar o auxílio direto e indireto de estudiosos da temática e de representantes do Movimento Negro. Enfatiza-se o papel dos gestores dos sistemas de ensino e das escolas, no sentido de fomentar essas parcerias.

A seguir, o Parecer passa a explicitar os seguintes princípios necessários para nortear as ações que visam atender à legislação:

1. Consciência política e histórica da diversidade;

2. Fortalecimento de identidades e de direitos;
3. Ações educativas de combate ao racismo e a discriminações.

O princípio *Ações educativas de combate ao racismo e a discriminações* apresenta possíveis encaminhamentos para o ensino de história e cultura afro-brasileira e africana, tais como: a proposição de conteúdos, datas significativas, estratégias, manifestações culturais e religiosas, personalidades negras, distorções acerca do continente africano. Além disso, aponta providências que tanto os sistemas de ensino quanto as escolas necessitam tomar, tais como a introdução dessa temática nos cursos de formação de professores e de outros profissionais da educação.

O quinto item, *Obrigatoriedade do Ensino de História e Cultura Afro--Brasileira, Educação das Relações Étnico-Raciais e os Conselhos de Educação,* abarca a responsabilidade dos órgãos normativos dos estados, municípios e do Distrito Federal na implementação das DCNERER.

Por fim, apresentadas algumas considerações e justificativas que constam do Parecer CNE/CP 03/2004, segue a apresentação do texto da Resolução CNE/CP 01/2004 que institui as DCNERER.

A RESOLUÇÃO CNE/CP 01/2004

A Resolução CNE/CP nº 01, de 17 de junho de 2004, institui as Diretrizes Curriculares Nacionais para a Educação das Relações Étnico-Raciais e para o Ensino de História e Cultura Afro-Brasileira e Africana, sendo formada por nove artigos.

O Artigo 1º trata de apresentar para quem é destinada as DCNERER:

> Art. 1º A presente Resolução institui Diretrizes Curriculares Nacionais para a Educação das Relações Étnico-Raciais e para o Ensino de História e Cultura Afro-Brasileira e Africana, a serem observadas pelas instituições de ensino, que atuam nos níveis e modalidades da Educação Brasileira e, em especial, por **instituições que desenvolvem programas de formação inicial e continuada de professores**. (BRASIL, 2004a, grifo nosso)

Constata-se aí uma grande preocupação com a formação inicial de professores. Já os parágrafos 1º e 2º, do Artigo 1º, afirmam ser de responsabilidade da Educação Superior implementar o conteúdo da Lei, e, deste modo, o cumprimento das indicações constantes das DCNERER é considerado como um critério para avaliar as instituições de ensino:

> § 1º As Instituições de Ensino Superior incluirão nos conteúdos de disciplinas e atividades curriculares dos cursos que ministram, a Educação das Relações Étnico-Raciais, bem como o tratamento de questões e temáticas que dizem respeito aos afrodescendentes, nos termos explicitados no Parecer CNE/CP 03/2004.
> § 2º O cumprimento das referidas Diretrizes Curriculares, por parte das instituições de ensino, será considerado na avaliação das condições de funcionamento do estabelecimento. (BRASIL, 2004a)

Segundo Monteiro (2010), institui-se aí um mecanismo de controle que se escora na política de avaliação que ganha força a partir dos anos de 1990.

O Artigo 2º explica em que se constituem as DCNERER e sua conexão com uma educação promotora da formação de cidadãos atuantes e críticos na sociedade multicultural e pluriétnica brasileira. No primeiro e segundo parágrafos desse Artigo, são dispostos os objetivos relacionados à educação das relações étnico-raciais e ao ensino de História e Cultura Afro-Brasileira e Africana. Já o 3º parágrafo do Artigo 2º dispõe a respeito do que é de competência dos Conselhos estaduais, municipais e do Distrito Federal, com relação à respectiva lei. É importante destacar que a educação das relações étnico-raciais possui como objetivo "a divulgação e produção de conhecimentos, bem como de atitudes, posturas e valores que eduquem cidadãos quanto à pluralidade étnico-racial", permitindo, desse jeito, que os cidadãos tornem-se capazes de "interagir e de negociar objetivos comuns que garantam a todos, respeito aos direitos legais e valorização de identidade, na busca da consolidação da democracia brasileira" (BRASIL, 2004a).

No que se refere ao ensino de História e Cultura, propõe-se como objetivo "o reconhecimento e valorização da identidade, história e cultura dos afro-brasileiros, bem como a garantia de reconhecimento e igualdade de valorização das raízes africanas da nação brasileira, ao lado das indígenas, europeias, asiáticas" (BRASIL, 2004a).

O Artigo 3º regulamenta que as instituições de ensino e seus professores estabeleçam "os conteúdos, competências, atitudes e valores" para a Educação das Relações Étnico-Raciais e para o Estudo de História e Cultura Afro-Brasileira e História e Cultura Africana. Esse artigo faz referência ao Parecer CNE/CP 03/2004 ao tratar dos conteúdos a serem trabalhados. O 1º e 2º parágrafos desse artigo abordam as responsabilidades dos sistemas de ensino e das entidades mantenedoras: o incentivo e a criação de condições materiais e financeiras relativas ao material didático (tais como livros) concernentes ao tema proposto e responsabilizam, ainda, as coordenações pedagógicas na promoção de aprofundamentos de estudos, com vistas a que os professores criem e desenvolvam projetos, envolvendo distintos componentes curriculares.

O 3º parágrafo do Artigo 3º retoma o conteúdo do artigo 26-A da LDBEN 9394/1996. E o 4º parágrafo desse mesmo Artigo indica que os sistemas de ensino voltar-se-ão para incentivar pesquisas sobre questões afro-brasileiras e também relativas aos povos indígenas:

> § 3º O ensino sistemático de História e Cultura Afro-Brasileira e Africana na Educação Básica, nos termos da Lei 10.639/2003, refere-se, em especial, aos componentes curriculares de Educação Artística, Literatura e História do Brasil.
>
> § 4º Os sistemas de ensino incentivarão pesquisas sobre processos educativos orientados por valores, visões de mundo, conhecimentos afro-brasileiros, ao lado de pesquisa de mesma natureza junto aos povos indígenas, com o objetivo de ampliação e fortalecimento de bases teóricas para a educação brasileira (BRASIL, 2004a).

O Artigo 4º refere-se à possibilidade de se estabelecer canais de comunicação entre os sistemas de ensino e os estabelecimentos escolares com o Movimento Negro, com os grupos negros, instituições de formação de professores e Núcleos de Estudos Afro-Brasileiros.

Monteiro (2010) pondera que essa é uma das questões pleiteadas pelo Movimento Negro, enfim colocada num texto legal:

> Os sistemas e os estabelecimentos de ensino poderão estabelecer canais de comunicação com grupos do movimento negro, grupos culturais negros, instituições formadoras de professores, Núcleos de Estudos Afro-Brasi-

leiros, com a finalidade de buscar subsídios e trocar experiências para planos institucionais, planos pedagógicos e projetos de ensino (BRASIL, 2004a, p. 32).

Os representantes do Movimento Negro tinham a expectativa, de acordo com Monteiro (2010), de que a participação deles se daria nessa relação de forma obrigatória, por conta da compreensão que os componentes do movimento possuíam de que são detentores de um acúmulo de experiências que asseguraria assim a implantação da lei. Contudo, a autora conclui que nem sempre a experiência da militância pode ser encarada como geradora de conhecimento ou de práticas acertadas com os processos educacionais, em especial na escola. A pesquisadora verifica que existem organizações relacionadas ao Movimento Negro que têm desenvolvido ações educativas e recuperado saberes tradicionais relativos à cultura afro-brasileira, bem anteriores à aprovação das DCNERER, tais como: o Núcleo de Estudos Negros/SC (NEN), o Centro de Estudos das Relações de Trabalho e Desigualdades/SP (CEERT) e o Centro de Estudos Afro-Orientais/ Programa de educação e profissionalização para a igualdade racial e de gênero/Universidade Federal da Bahia (CEAO/CEAFRO).

O Artigo 5º aponta alguns requisitos importantes que se deve considerar para garantir a frequência e a permanência dos alunos na escola, tais como: instalações adequadas e professores bem preparados. O texto legal destaca uma ação docente comprometida em "corrigir posturas, atitudes, palavras que impliquem desrespeito e discriminação" (BRASIL, 2004a).

O Artigo 6º imputa os colegiados dos estabelecimentos de ensino a incorporarem o exame e encaminhamento de soluções acerca de situações discriminatórias no universo escolar, atestando que, os casos que se qualificarem como racismo, deverão ser considerados conforme o que prediz o Art. 5º, XLII da Constituição Federal de 1988.

O Artigo 7º determina que são os sistemas de ensino que vão orientar e supervisionar a produção e a publicação de livros e materiais didáticos, fazendo referência ao que está disposto no Parecer CNE/CP 03/2004.

O Artigo 8º estabelece ser de responsabilidade dos sistemas de ensino a ampla disseminação do Parecer CNE/CP 03/2004 e da Resolução, mediante a cooperação das redes das escolas públicas e privadas, assim como a divulgação de bons resultados e de dificuldades encontradas no ensino e aprendizagem de História e Cultura Afro-Brasileira e Africana, e da Educação das Relações Étnico-Raciais, que precisam ser notificadas ao Ministério da Educação, à Secretaria Especial de Promoção da Igualdade Racial, ao Conselho Nacional de Educação e aos respectivos Conselhos Estaduais e Municipais de Educação.

Esses textos legais e orientações para o desenvolvimento do trabalho das escolas contribuem para o entendimento de que a questão étnico-racial é um conteúdo relevante e que, mesmo antes da legislação que estabelece a obrigatoriedade da inclusão desse tema no currículo da escola básica, já era entendido por diferentes grupos e movimentos como elemento imprescindível para a formação dos sujeitos com vistas a fortalecer a luta contra o racismo em nossa sociedade.

CAPÍTULO 3
OS ACHADOS DA PESQUISA

A seguir serão explorados os dados colhidos nas entrevistas, nos projetos pedagógicos dos cursos de Pedagogia e nas ementas das disciplinas específicas sobre a questão étnico-racial das quatros universidades pesquisadas, em relação a quatro categorias escolhidas para análise nessa pesquisa.

3.1. OS DOCUMENTOS

A focalização dos projetos pedagógicos dos cursos de Pedagogia e das ementas das disciplinas que tratam a temática visou identificar em que medida e de que forma a questão étnico-racial é inserida nesses currículos, principalmente no que tange à carga horária destinada às disciplinas que abordam a temática e se os conteúdos selecionados para isto são significativos para uma formação que fomente uma ação docente que contribua para a desconstrução do racismo em nossa sociedade.

OS PROJETOS PEDAGÓGICOS DOS CURSOS DE PEDAGOGIA

UFF

O pedagogo que se afirma desejar-se formar, no curso de Pedagogia da UFF, é um profissional da educação, intelectual, investigador, apto para intervir de modo crítico, criativo, construtivo e responsável nas práticas educacionais que acontecem na escola e nos demais espaços. Assume-se que sua formação deve "contemplar consistente formação teórica, diversidade de conhecimentos e de práticas que se articulem ao longo do curso" (UFF, 2010, Formulário nº 4, p. 1).

O curso tem como objetivo geral: "Oferecer uma formação comum e múltipla, que contemple a abrangência e diversidade da ação profissional do pedagogo, diante da própria amplitude da educação como atividade mediadora no seio da prática social global" (UFF, 2010, Formulário nº 4, p. 1).

Considera-se que a área de atuação do licenciado em Pedagogia requer que o pedagogo possua habilidade contínua para um trabalho que se estende numa compreensão integrada dos seguintes domínios: docência, pesquisa e gestão educacional.

O curso encontra-se organizado da seguinte forma: núcleo de estudos básicos, núcleo de aprofundamento e diversificação de estudos, e núcleo de estudos integradores. Alguns detalhes sobre as cargas horárias dos cursos das quatro universidades estão identificados no Apêndice B.

A disciplina sobre a questão racial oferecida neste curso está vinculada ao núcleo de estudos básicos.

O núcleo de estudos integradores é composto de atividades culturais e todas as atividades complementares. As atividades culturais constituem componentes curriculares de caráter obrigatório que buscam construir articulações da dimensão estética com as demais dimensões do perfil do pedagogo. Elas são oferecidas pela coordenação do curso a cada semestre, como mais uma opção de ofertas temáticas em que o aluno escolherá o que irá cursar. Já as atividades complementares representam os: "Componentes curriculares presentes em todos os cursos de graduação da UFF e que deverão estimular a prática de estudos independentes, transversais, opcionais, permitindo a permanente e contextualizada atualização profissional específica" (UFF, 2010, Formulário 5, p. 15).

Diante desta estrutura de curso, considera-se que a Categoria 3 assumida para a análise dos dados levantados nesta pesquisa, que trata da *Implementação da questão racial no currículo*, está aí contemplada, quando se constata que há uma disciplina específica acerca da temática racial no currículo do curso. A disciplina é: *Relações Étnico-Raciais na Escola*, ministrada no 8º período, com carga horária de 60 horas e 4 créditos.

UNIRIO

A concepção de pedagogo, que o Projeto Pedagógico do Curso (PPC) da UNIRIO assume, considera que:

> A docência, entendida numa perspectiva ampliada que compreende o ensino, a pesquisa e a gestão, constitui-se na base de formação do pedagogo; o trabalho docente caracteriza-se como processos e práticas político-pedagógicas de produção, organização, difusão e apropriação de conhecimentos que se desenvolvem, por meio de contínuo exercício de transformação da realidade, em espaços educativos escolares e não-escolares, sob determinadas condições históricas. (UNIRIO, 2008, p. 4).

Assim, o curso assume como missão formar o pedagogo como:

> [...] um profissional com sólida formação teórica e compromisso político, envolvido com o ensino-aprendizagem, a pesquisa e a gestão em contextos educativos escolares e não-escolares, na perspectiva democrático-participativa, visando a superação das desigualdades sociais. Na condição de sujeito em constante (inter)ação com o(s) outro(s), deverá constituir-se como produtor de saberes na e para a sociedade, compreendida como espaço-tempo privilegiado de análise, reflexão e explicação das relações sociais e de produção. (UNIRIO, 2008, p. 4)

O curso tem a duração de nove períodos, no turno diurno, e de dez períodos, no noturno. Tem por objetivo formar pedagogos que possam atuar na Educação Infantil e nos anos iniciais do Ensino Fundamental, nos cursos de Ensino Médio, na modalidade Normal, de Educação Profissional, no âmbito de serviços e apoio escolar e em outras áreas para as quais sejam previstas funções que exijam conhecimentos pedagógicos.

O curso está estruturado em três núcleos: "1 – Núcleo de estudos básicos, 2 – Núcleo de aprofundamento e diversificação de estudos e 3 – Núcleo de estudos integradores" (UNIRIO, 2008, p. 5). As disciplinas que tratam da questão racial pertencem ao núcleo de aprofundamento. Alguns detalhes sobre as cargas horárias dos cursos das quatro universidades estão identificados no Apêndice B.

Também no caso deste curso, a Categoria 3, que aborda a *Implementação da questão racial no currículo*, parece contemplada na existência de disciplinas sobre a questão racial no currículo do curso. São disciplinas optativas, com carga horária e quantidade de créditos próprios das disciplinas optativas, diferentes das disciplinas obrigatórias. São elas:

1. ***Ideologia Racial Brasileira na Educação Escolar*** – ministrada em qualquer período do curso por ser uma disciplina optativa; tem carga horária de 30 horas e 2 créditos.
2. ***Cultura Afro-Brasileira em Sala de Aula*** – ministrada em qualquer período do curso por ser uma disciplina optativa; tem carga horária de 30 horas e 2 créditos.

UFRJ

De acordo com o Projeto Pedagógico do Curso da UFRJ, o pedagogo é "um profissional preparado para intervir nas diferentes situações apresentadas pela realidade educacional brasileira" (UFRJ, 2014, p. 10), e para dar conta disso considera-se ser necessária uma formação teórica consistente e uma preparação específica para a intervenção prática.

O curso de Pedagogia da UFRJ tem a duração de quatro anos e meio para o turno vespertino e de cinco anos no turno noturno.

São oferecidas para o licenciado em Pedagogia cinco áreas de atuação concomitantes, que consistem em: docência na Educação Infantil, docência nos anos iniciais do Ensino Fundamental, docência nas disciplinas pedagógicas do curso Normal (modalidade do Ensino Médio), docência na Educação de Jovens e Adultos e gestão de processos educacionais.

O curso se apresenta organizado por meio de três núcleos: "1 – Núcleo de estudos básicos, 2 – Núcleo de aprofundamento e diversificação de estudos e 3 – Núcleo de estudos integradores" (UFRJ, 2014, p. 27). As disciplinas que tratam da questão racial pertencem ao Núcleo de aprofundamento e diversificação de estudos. Alguns detalhes sobre as cargas horárias dos cursos das quatro universidades estão identificados no Apêndice B.

Também neste caso foram identificados elementos relativos à Categoria 3 – *Implementação da questão racial no currículo* –, quando se constata a existência de disciplinas sobre a questão racial no currículo do curso. São disciplinas optativas, com carga horária e quantidade de créditos próprios das disciplinas optativas, diferentes das disciplinas obrigatórias. São elas:

1. **Educação e Etnia** – ministrada nos três primeiros períodos do curso, com carga horária de 45 horas e 3 créditos.
2. **Intelectuais negras: Saberes transgressores, "escritas de si" e práticas educativas de mulheres negras** – também ministrada nos três primeiros períodos do curso, com carga horária de 45 horas e 3 créditos.

No Projeto Pedagógico do Curso de Pedagogia da UFRJ, na parte que trata da estrutura curricular, sobre o Núcleo de aprofundamento e diversificação de estudos, de acordo com o Parecer CNE/CP 5/2005 quanto às áreas ou modalidades de ensino que podem ser aprofundadas pelas instituições de ensino, a UFRJ escolheu algumas questões para se aprofundar, como pode ser observado a seguir:

> Consequentemente, dependendo das necessidades e interesses locais e regionais, neste curso, poderão ser, especialmente, aprofundadas questões que devem estar presentes na formação de todos os educadores, relativas, entre outras, *a educação de pessoas jovens e adultas*; educação étnico-racial; educação indígena; educação nos remanescentes de quilombos; educação do campo; educação hospitalar; educação prisional; *educação comunitária ou popular*. O aprofundamento em uma dessas áreas ou modalidades de ensino específico será comprovado, para os devidos fins, pelo histórico escolar do egresso. Esse extrato do parecer foi grifado para assinalar que áreas de aprofundamento foram selecionadas para serem trabalhadas em nosso curso. (UFRJ, 2014, p.29)

A escolha por aprofundar tais temas se deu, de acordo com o texto do documento, em virtude de serem essas as áreas em que a UFRJ possui condições de efetivamente elaborar uma formação para o público-alvo do curso, por já possuir uma tradição de trabalho coletivo e de produção de conhecimento nesses campos. A UFRJ propõe dois tipos de aprofundamento de estudos, um pleno e outro não-pleno. O aprofundamento pleno consiste em que o aluno curse disciplina(s) obrigatória(s) de aprofundamento e, também, realize a prática de ensino e o estágio supervisionado específico dentro desse campo, abrangendo uma formação para: a Docência nas disciplinas pedagógicas do Ensino Médio (Curso Normal); e a Docência e gestão de Educação de Jovens e Adultos. Já o não-pleno unicamente se dá em nível de disciplinas, sem que se realize a prática de ensino e o estágio supervisionado. O aprofundamento não-pleno engloba a formação para trabalhar com: a Educação popular e movimentos sociais (disciplina EDF 609 – Educação Popular e Movimentos Sociais); a Educação ambiental (disciplina EDF 600 – Educação Ambiental); Estudantes surdos (disciplinas EDD 636 – Educação e Comunicação II: Libras e EDF 002 – Inclusão em Educação); Relações étnico-raciais e ensino de História e Cultura Afro-brasileira e Africana (disciplinas EDW 004 – Educação e Etnia e EDW 606 – Multiculturalismo e Educação).

É possível verificar, por meio do texto documental, que não é proposto um diálogo entre a questão étnico-racial, a prática de ensino e o estágio supervisionado na formação do pedagogo, ficando limitada a abordagem da temática à esfera da disciplina específica apenas.

Ainda assim, encontra-se no texto deste projeto a presença de termo relativo à questão étnico-racial, no que se apresenta como expectativa para a atuação do pedagogo:

> Identificar problemas socioculturais e educacionais com postura educativa, integrativa e propositiva em face de realidades complexas com vista a contribuir para superação de exclusões sociais, **étnico-raciais**, econômicas, culturais, religiosas, políticas e outras. (UFRJ, 2014, p. 16. Grifo nosso)

Assim, considera-se ter sido possível identificar elementos da Categoria 2 – *Importância atribuída à educação das relações étnico-raciais na formação inicial docente* – nesse PPC.

UFRRJ

Segundo seu Projeto Pedagógico, o Curso de Pedagogia da UFRRJ tem a duração de quatro anos e funciona no período noturno, possuindo como objetivo:

> Contribuir para a melhoria da qualidade da Educação, no contexto loco--regional, em dupla perspectiva curricular: (a) formação de professores para o exercício do magistério na Educação Infantil, nas Séries Iniciais do Ensino Fundamental e em cursos de nível Médio – modalidade Normal; e (b) organização e gestão de sistemas e instituições pedagógicas, e em outras áreas de serviços e apoio técnico-pedagógico escolar e/ou para-escolar, com a compreensão de que docência e gestão são atividades integradas (UFRRJ, 2007, p. 4).

As áreas de atuação dos pedagogos formados pela UFRRJ consistem em: Magistério em cursos de Educação Infantil, nas séries iniciais do Ensino Fundamental e no Nível Médio – modalidade Normal, bem como em áreas de gestão, serviços e apoio técnico-pedagógico escolar e/ou para-escolar.

Cabe destacar a quantidade da carga horária destinada às disciplinas optativas no curso de Pedagogia da UFRRJ, que é de 285 horas, revelando-se um número maior do que a UFRJ, com 135 horas, a UFF, com 180 horas, e a UNIRIO, com 240 horas. Também vale ressaltar que os alunos no curso de Pedagogia da UFRRJ precisam cursar 19 créditos de disciplinas optativas. Alguns detalhes sobre as cargas horárias dos cursos das quatro universidades estão identificados no Apêndice B.

O curso começou com duração de três anos e meio e voltado para formar professores que atuariam na Educação Infantil, com uma carga horária menor que a indicada nas Diretrizes Curriculares Nacionais para o Curso de Pedagogia. Para suprir essa carência, os docentes resolveram incluir, em caráter "obrigatório", o cumprimento de uma quantidade maior de créditos em disciplinas optativas, para que se desse conta do que estabelecia esse documento. Essa configuração é mantida até hoje, apesar dos esforços alegados pela coordenação para tentar implementar mudanças. As críticas que explicam as tentativas de mudanças consideram que esse excesso de carga horária destinada às disciplinas optativas caracterizaria um curso sem um direcionamento mais coerente com o contexto histórico atual, o que acabaria por inviabilizar maiores aprofundamentos no que se refere à temática desta pesquisa.

Novamente se identifica neste projeto pedagógico de curso elementos relativos à Categoria 3 – *Implementação da questão racial no currículo* –, quando se constata a existência de disciplinas sobre a questão étnico-racial no currículo. Elas consistem nas seguintes disciplinas obrigatórias:

1. ***Educação e Relações Étnico-raciais na escola*** – ministrada no 4º período do curso, consistindo numa disciplina obrigatória com carga horária de 30 horas e com 2 créditos.
2. ***Cultura Afro-Brasileira*** – ministrada no 8º período do curso, sendo uma disciplina obrigatória, com carga horária de 30 horas e com 2 créditos.

A disciplina *Educação e Relações Étnico-raciais na escola* foi tornada obrigatória no 4º período, no currículo do Curso de Pedagogia da UFRRJ, em 2010. Quanto à disciplina *Cultura Afro-Brasileira*, é importante ressaltar que quando o curso se iniciou, em 2007, ela era ofertada em caráter optativo e, no ano de 2009, tornou-se obrigatória, sendo inserida no 8° período do curso.

SOBRE OS QUATRO PROJETOS

Investigando o Projeto Pedagógico do Curso de Pedagogia da UFRRJ, não se identificou qualquer palavra que fizesse alusão à questão étnico-racial, ou às DCNERER ou, ainda, à Resolução CNE/CP 01/2006, que institui as Diretrizes Curriculares Nacionais para o Curso de Pedagogia, não estando contemplados elementos referentes à Categoria 1 – *Conhecimento acerca da legislação da Educação para as relações raciais* –, por não se identificar qualquer menção a legislação voltada para a questão étnico-racial nesse PPC.

Analisando os Projetos Pedagógicos dos cursos de Pedagogia da UFF e UNIRIO, não se identificou a presença de qualquer termo ou conceito que de algum modo fizesse menção à questão étnico-racial, e muito menos às DCNERER como fundamentos legais desses cursos. Ainda assim, seguem alguns aspectos que merecem destaque.

O documento da UFF apresenta um objetivo que faz referência à diferença cultural, sem menção direta à racial, como algo importante a ser considerado na formação do pedagogo:

> Construir uma proposta educacional e de formação marcada pela lógica da desespecialização, pela multiqualificação, pela visão crítica e a compreensão integrada do ensino, da pesquisa e da gestão educacional; direcionada para a intervenção transformadora da realidade e comprometida com a construção da justiça social, da promoção da democracia e da universalização do acesso a direitos, com a inclusão social, o atendimento às necessidades educacionais especiais, respeito ao meio ambiente, **às diferenças culturais** (UFF, 2010, Formulário n° 3, p. 1).

Já o projeto da UNIRIO aborda como um dos objetivos do curso que os sujeitos em formação "reconheçam e valorizem a diversidade, a diferença e a ética, em suas múltiplas dimensões, comprometidos com a (re)construção de uma sociedade mais justa e igualitária" (UNIRIO, 2007, p. 5). Então, se considerarmos que o texto destaca "a diversidade e a diferença", podemos supor que questões referentes às culturas indígena e negra são valorizadas nos objetivos propostos para a formação de pedagogos.

Verifica-se que os dois projetos estão fundamentados legalmente na LDBEN 9394/96 e na Resolução CNE/CP n 1/2006, e, quando se pensa que a LDBEN 9394/96 foi alterada pelas Leis nº 10.639/03 e 11.645/08, e que as DCN do curso de Pedagogia estão relacionadas com as DCNERER, vale atentar para o que sinaliza Monteiro (2010, p. 186):

> As DCN de Pedagogia incorporaram conteúdos relativos às DCNERER aprovadas dois anos antes. Sabemos que a presença de aspectos relativos às diretrizes sobre a educação para as relações étnico-raciais nas DCN de Pedagogia decorre especialmente pela presença de uma relatora comum a ambas as diretrizes, a professora Petronilha B. G. e Silva, representante do movimento negro, à época, no Conselho Nacional de Educação.

Então, isso ajuda a pensar que esses Projetos Pedagógicos dos cursos de Pedagogia da UFF e da UNIRIO abordam a questão étnico-racial, uma vez que eles estão baseados nessas respectivas leis. Nessa perspectiva, identifico nesses projetos aspectos ligados à Categoria 2, que trata da *Importância atribuída à educação das relações étnico-raciais na formação inicial docente*.

Porém, os modos pelos quais a questão étnico-racial encontra-se inserida nos Projetos Pedagógicos dos cursos de Pedagogia da UFF, UNIRIO, UFRJ e UFRRJ não revelam um posicionamento político efetivo do curso em relação a esse tema; antes, demonstram cumprir com a obrigatoriedade legal de inclusão dessa temática. Contudo, de acordo com a análise feita por Gomes (2012, p. 348), "o enraizamento intenso da Lei nº 10.639/03 está relacionado com a presença da temática afro-brasileira e africana no PPP [Projeto Político-pedagógico] e no currículo da escola" – ideia que pode ser transferida para o caso dos projetos pedagógicos de cursos de Licenciatura. Para a autora, incluir o assunto étnico-racial nos PPPs das instituições de ensino "coloca a questão racial em um lugar institucional dentro da estrutura da escola e como uma responsabilidade do coletivo de profissionais, retirando-a do lugar de empenho individual, práticas militantes e iniciativas isoladas" (GOMES, 2012, p. 347).

Enfim, os PPCs desses cursos de Pedagogia deixam entrever indícios de que a questão étnico-racial não é um caso de inclusão coletiva e institucional da temática, mas sim "um andar solitário por entre a gente" dos que lecionam essas disciplinas específicas acerca desse tema. Diante desse quadro, concorda-se com Silva quando afirma que:

> Em se tratando da implementação do artigo 26-A, há registro de pesquisas, nas esferas educacionais (Básica e Superior) sobre a existência de ações individuais, desvinculadas da coletividade docente e centradas na figura de poucos profissionais, que ao se desligarem da instituição em que atuavam, levam consigo o avançar da discussão que infelizmente acaba por não perpetuar-se (SILVA, 2014, p.67).

Além disso, foi possível verificar uma certa escassez de conhecimentos sobre as relações étnico-raciais no Núcleo de Estudos Básicos da formação do pedagogo, conforme definido nas Diretrizes Curriculares Nacionais para o curso de Pedagogia (BRASIL, 2006, p. 3-4). Neste Núcleo, que reúne as disciplinas de História da Educação, Antropologia, Sociologia, Filosofia, Política Educacional, Currículo, Didática e os estágios supervisionados desses quatro cursos de Pedagogia, não se identifica a abordagem de aspectos ligados a essa temática, o que pode dificultar o entendimento da questão étnico-racial e de seus desdobramentos nos processos econômicos, históricos e culturais que direcionam a educação. A quase ausência desse debate revela não somente que a questão se encontra pouco evidente na formação docente, mas acaba por mostrar o quanto os cursos de Licenciatura precisam avançar para se adequarem em relação aos fundamentos políticos, históricos, antropológicos, filosóficos que poderiam tornar possível que os graduandos compreendessem criticamente os efeitos do colonialismo e os aspectos importantes da história e cultura africana em proporção mundial (GILROY[34], 1993 *apud* SILVERIO, 2015).

De acordo com Cardoso (2016, p. 121), inserir a questão étnico-racial em disciplinas do Núcleo Comum de formação profissional teórica e em

---

34 A obra citada, do historiador britânico Paul Gilroy, intitula-se *The Black Atlantic: Modernity and Double-Consciousness*. Foi publicada originalmente em 1993, pela editora Verso, de Londres (UK).

disciplinas pedagógicas ajuda o aluno a realizar reflexões e articulações teóricas nas perspectivas políticas, econômicas, históricas e culturais, oportunizando práticas embasadas e a consciência acerca dos estratagemas conceituais e históricos nelas envolvidos.

Um acontecimento que pode ilustrar a relevância da formação teórico-conceitual dos professores, apontado pela pesquisadora Cardoso (2016), foi o incidente em torno de um pedido realizado pela Associação Cedro do Líbano de Proteção à Infância, em São Paulo, para que as alunas usassem cabelo "liso e solto" num evento de Natal. Uma responsável resolveu contestar essa atitude da creche. Também relatou que, certa vez, ouviu uma professora dizer que "cabelo crespo tem aparência de sujeira" e que, em virtude disso, solicitava que as alunas usassem "chapinha para ficarem ainda mais bonitas" nos eventos da escola. Em sua defesa, a creche disse ser contrária a qualquer tipo de preconceito e que sempre orienta as crianças sobre a importância da diversidade, de modo que o bilhete teria sido enviado sem o aval da direção da instituição.

No entanto, analisando esse fato, Gomes (2012, p. 235) ressalta que, por meio desse tipo de ação, a escola acaba por impor padrões de conhecimento, de comportamentos e também de estética. E que, para se encontrar dentro do universo escolar, é imprescindível que o sujeito esteja fisicamente dentro de um padrão, que se uniformize. A imposição de cuidar da aparência é repetida diversas vezes, e as justificativas para tal usualmente não revelam o teor racial de forma explícita. Na maior parte dos casos esse conteúdo é dissimulado pela solicitação em cumprir normas e pela argumentação baseada em princípios higienistas.

O ocorrido demonstra que as práticas docentes não se encontram fora do contexto histórico, político, econômico, racial e de gênero, por isso, é importante que os professores optem por práticas fundamentadas em reflexões teóricas consistentes. É o que destaca Cardoso (2016, p. 122) quando afirma que a formação de professores é fundamental e requer fundamentos filosóficos, sociológicos e históricos acerca dos processos educacionais. Em outras palavras, somente uma disciplina específica sobre a questão étnico-racial não consegue dar conta de todo esse embasamento na formação dos docentes.

AS EMENTAS DAS DISCIPLINAS QUE TRATAM DAS RELAÇÕES ÉTNICO-RACIAIS

Nesse trecho são desenvolvidas análises das ementas das disciplinas específicas sobre a questão etnico-racial nos cursos de Pedagogia da UFF, UNIRIO, UFRJ e UFRRJ quanto a conteúdos, objetivos, metodologia, avaliação e referencial teórico indicados nas ementas.

As tabelas a seguir apresentam algumas características importantes identificadas nessas disciplinas, tais como carga horária, quantidade de créditos, período em que são oferecidas nesses cursos, os docentes que as lecionam, o tipo de disciplina que são (obrigatórias ou optativas) e os temas abordados. Para informações sobre os docentes citados, veja a seção 1.2 – Caracterização dos sujeitos da pesquisa.

Tabela 1: Informações sobre as disciplinas que tratam das relações raciais, na UNIRIO, UFF, UFRJ e UFRRJ

Disciplina	Universidade	Docente	Horas/aula	Créditos	Período	Tipo
D1	UFF	A	60 horas/aula	4	8º	Obrigatória
D2	UNIRIO	B	30 horas/aula	2	Qualquer	Optativa
D3	UNIRIO	B	30 horas/aula	2	Qualquer	Optativa
D4	UFRJ	C-1	45 horas/aula	3	Do 1º ao 3º	Optativa
D5	UFRJ	C-2	45 horas/aula	3	Do 1º ao 3º	Optativa
D6	UFRRJ	D-1	30 horas/aula	2	2º	Obrigatória
D7	UFRRJ	D-2	30 horas/aula	2	8º	Obrigatória

Nota: Código das disciplinas: **D1** – Relações Étnico-Raciais na Escola. **D2** – Culturas Afro-Brasileiras em Sala de Aula. **D3** – Ideologia Racial Brasileira na Educação Escolar. **D4** – Educação e Etnia. **D5** – Intelectuais Negras: Saberes Transgressores, "Escritas de si" e Práticas Educativas de Mulheres Negras. **D6** – Educação e Relações Étnico-Raciais na Escola. **D7** – Cultura Afro-Brasileira.

Tabela 2: Temas abordados nas disciplinas sobre as relações étnico-raciais das quatro universidades estudadas

Temas	D1 (UFF)	D2 (UNIRIO)	D3 (UNIRIO)	D4 (UFRJ)	D5 (UFRJ)	D6 (UFRRJ)	D7 (UFRRJ)
T1	sim	sim	sim	sim	sim	sim	–
T2	sim	sim	sim	sim	sim	sim	sim
T3	sim	–	–	sim	–	–	sim
T4	sim	–	sim	sim	sim	sim	sim
T5	–	sim	–	–	–	sim	–
T6	sim	sim	–	–	–	–	sim
T7	–	–	–	–	sim	–	–
T8	–	sim	–	–	–	sim	sim
T9	–	sim	–	–	–	sim	sim
T10	–	sim	–	–	–	–	sim
T11	–	–	–	–	sim	–	sim
T12	–	sim	–	–	–	–	–
T13	–	–	sim	–	–	–	–
T14	–	–	–	–	–	sim	–
T15	–	–	–	sim	–	sim	sim
T16	–	–	–	sim	–	–	–

Nota 1: **Código das disciplinas**: **D1** – Relações Étnico-Raciais na Escola. **D2** – Culturas Afro-Brasileiras em Sala de Aula. **D3** – Ideologia Racial Brasileira na Educação Escolar. **D4** – Educação e Etnia. **D5** – Intelectuais Negras: Saberes Transgres-sores, "Escritas para si" e Práticas Educativas de Mulheres Negras. **D6** – Educação e Relações Étnico-Raciais na Escola. **D7** – Cultura Afro-Brasileira.

Nota 2: **Código dos temas**: **T1** – Superação do racismo na educação. **T2** – Estudo das Leis 10.639 e/ou 11.645/08. **T3** – Estudo das DCNERER. **T4** – Debate teórico em torno da questão étnico-racial. **T5** – Diáspora africana. **T6** – Contribuições africanas. **T7** – Gênero e raça. **T8** – Movimento negro. **T9** – Quilombos no Brasil. **T10** – Religiosidade africana.

T11 – Literatura e a questão étnico-racial. T12 – Cultura afro-brasileira.
T13 – Racismo nos livros didáticos. T14 – História e cultura indígenas.
T15 – Ações afirmativas. T16 – Desigualdades raciais.

A ementa da disciplina **Relações Étnico-Raciais na Escola**, oferecida no oitavo período do curso de Pedagogia da UFF, não apresenta objetivos, e sim a listagem dos conteúdos a serem trabalhados e as referências bibliográficas. Na lista de conteúdos aparecem dois itens que mais se assemelham a propostas de atividades e de avaliação do que propriamente a conteúdos, que são: Apresentação e análise de material didático, livros de literatura infanto-juvenil, DVDs, músicas e elaboração de projetos pedagógicos.

O documento não diz claramente nada acerca da metodologia que será empregada na disciplina, mas, em entrevista com a Professora A, ela disse utilizar vídeos e debatê-los com os alunos em classe. Ela também solicita que os alunos realizem como trabalhos da disciplina a confecção de relatórios de observação de suas atividades docentes e propõe a realização de seminários em grupo sobre as manifestações culturais tais como o jongo, a capoeira e de temas atuais como o hip hop, afirmando que tudo isso compõe a cultura afro-brasileira.

Um dos temas centrais da disciplina visa discutir a questão das diferenças, do racismo e do preconceito no ambiente escolar e, para isso, a docente escolheu usar autores como Júlio Aquino e Kabengele Munanga. Trabalha o texto da Lei 10.639/2003 e as Diretrizes Curriculares para a Educação das Relações Étnico-Raciais e para o Ensino de História e Cultura Afro-Brasileira e Africana. Emprega um texto de Leila Hernandez para apresentar e discutir a respeito do continente africano. Além disso, aborda a questão do negro na literatura utilizando textos de Márcia Pessanha e Iolanda Oliveira, e se propõe a abordar a temática da identidade negra tendo como base um texto de Neuza Souza. O Boxe 1 detalha esses recursos.

Há também a utilização do material do programa de TV *A cor da cultura*, um projeto educativo que busca valorizar a cultura afro-brasileira. Esse projeto iniciou-se em 2004, e, desde então, vem produzindo material audiovisual, ações culturais e coletivas, tendo como objetivo desenvolver práticas que busquem valorizar a história dos negros, como uma ação afirmativa.

> **Boxe 1: Referências bibliográficas usadas pela disciplina Relações Étnico-Raciais na Escola, do curso de Pedagogia da UFF**
>
> AQUINO, Júlio Groppa. *Diferenças e preconceito na escola*: alternativas teóricas e práticas. São Paulo: Summus, 1998.
>
> BRASIL. Lei nº 10.639, de 9 de janeiro de 2003. Altera a Lei nº 9.394, de 20 de dezembro de 1996, que estabelece as diretrizes e bases da educação nacional, para incluir no currículo oficial da Rede de Ensino a obrigatoriedade da temática "História e Cultura Afro-Brasileira", e dá outras providências. *Diário Oficial da União*, Brasília, Seção 1, p. 1, 9 jan. 2003.
>
> BRASIL. *Plano Nacional de implementação das Diretrizes Curriculares Nacionais para educação das relações etnico-raciais e para o ensino de história e cultura afro-brasileira e africana*. Brasília: MEC/SEPPIR, 2010. Disponível em <http://www.seppir.gov.br/portal-antigo/.arquivos/leiafrica.pdf/view>. Acesso em 12 jul. 2018.
>
> COR da Cultura; Projeto. Canal Futura; Petrobrás; CIDAN; MEC, Fundação Palmares; Fundação Roberto Marinho; SEPPIR. 2004. 56 programas. Disponível em: < http://www.acordacultura.org.br/> Acesso em: 20 ago. 2016.
>
> HERNANDEZ, Leila Leite. *A África na sala de aula*: visita à história contemporânea. São Paulo: Selo Negro, 2005.
>
> MUNANGA, Kabengele; GOMES, Nilma Lino. *O negro no Brasil de hoje*. São Paulo: Global, 2006.
>
> OLIVEIRA, Iolanda (org.). *Relações raciais e educação*: novos desafios. Rio de Janeiro: DP7A, 2013.
>
> PESSANHA, Márcia Maria de Jesus (org.). *Relações étnico-raciais e currículo escolar*. Rio de Janeiro: Alternativa, 2012. (Cadernos Penesb n. 13)
>
> SOUZA, Neuza Santos. *Tornar-se negro*. Rio de Janeiro: Graal, 1990.

A ementa da disciplina **Ideologia Racial Brasileira na Educação Escolar**, ofertada em qualquer período do curso de Pedagogia da UNIRIO, contém em seu texto objetivo geral e objetivos específicos. Como objetivo geral a disciplina propõe analisar os distintos aspectos da ideologia racial brasileira que se refletem na educação escolar, revelando uma preocupação com a repercussão dessa questão na escola.

Os objetivos específicos são: conceituar racismos, preconceito e discriminação; perceber a construção ideológica-racista no Brasil; caracterizar o pensamento racial após a abolição; tecer relações entre identidade e a autoestima positiva no educando negro; perceber a discriminação racial nas escolas; perceber formas de discriminação racial nos livros didáticos; analisar o racismo relacionado à formação de professores; avaliar a Lei 10.639/2003.

Esses objetivos iluminam um trabalho voltado para despertar a consciência dos alunos acerca do racismo presente na sociedade e seu combate. Tal postura encontra-se em consonância com o Parecer CNE/CP nº 03/2004, que aponta o seguinte sobre o combate ao racismo:

> Combater o racismo, trabalhar pelo fim da desigualdade social e racial, empreender reeducação das relações étnico-raciais não são tarefas exclusivas da escola. As formas de discriminação de qualquer natureza não têm o seu nascedouro na escola, porém o racismo, as desigualdades e discriminações correntes na sociedade perpassam por ali. Para que as instituições de ensino desempenhem a contento o papel de educar, é necessário que se constituam em espaço de produção e divulgação de conhecimentos e de postura que visem uma sociedade mais justa (BRASIL, 2004b, p. 14-15).

A ementa proposta acaba por inscrever tanto alunos quanto docentes numa luta contra o racismo e, quanto a isso, afirma Santomé (1997, p. 31): "A luta organizada contra o racismo adotará diversas frentes. Uma delas será tratar de desmontar teorias colonialistas muito assentadas e que vêm defendendo a existência de hierarquia entre as raças" (tradução nossa)[35].

A ementa da disciplina **Culturas Afro-Brasileiras em Sala de Aula**, oferecida em qualquer período do curso de Pedagogia da UNIRIO, apre-

---

35 "La lucha organizada contra el racismo adoptará diversos frentes. Uno de ellos será el de tratar de desmontar teorias colonialistas muy assentadas y que venían defendiendo la existência de jerarquias entre las razas" (SANTOMÉ, 1997, p. 31).

senta como objetivo geral identificar e analisar as diferentes expressões das culturas afro-brasileiras e suas implementações em sala de aula.

Já os objetivos específicos são: debater conceito de cultura; perceber as diferentes dimensões da diáspora negra; conhecer a história das antigas civilizações africanas; perceber a origem e as contribuições do povo africano no Brasil; conhecer o movimento negro; conhecer a história, a organização e a cultura dos quilombos; tecer relações entre africanidades e religiosidade; conhecer diferentes manifestações das culturas afro-brasileiras contemporâneas; debater o texto e o contexto da Lei 10.639/2003; compreender a diversidade étnico-racial em escolas de Ensino Fundamental; perceber as diferentes dimensões do ensino das culturas afro-brasileiras.

É importante destacar que se afirma não se estar buscando mudar o foco etnocêntrico de matriz europeia, mas sim inserir conhecimentos acerca da cultura afro-brasileira e africana no currículo da formação de professores, ampliando a visão de mundo desses sujeitos que irão atuar nas escolas de educação básica para ajudarem os futuros docentes a lidarem com a realidade multicultural brasileira.

A metodologia que se afirma adotar nas disciplinas da UNIRIO envolve aulas expositivas dialogadas com as turmas, trabalhos em grupos pequenos, estudos de textos, debates e dinâmicas.

As disciplinas **Culturas afro-brasileiras em sala de aula** e **Ideologia Racial Brasileira na Educação Escolar,** da UNIRIO, oferecem como propostas de avaliação: a participação nos debates, nas atividades realizadas em sala de aula e a frequência às aulas. A avaliação individual e por escrito somente é indicada na disciplina de **Ideologia Racial Brasileira na Educação Escolar.**

Pode-se identificar nas ementas das disciplinas **Ideologia Racial Brasileira na Educação Escolar e Culturas afro-brasileiras em sala de aula**, do curso de Pedagogia da UNIRIO, aspectos ligados às categorias analisadas nesta pesquisa:

- **Categoria 1.** *Conhecimento acerca da legislação da Educação para as relações raciais* – por se proporem nessas disciplinas a trabalhar o texto da Lei 10.639/2003.
- **Categoria 3.** *Implementação da questão racial no currículo* –, por se constituírem em disciplinas optativas que tratam do tema,

com carga horária de 30 horas/aula, contando com apenas dois créditos cada uma.
- **Categoria 4. *Conteúdo e forma de abordagem nas disciplinas específicas sobre a questão racial*** – na disciplina **Ideologia Racial Brasileira na Educação Escolar**, pela abordagem de conteúdos tais como: racismo, antirracismo, discriminação, raça, preconceito, ideologia racista, contemplados na legislação sobre a questão étnico-racial. Todo o referencial teórico disposto para essa disciplina é específico sobre a questão étnico-racial. A ementa da disciplina afirma que se procura relacionar a teoria com a prática, propondo discutir a desconstrução da discriminação no livro didático e abordar a questão do racismo na formação de professores.

Na disciplina **Culturas afro-brasileiras em sala de aula**, esses aspectos estão presentes no tratamento dos seguintes conteúdos, também identificados na legislação que aborda a questão étnico-racial: diáspora negra, história de antigas civilizações africanas, contribuições do povo africano, movimento negro, a história dos quilombos, africanidade e religiosidade, manifestações das culturas brasileiras. Uma parte do referencial teórico da disciplina trata da questão racial e a outra parte aborda o conceito de cultura. Também aqui se afirma a preocupação em relacionar teoria e prática, o que se expressa na proposição de se desenvolver a compreensão da diversidade racial em escolas de Ensino Fundamental.

A ementa da disciplina **Relações étnico-raciais na escola,** do curso de Pedagogia da UFF apresenta elementos que podem ser relacionados às seguintes categorias criadas para analisar os dados da presente pesquisa:
- **Categoria 1. *Conhecimento acerca da legislação da Educação para as relações raciais*** – o que se expressa na proposição de se trabalhar o texto da Lei 10.639/2003 e as Diretrizes Curriculares Nacionais para a Educação das Relações Étnico-Raciais e para o Ensino de História e Cultura Afro-Brasileira e Africana.
- **Categoria 3. *Implementação da questão racial no currículo*** – posto que essa disciplina é obrigatória no currículo, com carga horária de 60 horas/aula e contando com 4 créditos.

- **Categoria 4. *Conteúdo e forma de abordagem nas disciplinas específicas sobre a questão racial*** – o que se evidencia pela afirmação de que se deve garantir o tratamento de conteúdos/temas tais como: diferenças e preconceito, combate ao racismo, relação negro/educação/cidadania, previstos pela legislação acerca da questão étnico-racial. Todo o referencial teórico disposto para essa disciplina é específico sobre a questão étnico-racial. A disciplina procura relacionar a teoria com a prática, propondo a discussão de alternativas teóricas e práticas pedagógicas de combate ao racismo na escola. Como atividade de avaliação, propõe-se a elaboração de projetos pedagógicos.

Na ementa da disciplina **Intelectuais negras: Saberes transgressores, "escritas de si" e práticas educativas de mulheres negras**, do curso de Pedagogia da UFRJ, há a proposição de trabalhar os seguintes conteúdos: "conhecimentos orais e escritos de mulheres negras" valorizando assim a oralidade dos povos excluídos, como os negros, de acordo com o Parecer CNE/CP 03/2004; além de conteúdos como: "práticas educativas emancipatórias, relações de gênero e antirracismo"; "pensamento feminista negro e reeducação das relações étnico-raciais em contextos escolares". Esses conteúdos procuram desconstruir o racismo e qualquer forma de discriminação na escola, além de apresentar produções literárias de mulheres negras.

A disciplina oferece ao aluno a oportunidade de discutir, em sua formação, não apenas a questão étnico-racial, como também conhecimentos sobre gênero, por conta da discussão do papel da mulher negra (cis e transgênero) em nossa sociedade, apresentando-a como intelectual e produtora de diversos gêneros literários. E desse modo mostra-se em conformidade com o que o Parecer CNE/CP 03/2004 dispõe:

> O ensino de História e Cultura Africana se fará por diferentes meios, inclusive a realização de projetos de diferente natureza, no decorrer do ano letivo, com vistas à divulgação e estudo da participação dos africanos e de seus descendentes na diáspora, em episódios da história mundial, na construção econômica, social e cultural das nações do continente africano e da diáspora, destacando-se a atuação de negros em diferentes áreas do

conhecimento, de atuação profissional, de criação tecnológica e artística, de luta social (entre outros: rainha Nzinga, Toussaint-L'Ouverture, Martin Luther King, Malcom X, Marcus Garvey, Aimé Cesaire, Léopold Senghor, Mariama Bâ, Amílcar Cabral, Cheik Anta Diop, Steve Biko, Nelson Mandela, Aminata Traoré, Christiane Taubira) (BRASIL, 2004b, p. 22-23).

A proposta é trabalhar com biografias de mulheres negras, mas pensando essas biografias a partir da escrita produzida por essas mulheres. Então, identificou-se na bibliografia indicada na ementa a recomendação da leitura de uma obra que fala da representação da mulher negra na mídia, de uma personalidade negra que deve ser lida/estudada/discutida com os alunos em sala de aula, de uma professora militante do movimento negro, Azoilda Loretto Trindade. A disciplina, de acordo com a Professora C-2, procura trabalhar apenas com textos de mulheres negras numa perpectiva afro-diaspórica, além de incluir produção da própria professora nas indicações bibliográficas.

Apesar da ementa não evidenciar a metodologia que será utilizada na disciplina, em entrevista, a Professora C-2 disse que não usa apenas textos, embora sejam relevantes, mas busca fazer oficinas nas aulas, consideradas momentos para ouvir relatos e produzir textos. Trata-se de receber mulheres negras de diferentes lugares tais como ONGs, associações de moradores, professoras, para conversas com os alunos, mostrando seus saberes e falando em primeira pessoa.

Na justificativa presente na ementa, diz-se que o oferecimento dessa disciplina está pautado em cumprir com o disposto na Lei Federal nº 11.645/2008, tornando obrigatório o trabalho com a reeducação das relações étnico-raciais, tanto nas instituições de educação básica quanto nos cursos de graduação.

Desse modo, foi possível identificar a presença das seguintes categorias nessa disciplina:

- **Categoria 1.** ***Conhecimento acerca da legislação da Educação para as relações raciais*** – por se proporem a trabalhar o texto da Lei 11.645/2008.
- **Categoria 3.** ***Implementação da questão racial no currículo*** –, por se constituír em disciplina optativa que incide sobre o tema, com carga horária de 45 horas/aula, contando com apenas três créditos.

- **Categoria 4.** *Conteúdo e forma de abordagem nas disciplinas específicas sobre a questão racial* – na disciplina **Intelectuais negras: Saberes transgressores, "escritas de si" e práticas educativas de mulheres negra**, pela abordagem dos seguintes conteúdos: conhecimentos orais e escritos de mulheres negras; historias, práticas e nuances dos feminismos negros (cis e transgêneros) e seus sujeitos no Brasil, na América Latina e no continente africano; práticas educativas emancipatórias, relações de gênero e antirracismo; pensamento feminista negro e reeducação das relações étnico-raciais em contextos escolares; pesquisa ativista e a construção de narrativas na primeira pessoa ("escritas de si"); diálogos horizontais entre produção escolar, acadêmica e militante; as relações entre subjetividade (saberes localizados) e conhecimento científico; o trabalho com gêneros literários diferenciados em sala de aula (livros e artigos, entrevistas, romances, poesias, letras de música, documentários); os conceitos de intelectual negra e intersecionalidade.

A ementa da disciplina **Educação e Etnia,** do curso de Pedagogia da UFRJ, apresenta uma divisão em duas unidades, a saber: Unidade I – Racismo e teorias étnico-raciais: principais conceitos e debates; e Unidade II – Desigualdades raciais, discriminação racial na escola e estratégias de superação. Essa disciplina propõe como objetivo principal:

> Estudar as teorias e principais conceitos das relações étnico-raciais e dos estudos sobre diversidade na área educacional; análise dos principais debates relacionados às causas e evidências das desigualdades étnico-raciais na sociedade brasileira; análise das principais estratégias antirracistas em curso, principalmente no campo educacional, com ênfase na analise da Lei 10.639/03, que institui o estudo de história e da cultura afro-brasileira e africana e sua implementação nos sistemas de ensino.

A disciplina sugere estudar conceitos e teorias das relações étnico-raciais como a construção da ideia de raça e suas repercussões no Brasil usando para isso textos de Amilcar Pereira e de Oracy Nogueira. Além disso, procura discutir as causas e evidências das desigualdades raciais no Brasil, empregando material teórico de Carlos Hasenbalg, Florestan Fernandes, Rosana Heringer, Fulvia Rosenberg e Marília Carvalho. Também aborda a Lei 10.639/03, utilizando como textos-base para sua discussão a produção de Nilma Gomes, e incluindo texto de José Rocha e Gabriela Albuquerque, que busca discutir o racismo no universo escolar. O Boxe 2 detalha esses recursos.

Boxe 2: Referências bibliográficas usadas pela disciplina Educação e Etnia, do curso de Pedagogia da UFRJ

BRASIL. Lei nº 10.639, de 9 de janeiro de 2003. Altera a Lei nº 9.394, de 20 de dezembro de 1996, que estabelece as diretrizes e bases da educação nacional, para incluir no currículo oficial da Rede de Ensino a obrigatoriedade da temática "História e Cultura Afro-Brasileira", e dá outras providências. *Diário Oficial da União*, Brasília, Seção 1, p. 1, 9 jan. 2003.

CARVALHO, Marília. Quem é negro, quem é branco: desempenho escolar e classificação racial dos alunos. *Revista Brasileira de Educação*, São Paulo, n. 28, p. 77-95, 2005.

FERNANDES, Florestan. Além da pobreza: o negro e o mulato no Brasil. In: _____. *O negro no mundo dos brancos*. 2. ed. rev. São Paulo: Global, 2007. Cap. 2. (publicado originalmente em 1972)

GOMES, Nilma L. Limites e possibilidades da implementação da lei 10639/03 no contexto das políticas públicas de educação. In: PAULA, Marilene de; HERINGER, Rosana. *Caminhos convergentes*: estado e sociedade na superação das desigualdades raciais no Brasil. Rio de Janeiro: Fundação Heinrich Boll/ ActionAid, 2009.

HASENBALG, Carlos. Desigualdades raciais no Brasil. In: HASENBALG, Carlos; SILVA, Nelson do Valle. *Estrutura social, mobilidade e raça*. São Paulo: Vértice, 1988.

HERINGER, Rosana. Desigualdades raciais na educação e ação afirmativa no Brasil. In: LAIA, M. A.; SILVEIRA, M. L. (org.). *A universidade e a formação para o ensino de história e cultura africana e indígena*. São Paulo: Coordenadoria de Assuntos da População Negra – CONE, 2010. p. 15-47.

NOGUEIRA, Oracy. Preconceito racial de marca e preconceito racial de origem. In:_____. *Tanto preto quanto branco*: estudos de relações raciais. São Paulo: T.A. Queiroz, 1985. (publicado originalmente em 1955)

PEREIRA, Amilcar Araujo. A ideia de raça e suas diferentes implicações. In: _____. *O mundo negro*: a constituição do movimento negro contemporâneo no Brasil (1970-1995). Tese (Doutorado em História) – Universidade Federal Fluminense (UFF), Rio de Janeiro, 2010.

ROCHA, José Geraldo; ALBUQUERQUE, Gabriela G. de. Cultura afro-brasileira na escola e a intolerância religiosa. In: MONTEIRO, Rosana B. (org.). *Práticas pedagógicas para o ensino de história e cultura afro-brasileira, africana e indígena no ensino médio*. Seropédica: UFRRJ/ Evangraf, 2014.

ROSEMBERG, Fulvia. Relações raciais e rendimento escolar. *Cadernos de Pesquisa FCC*, São Paulo, n. 63, p. 19-23, 1987.

Cabe destacar que a Faculdade de Educação da UFRJ oferece um total de oito disciplinas obrigatórias para 27 licenciaturas dessa instituição. No entanto, as relações étnico-raciais não são tratadas em uma disciplina específica para os cursos de licenciatura. Ou seja, os alunos dos cursos de Licenciatura não têm acesso a essa discussão no âmbito da Faculdade de Educação.

Afirma-se na ementa da disciplina Educação e Etnia que se procura avaliar os alunos propondo-se dividir a avaliação em dois momentos: 1ª avaliação, por meio da elaboração de fichamento dos textos discutidos na primeira unidade do curso "o racismo e as teorias étnico-raciais: principais conceitos e debates"; 2ª avaliação, através de um trabalho escrito realizado em sala de aula, em dupla, sobre os parâmetros curriculares e a aplicação da Lei 10.639/03. Os alunos serão avaliados levando em conta aspectos como assiduidade, pontualidade e participação em aula.

Não há indicação de metodologia no texto do documento, contudo, na entrevista feita com a Professora C-1, ela diz não usar muitos vídeos – pela questão da facilidade, acaba trabalhando mais com textos com seus alunos.

Ao abordar a discussão do racismo, das desigualdades raciais e da discriminação na escola, a docente demonstra cumprir com o que estabelece o Parecer CNE/CP nº 03/2004, acerca da formação docente para a educação das relações étnico-raciais:

Introdução, nos cursos de formação de professores e de outros profissionais da educação: de análises das relações sociais e raciais no Brasil; de conceitos e de suas bases teóricas, tais como racismo, discriminações, intolerância, preconceito, estereótipo, raça, etnia, cultura, classe social, diversidade, diferença, multiculturalismo; de práticas pedagógicas, de materiais e de textos didáticos, na perspectiva da reeducação das relações étnico-raciais e do ensino e aprendizagem da História e Cultura dos Afro-brasileiros e dos Africanos (BRASIL, 2004).

A ementa da disciplina **Educação e Etnia**, do curso de Pedagogia da UFRJ, revela itens que podem ser ligados às seguintes categorias criadas para analisar os dados da presente pesquisa:

- **Categoria 1.** *Conhecimento acerca da legislação da Educação para as relações raciais* – por conta da abordagem da Lei 10.639/2003 e das Diretrizes Curriculares Nacionais para a Educação das Relações Étnico-Raciais e para o Ensino de História e Cultura Afro-Brasileira e Africana.
- **Categoria 2.** *Importância atribuída à educação para as relações raciais na formação inicial docente* – por empregar o texto das Diretrizes Curriculares para a Educação das Relações Étnico-Raciais.
- **Categoria 3.** *Implementação da questão racial no currículo* – por oferecer essa disciplina como optativa no currículo, com carga horária de 45 horas e contando com 3 créditos.
- **Categoria 4.** *Conteúdo e forma de abordagem nas disciplinas específicas sobre a questão racial* – o que se revela pela afirmação de que se deve garantir o tratamento de conteúdos/temas tais como: Superando o racismo na escola; Discriminação racial, desigualdades educacionais e desempenho escolar; Lei 10.639/2003; Diretrizes Curriculares Nacionais para a Educação das Relações Étnico-Raciais e para o Ensino de História e Cultura Afro-Brasileira e Africana; Democracia racial conceito e mito; A construção da ideia de raça e suas implicações no Brasil; Hasenbalg e os novos estudos sobre a questão racial no Brasil; Os paradoxos da miscigenação; Preconceito racial de marca e preconceito racial de origem; Ações afirmativas e Panorama das desigualdades raciais no Brasil contemporâneo.

A ementa da disciplina **Educação e Relações Étnico-Raciais na Escola,** do curso de Pedagogia da UFRRJ, apresenta como objetivo da disciplina:

> Apresentar e discutir conteúdos, fontes e processos políticos, sociais, econômicos e culturais vistos como trajetórias das populações negras e indígenas no Brasil, e relacioná-las às teorizações, aos contextos da vida nacional em que estavam-estão imersos, e ao contexto mais amplo da chamada globalização no mundo contemporâneo.

Esse objetivo se desdobra, coerentemente com o Parecer CNE/CP nº 03/2004, na disponibilização de conhecimentos importantes para conferir segurança para os negros, por contribuir para desenvolver o orgulho de sua origem africana, bem como, para os brancos, para a identificação das influências, contribuições e relevância da história e da cultura de negros e indígenas no seu modo de ser, viver e se relacionar com outros indivíduos.

Cabe aqui destacar que essa disciplina foi introduzida como obrigatória não apenas para o curso de Pedagogia mas para todas as licenciaturas na UFRRJ e, desse modo, por semestre, são oferecidas pelo menos cinco turmas para dar conta dessa discussão na formação dos educadores formados por essa instituição, no *campus* de Seropédica.

É relevante apontar que esta se constitui na única disciplina que propõe em seus objetivos incluir a questão indígena. Ela apresenta a temática indígena como conteúdo ao procurar discutir o contexto histórico da criação da Lei 11.645/2008, empregando texto de Filipe Moreau, que analisa, nas cartas enviadas pelos padres Nóbrega e Anchieta, a concepção que os europeus possuíam acerca dos indígenas, e texto de Roberto Gambini, que discute a ação dos jesuítas com os indígenas. Além disso, aborda a Lei 10.639/2003, utilizando textos de Nilma Gomes. Consta também da ementa da disciplina o conhecimento das "teorias sociais e de raça", com a abordagem de texto de Giralda Seyferth, "Racismo e antirracismo na educação", com texto de Carlos Moore, "O movimento negro", com textos de Amauri Pereira, e "África e diáspora africana", com base na obra de J. D. Fage. O Boxe 3 detalha esses recursos.

Boxe 3: Referências bibliográficas usadas pela disciplina Educação e Relações Étnico-Raciais na Escola, do curso de Pedagogia da UFRRJ

BRASIL. Lei nº 10.639, de 9 de janeiro de 2003. Altera a Lei nº 9.394, de 20 de dezembro de 1996, que estabelece as diretrizes e bases da educação nacional, para incluir no currículo oficial da Rede de Ensino a obrigatoriedade da temática "História e Cultura Afro-Brasileira", e dá outras providências. *Diário Oficial da União*, Brasília, Seção 1, p. 1, 9 jan. 2003.

FAGE, J. D. A evolução da historiografia da África. In: KI-ZERBO, Joseph (coord.). *História geral da África*: 1 – Metodologia e pré-história da África. Brasília: MEC/UNESCO, 2010.

GAMBINI, Roberto. *O espelho índio*: os jesuítas e a destruição da alma indígena. Rio de Janeiro: Espaço e Tempo, 1988.

GOMES, Nilma Lino. Alguns termos e conceitos presentes no debate sobre relações raciais no Brasil: uma breve discussão. In: BRASIL. *Educação anti-racista*: caminhos abertos pela Lei Federal nº 10.639/03. Brasília: MEC/SECAD, 2005. p. 39-62.

GOMES, Nilma Lino. Relações étnico-raciais, educação e descolonização dos currículos. *Currículo sem Fronteiras*, v.12, n. 1, p. 98-109, jan.-abr. 2012.

MOORE, Carlos Wedderburn. Novas bases para o ensino da história da África no Brasil. In: BRASIL. *Educação anti-racista*: caminhos abertos pela Lei Federal nº 10.639/03. Brasília: MEC/SECAD, 2005. p. 133-166.

MOREAU, Filipe. *Os índios nas cartas de Nóbrega e Anchieta*. São Paulo: Annablume, 2003.

PEREIRA, Amauri Mendes. *Trajetória e perspectivas do movimento negro brasileiro*. 2. ed. Belo Horizonte: Nandyala, 2008.

PEREIRA, Amauri Mendes. Guerrilhas na educação: a ação pedagógica do movimento negro na escola pública. *Revista Educação em Debate* (Faculdade de Educação da Universidade Federal do Ceará), Fortaleza, v. 2, n.. 46, p. 26-35, 2003.

SEYFERTH, Giralda. Construindo a nação: hierarquias raciais e o papel do racismo na política de imigração e colonização. In: CHOR, Maio; VENTURA, Marcos; SANTOS, Ricardo. *Raça, ciência e sociedade*. Rio de Janeiro: FIOCRUZ/CCBB, 1996.

O documento não aborda claramente a metodologia utilizada na disciplina, no entanto, em entrevista, o Professor D-1 disse empregar textos teóricos para discutir a questão étnico-racial em sua disciplina. Também não há indicação de como será feita a avaliação nessa disciplina, contudo o professor disse, ao ser entrevistado, que pede aos alunos que preparem um planejamento de aula na educação básica com conteúdos discutidos na disciplina **Educação e Relações Étnico-Raciais na Escola**.

A ementa da disciplina **Educação e Relações Étnico-Raciais na Escola**, do curso de Pedagogia da UFRRJ, revela itens que podem ser ligados às seguintes categorias criadas para analisar os dados da presente pesquisa:

- **Categoria 1.** *Conhecimento acerca da legislação da Educação para as relações raciais* – por conta de se utilizar o texto da Lei 10.639/2003, da Lei 11.645/2008 e das Diretrizes Curriculares Nacionais para a Educação das Relações Étnico-Raciais e para o Ensino de História e Cultura Afro-Brasileira e Africana.
- **Categoria 3.** *Implementação da questão racial no currículo* – pela incorporação dessa disciplina como obrigatória no currículo, com carga horária de 30 horas e contando com 2 créditos.
- **Categoria 4.** *Conteúdo e forma de abordagem nas disciplinas específicas sobre a questão racial* – pela afirmação de que se deve garantir o tratamento de conteúdos/temas tais como: Racismo e antirracismo na educação; Lei 10.639/2003; Lei 11.645/2008; Raça, racismo e racialismo na teoria social; Branquidade; África e diáspora africana; A emergência do Movimento negro a partir dos anos 70; O movimento de remanescentes de quilombos; Movimento negro; Trajetória dos povos indígenas; Ações afirmativas.

A ementa da disciplina **Cultura Afro-Brasileira**, do curso de Pedagogia da UFRRJ, apresenta quatro objetivos, a saber:

> 1. Compreender a obrigatoriedade do ensino de História e Cultura Afro-Brasileira no contexto da Lei 10.639/03 como resultado das lutas democráticas e pela atuação dos movimentos sociais visando o estabelecimento de políticas de reparação e de ações afirmativas, bem como o espaço de reivindicações ampliado com sua substituição pela Lei 11.645/08. 2. Analisar

os desdobramentos da obrigatoriedade do ensino de História e Cultura Afro-Brasileira a partir dos princípios de: a) desenvolvimento de consciência politica e histórica de diversidade; b) fortalecimento de identidades e de direitos; c) ações educativas permanentes de combate ao racismo e à discriminação. 3. Socializar, debater e analisar criticamente um conjunto de informações relacionadas à história e à cultura africana e afro-brasileira no processo de constituição da formação sociocultural de nosso país. 4. Refletir e desenvolver propostas de atividades, relacionadas ao tema, para contextos educativos diversos.

O primeiro objetivo propõe não apenas apresentar aos alunos a Lei 10.639/03 e falar sobre sua obrigatoriedade, mas contextualizá-la, conscientizando os alunos sobre a contribuição dos movimentos sociais, tal como o movimento negro, para que ela fosse criada. Considera-se que esse olhar pode ajudar os alunos a refletirem sobre a grande resistência para inclusão da temática sobre a qual versa a referida lei no currículo da escola básica e das licenciaturas, em virtude dessa temática ser uma reivindicação exterior ao universo escolar e da academia. Assim, essa proposta de trabalho pode dar aos alunos uma base histórica da luta antirracista.

Já o segundo objetivo, que analisa os desdobramentos da obrigatoriedade do ensino de História e Cultura Afro-brasileira, considera, para dar conta dessa tarefa, três princípios, com base no texto do Parecer CNE/CP nº 03/2004, que buscam discutir a igualdade entre os indivíduos, a valorização da história dos povos africanos e indígenas e a contribuição deles na construção histórica e cultural de nosso país. Além disso, procura romper com imagens distorcidas dos negros e indígenas. Enfim, esses princípios visam uma mudança na maneira de pensar e agir dos indivíduos com relação às culturas e histórias dos negros e indígenas. É um ensino que busca fazer uma articulação entre o passado, o presente e o futuro, acerca dos conhecimentos e das contribuições desses povos, compreendido então como Janus, um dos mais antigos deuses do panteão romano, sendo representado por duas faces opostas, uma que olha para frente e a outra, para trás, símbolo que pode ser lido como aquele que examina as questões por todos os lados e, dessa forma, nos ajuda a pensar uma educação que olha negros e indígenas de uma forma ampla e aberta, sem discriminação.

Os demais objetivos propostos buscam discutir aspectos relacionados à história e à cultura afro-brasileira e africana e realizar atividades voltadas para os mais variados contextos educativos, mas não explicitam como seriam realizadas essas atividades.

O documento aborda claramente a metodologia utilizada na disciplina, por meio da indicação dos seguintes procedimentos metodológicos: exposição dialogada, discussões e debates de materiais (tais como textos bibliográficos, documentos históricos, legislação, imagens e vídeos), atividades dos alunos com trabalhos escritos, resenhas, seminários, trabalhos em grupo e individual. Ainda aponta como serão desenvolvidas as atividades de avaliação, por intermédio de: Leitura de textos (produção de resumos, comentários ou resenhas para as aulas); Trabalho final sobre a temática relacionada à disciplina (grupo) e Elaboração de atividade didática para trabalhar uma temática da cultura afro-brasileira com o objetivo de contribuir para a educação das relações étnico-raciais.

A disciplina visa discutir temas tais como a "Lei 10.639/2003", empregando para isso texto de Nilma Gomes, que investiga possibilidades e caminhos para a implementação da referida lei; "etnia, raça e racismo, branqueamento, eugenia, conceito de democracia racial", abordando esses conceitos com o auxílio de Lilia Schwarcz e Ricardo Costa; "movimento negro", usando textos dos autores Kabengele Munanga (2007) e Andréa Pessanha (2008); "quilombos", com texto de Maria Teresa Telles (2008); "religiões africanas", por meio de texto de Vagner Silva (1996); "literatura e relações étnico-raciais", usando textos de Rita Chaves (2008). O Boxe 4 detalha esses recursos.

Boxe 4: Referências bibliográficas usadas pela disciplina Cultura Afro-Brasileira, do curso de Pedagogia da UFRRJ

CHAVES, Rita. As literaturas africanas entre nós. In: BRASIL. *Implementação das Diretrizes Curriculares para a Educação das Relações Étnico-Raciais*. Brasília: MEC/SECAd, 2008. p. 62-68.

COSTA, Ricardo C. R. O pensamento social brasileiro e a questão racial: da ideologia do "branqueamento" às divisões perigosas. In: MIRANDA, C; LINS, Monica; COSTA, Ricardo. *Relações étnico-raciais na escola:* desafios teóricos e práticas pedagógicas após a lei 10639/03. Rio de Janeiro: Quartet/Faperj, 2012. p. 49-80.

GOMES, Nilma L. Limites e possibilidades da implementação da lei 10639/03 no contexto das políticas públicas de educação. In: PAULA, Marilene de; HERINGER, Rosana. *Caminhos convergentes*: estado e sociedade na superação das desigualdades raciais no Brasil. Rio de Janeiro: Fundação Heinrich Boll/ ActionAid, 2009.

MUNANGA, Kabengele; GOMES, N. L. A resistência negra – das revoltas ao movimento negro contemporâneo. In: *O negro no Brasil de hoje*. São Paulo: Global, 2007.

PESSANHA, Andréa Santos. André Rebouças e a questão racial no século XIX. In: NASCIMENTO, A.; PEREIRA, A.; OLIVEIRA, L.; SILVA, S. (org.). *História, culturas e territórios negros na educação*: reflexões docentes para uma reeducação das relações étnico-raciais. Rio de Janeiro: E-papers, 2008. p. 121-136.

SILVA, Vagner G.; AMARAL, Rita. Símbolos da herança africana. Por que candomblé? In: SCHWARCZ, Lilia Moritz; REIS, Leticia Vidor de Sousa (org). *Negras imagens*. São Paulo: Edusp, 1996.

TELLES, Maria Teresa da Silva. O Quilombo de Manuel Congo. In: NASCIMENTO, A.; PEREIRA, A.; OLIVEIRA, L.; SILVA, S. (org.). *História, culturas e territórios negros na educação*: reflexões docentes para uma reeducação das relações étnico-raciais. Rio de Janeiro: E-papers, 2008. p. 191-210.

A ementa da disciplina **Cultura Afro-Brasileira,** do curso de Pedagogia da UFRRJ, revela itens que podem ser ligados às seguintes categorias criadas para analisar os dados da presente pesquisa:

- **Categoria 1.** *Conhecimento acerca da legislação da Educação para as relações raciais* – uma vez que aborda o texto da Lei 10.639/2003 e das Diretrizes Curriculares Nacionais para a Educação das Relações Étnico-Raciais e para o Ensino de História e Cultura Afro-Brasileira e Africana.
- **Categoria 3.** *Implementação da questão racial no currículo* – pela incorporação dessa disciplina como obrigatória no currículo, com carga horária de 30 horas e contando com 2 créditos.
- **Categoria 4.** *Conteúdo e forma de abordagem nas disciplinas específicas sobre a questão racial* – o que se mostra pela afirmação de que se deve assegurar o tratamento de conteúdos/temas tais como: Lei 10.639/2003; Lei 11.645/2008; Diretrizes Curriculares Nacionais para a Educação das Relações Étnico-Raciais e para o Ensino de História e Cultura Afro-Brasileira e Africana; Etnia, raça e racismo; Preconceito e discriminação racial; Pós abolição: branqueamento, eugenia, conceito de democracia racial; Brasil: nossas africanidades e a constituição de nossas identidades/subjetividade; Movimento negro; Quilombos no Brasil; Religiosidade africana; Literatura de Matriz Africana; Ações afirmativas.

Por fim, identifica-se nessas sete ementas indícios de lacunas no que concerne ao insuficente tratamento da questão indígena e à dificuldade de articulação encontrada entre conteúdos voltados para a temática das relações étnico-raciais e os conteúdos das outras disciplinas envolvidas na formação do professor – tais como as Metodologias do Ensino das disciplinas escolares da educação básica. Verifica-se, ainda, um potencial nas disciplinas analisadas para contribuir, por meio de um trabalho teórico consistente, para a conscientização dos estudantes acerca da existência do racismo em nossa sociedade e da importância de se combatê-lo, além de escolhas pelo enfrentamento da temática da religiosidade como conteúdo a ser discutido por algumas dessas disciplinas específicas sobre a questão étnico-racial.

3.2 AS ENTREVISTAS

Esta seção apresenta e discute os depoimentos dos docentes e das coordenadoras entrevistados durante a pesquisa. Para informações sobre os entrevistados, veja a seção 1.2 – Caracterização dos sujeitos da pesquisa.

CATEGORIA 1 – CONHECIMENTO ACERCA DA LEGISLAÇÃO DA EDUCAÇÃO PARA AS RELAÇÕES ÉTNICO-RACIAIS

Em relação à categoria 1, duas docentes apontam ser relevante atentar para o fato de que as DCNERER tratam não apenas de um ponto importante sobre a questão racial, mas de três aspectos distintos, a saber: a Educação para as Relações Étnico-Raciais; o ensino de História e da Cultura Afro-Brasileira e Africana. Conforme se observa na fala da professora C-2 da disciplina **Intelectuais Negras: Saberes Transgressores, "Escritas de si" e Práticas Educativas de Mulheres Negras**:

> O texto até pontua, mas eu sempre acho importante esmiuçar, diferenciar, também, porque fica, muitas vezes, na narrativa, parece tudo como uma coisa só: a História da África e Cultura Afro-Brasileira. Acho que, também, na História, tem várias discussões que são importantes para historiadores, né? Que é a coisa da localização. Assim, História da África é uma coisa, Cultura Africana é outra, História do Afro-Brasileiro é outra (Professora C-2).

Isso também é verificado no depoimento da docente B:

> [...] sempre digo que as Diretrizes são, elas, por si mesmas, são já um documento formativo porque, primeiro, se você prestar atenção, é diretrizes para a educação das relações étnico-raciais e cultura africana e afro-brasileira. Sempre chamo a atenção para isso (Professora B).

A Professora B ressalta ainda a contribuição linguística das DCNERER, que empregam o termo étnico-racial para delimitar as tensões envolvidas nas relações que se estabelecem por conta da cor da pele e/ou das questões culturais. Segundo a docente:

> Uma coisa que gosto sempre de destacar, [é] a expressão que eles [alunos] usam. Eles falam em étnico-racial, que é uma outra questão: "Raça não existe, raça é uma só, não sei o quê". Isso é um discurso tão recorrente e a gente sempre entra naquela questão: "Mas, raça sociologicamente ainda existe e tal". E o documento utiliza a expressão étnico-racial. Aí ele fala que é por conta também de considerarem os aspectos culturais. O que eu digo para eles [alunos] é que não dá para você trocar a palavra raça pela palavra etnia achando que está sendo politicamente correto, porque não está, está errado. Raça é uma coisa e etnia é outra coisa. Porque nos PCN, em Pluralidade Cultural, eles [referindo-se aos autores do PCN] falam isso, você acredita? Tem um pedaço lá que eles dizem, um trecho, eles falam que cabe bem, ao invés de você usar a palavra raça, você usar a palavra etnia. Então, isso, gente, é um desconhecimento total do conceito. [...] Digo para eles que achei a saída do documento, de utilizar étnico-racial, [...] interessante, porque depois acabou caindo mesmo no uso. Hoje em dia, falo o tempo todo étnico-racial. Para mim, me convenci a utilizar essa expressão por conta das Diretrizes. Porque a explicação que o documento traz, acho muito interessante, porque realmente leva também em consideração esse aspecto cultural dentro dessa questão racial (Professora B).

Todos os seis docentes entrevistados entendem as DCNERER como um documento formativo, que os auxilia no tratamento da questão racial. Apontam que o documento possibilita que o professor tenha acesso aos princípios básicos que os ajudam no planejamento pedagógico com relação aos conteúdos de história e cultura africana e afro-brasileira. Consideram que elas se constituem em orientações sobre como trabalhar a questão étnico-racial, que permitem abertura para realizar as devidas adaptações locais. A fala da docente C-1 da disciplina **Educação e Etnia**, expressa muito bem isso:

> De fato, o que é importante a gente apresentar e discutir com os alunos são as Diretrizes, que acho um documento fantástico, um documento muito bem elaborado, coordenado pela professora Petronilha. E acredito que ele dá realmente uma base para qualquer pessoa realmente interessada em trabalhar com esse tema, que possa partir dali. Ele é um ótimo ponto de

partida. Então, procuro trabalhar com os alunos os tópicos das Diretrizes, tanto a questão inicial, aquela parte introdutória. E depois, não me lembro de cabeça agora qual é a estruturação, mas lembro que tem uns tópicos de Diretrizes, depois subdivide para atividades, enfim a gente procura trabalhar aquilo no curso (Professora C-1).

A declaração abaixo, da docente B, corrobora esse entendimento:

[...] O próprio documento, para mim, é formativo, quer dizer, com ele você já consegue fazer alguma coisa. Para você ficar bem formado, você precisa [mais], mas se você começar a ler as Diretrizes para o início de um trabalho, acho que você já se sensibiliza, pelo menos, porque ali tem coisas muito básicas (Professora B).

Três docentes dos seis entrevistados reconhecem que a Lei 10.639/2003 possui uma história e que ela constitui uma conquista do movimento negro na luta por uma educação antirracista, ao tornar obrigatório o ensino de História e Cultura Afro-Brasileira e Africana nas escolas. As palavras da Professora D-2 nos possibilitam ter essa visão:

[...] falando um pouco da Lei, eu conheço, lembro bem quando ela foi promulgada. É o resultado de uma conquista histórica dos movimentos sociais, movimento social negro, dos movimentos de educação, também, que já discutiam há algum tempo, pelo menos há uns, sei lá, 15 ou 20 anos. Essa demanda da educação das relações étnico-raciais, da história afro-brasileira nas escolas, do ensino de história, mesmo sendo reescrito, vamos dizer assim, a narrativa histórica sendo reescrita pela pesquisa histórica, mas não reelaborada, não reescrita na pesquisa didática, no material didático. Ainda uma abordagem muito superficial, de vitimização do negro, sem incorporar o que a historiografia já mostrava de luta, de resistência e de estratégias de atuação durante o período escravista, contra a situação de escravidão e as próprias nuances da escravidão, diferentes nas diversas partes da colônia, do território. E além da questão de uma educação antirracista, de uma educação mais democrática e, portanto, que também lutasse, ou pelo menos que formasse as pessoas para lutar contra a discriminação racial e o racismo na sociedade brasileira. Então, a Lei meio que coroa um processo de busca dessa educação, de busca de incorporar essa demanda histórica e a pesquisa histórica e todo o trabalho de diversos pesquisadores, historiadores, antropólogos, sociólogos, educadores, em torno dessa questão. Ela também inaugura um momento novo, que é de tornar obrigatório esse ensino. Acho que é o diferencial da legislação, da 10.639 e da 11.645, é a obrigatoriedade, a partir da Educação Infantil até o Ensino Superior. Então, esse, para mim, é o grande diferencial da legislação, porque ela coloca um peso sobre esses conteúdos. Então, é uma mudança curricular, mas que tem uma carga política muito forte (Professora D-2).

Por outro lado, o texto da Lei 10.639/2003 pode ser empregado como uma barreira para dificultar a inclusão da questão racial no currículo do curso de Pedagogia, na condição de disciplina obrigatória, segundo o relato da docente B:

Porque, na Lei, diz assim: em especial [a abordagem dos conteúdos deverá acontecer nas disciplinas] Literatura, História e Artes, se não me engano. E quando, em 2008, lá na UNIRIO, se tentou, se mudou o currículo, eu tentei colocar como disciplina obrigatória e eles se apegaram nisso: "Ah, mas não é obrigatório, porque é para Arte, para Literatura e para História" (Professora B).

Quando se desloca a discussão para as coordenadoras dos cursos, verifica-se que cinco delas afirmaram não conhecer a legislação referente à questão racial de modo mais aprofundado. Elas disseram possuir conhecimento da existência da respectiva legislação e saber que ela trata da obrigatoriedade da temática racial nos currículos.

Mas importa ressaltar que a Coordenadora C afirma que esse tema deve ser contemplado nos currículos dos cursos de formação de professores, em sua parte obrigatória, e não apenas por meio de uma disciplina específica, mas como um tema que pode ser discutido por diversas disciplinas dentro do currículo. De acordo com ela:

Não sei em profundidade, de cara já demarco isso, mas sei sobre a necessidade que os currículos dos cursos de formação de professores contemplem essa formação no que se refere à educação étnico-racial e que isso precisa fazer parte da dimensão obrigatória desse currículo. É algo que deve ser constitutivo, não só no âmbito de uma disciplina em especial, mas como tema que, de alguma maneira, possa estar sendo discutido e tangenciado por várias outras áreas disciplinares (Coordenadora C).

CATEGORIA 2 – IMPORTÂNCIA ATRIBUÍDA À EDUCAÇÃO DAS RELAÇÕES RACIAIS NA FORMAÇÃO INICIAL DOCENTE

Em relação à categoria 2, duas docentes, a professora A e a B, e duas coordenadoras, a Coordenadora C e a Coordenadora D, entendem que a educação para as relações étnico-raciais se constitui num conhecimento importante na formação inicial de professores, pois ajudará o futuro professor a lidar com a questão na escola, no trabalho com seus educandos na luta contra o racismo.

É o que se pode notar no depoimento da docente A, a seguir:

Muito [importante]. Acho. Porque, justamente esse professor, ele já vai se formando e entendendo isso. Por isso que na formação inicial docente ele já tendo essa visão. Isso melhora até a compreensão dele com as outras pessoas, com os pares e com o próprio mundo. Eu acho que você passa a ter uma compreensão, assim, muito diferenciada. E ele, sendo um formador, como é que você pode ser um formador se você tem um olhar preconceituoso, não só com relação à cor, até, mas com uma série de crianças que não têm um poder aquisitivo melhor? Crianças que têm uma série de dificuldades. E, geralmente, essas incidências recaem sobre a criança negra. [...] Então, se você não tiver essa formação, você nunca vai melhorar a sua própria formação para você lidar com essas questões, porque você tem que ter um despojamento para você lidar com essas questões. Todas nós, né? Precisamos ter um despojamento para lidar com essas questões, senão, fica difícil, também. Porque nós não fomos [...] educadas para isso. Nós não tínhamos leituras a esse respeito (Professora A).

Isso também é evidenciado nas palavras da docente B:

> Muito relevante. Sempre achei isso, mesmo antes da Lei. Sempre a gente questionou isso. Então, assim, a minha dissertação de mestrado foi sobre o que pensavam as lideranças das organizações, de algumas organizações do movimento negro no Rio de Janeiro. O que que eles pensavam sobre essa coisa na escola, educação étnico-racial na escola. Todos eles, já naquela época, falavam do currículo, a mudança do currículo na escola e na formação de professores, todos falavam isso. E eu sempre concordei com isso, porque, pelo menos, se você não faz assim, uma formação que de fato coloque a pessoa totalmente capacitada para trabalhar, mas tem que pelo menos sensibilizar, tocar essas pessoas, que é preciso fazer alguma coisa. Porque o nosso foco é muito a escola pública, com crianças no 1º segmento. E, assim, no meu entendimento, essas crianças sofrem, sofrem mesmo. São crianças que normalmente repetem de ano, normalmente as crianças que estão nas turmas consideradas as mais atrasadas, turmas de projeto. Então, até quando gente? Acho que é preciso, é urgente. Então, se a gente está formando professores, penso que é muito importante, sim, que eles saiam com alguma coisa pelo menos. Acho que não tem. Talvez o correto fosse com a universidade, não é? Uma Licenciatura ligada, aí sim (Professora B).

A importância da discussão do tema na formação inicial também é contemplada na declaração da Coordenadora C:

> Sem dúvida, acho que o tema é muito central, hoje, nas discussões da formação humana, tanto quanto são centrais vários outros temas. A gente vive numa sociedade marcada por grande complexidade, pluralidade, diversidade, o que faz com que a gente tenha muitos temas em pauta, que precisam ser dissertados, debatidos e, consequentemente, incorporados nos processos formativos de professores, uma vez que são os professores aqueles que têm, como ação precípua, ação principal, a docência. E a docência, enquanto um processo de ensino, e o ensino enquanto um processo que está a serviço da formação humana, tanto quanto outros processos estão. Quer dizer, não estou querendo dizer com isso que só o professor

é responsável pela formação humana, e, consequentemente, só a escola. Não, de maneira nenhuma, acho que a formação do humano passa por várias frentes, sendo a escolarização uma delas. A ação direta do professor sobre a pessoa também é uma delas e, nesse sentido, o tratamento de questões candentes que constituem o humano, aí a questão da educação étnico-racial passa por esse processo naturalmente (Coordenadora C).

Duas docentes entrevistadas acreditam que a educação das relações raciais na formação docente é fundamental para compreender o Brasil, para conhecer a estrutura da sociedade brasileira baseada nessas relações, como podemos verificar na declaração da Professora C-1:

> [...] é superimportante. [...] para pensar o Brasil, hoje. Acho que [...] é superimportante a gente dialogar com os futuros professores sobre a questão étnica e racial. É um tema importantíssimo para compreender o Brasil (Professora C-1).

Isso pode ser evidenciado nas palavras da Professora D-2:

> É, ela é relevante e fundamental, porque a questão étnico-racial no Brasil é uma das nossas, vamos dizer assim, feridas históricas e feridas sociais. E o cotidiano escolar é desafiado o tempo todo por essa questão das relações étnico-raciais, tanto ligada à questão afro-brasileira quando a outras etnias, culturas, como a cultura indígena, história indígena. Então, é um fundamento da nossa sociedade. A estrutura da nossa sociedade colonial, colonizada, de aspecto colonial, é fundada nessas questões, nas relações étnico-raciais, relações de dominação, de poder, poder econômico, poder político, que perpassam também as relações étnico-raciais. Entender essa sociedade, sem entender as relações étnico-raciais, no passado e no presente, é ser [risos], como a gente diz, um banquinho faltando duas pernas. Não é nem uma, faltam duas (Professora D-2).

O Professor D-1 vê a temática em questão como essencial na formação inicial docente, para ajudar na luta contra o racismo, naturalizado na sociedade brasileira. De acordo com o docente:

> Ela é essencial num país onde o racismo é parte do senso comum e é inteiramente naturalizado. As desigualdades raciais, elas são naturalizadas no senso comum. E esse é o problema, é um tema de estudo. Mas, primeiro, não é que você tem que se apropriar de um novo campo de saberes, não. Esse campo de saberes tem que, de alguma forma, te cutucar, te sacudir, mexer e desafiar, problematizar o conjunto amplo de toda a sua formação (Professor D-1).

Já a professora C-2 da disciplina **Intelectuais Negras: Saberes Transgressores, "Escritas de si" e Práticas Educativas de Mulheres Negras**, pensa que essa discussão não deve ficar restrita apenas a uma aula, a uma disciplina e aos espaços formais de escolarização, mas necessita ser pensada de uma forma mais ampla na vida das pessoas. A docente pondera que se trata de questão:

> Totalmente relevante. Até muito mais do que uma matemática. Aquela ideia de temas, eu acho que é muito mais uma questão de posturas, de valores, né? Tanto que eu penso que um dos maiores problemas é que quando essa discussão é feita, ela é feita de uma forma setorizada, focalizada, condensada em uma aula ou mesmo em uma disciplina, e não tem uma perspectiva macro de pensar o quanto as relações raciais são fundamentais de serem discutidas e de serem reconhecidas como uma questão que interfere diretamente na formação de todo mundo. Não só no sentido formal, de graduação, de escola, mas em uma formação de vida, né? (Professora C-2).

A Coordenadora A considera importante a educação das relações étnico-raciais na formação inicial docente, contudo pondera que, com toda a diversidade existente nas sociedades, isso acaba por restringir as pessoas em grupos distintos, em defesa de direitos específicos desses grupos, desconsiderando a relevância das pessoas se unirem por um ponto de vista comum, como em defesa da nossa humanidade. Ela considera que há muita luta por direitos específicos e que esquece-se de lutar por direitos mais amplos. Segundo ela:

A sociedade nossa, ela é diversa. Ela é [...], tem uma diversidade, mas parece que cada vez mais a gente vai se fechando em pequenos grupinhos e cada um defendendo o seu. Então, [...] eu questiono isso, eu, assim, aonde isso vai, aonde isso leva? Ao invés da gente se unir em prol de uma, de uma [...] defesa de uma humanidade, por exemplo, do humano em si. Então, se você vai se dividindo, será que isso não está soprando um pouco a brasa aí do totalitarismo, da sociedade totalitária? Cada um puxando para o seu? Cada um puxando o seu, para o seu [...], para sua defesa, sem fazer as interconexões. Então, eu até falo [...], digo assim, é uma coisa problematizadora. Você tem que problematizar, não adianta a gente ficar apenas recebendo imposições. Então, por exemplo, é direito sobre direito. Quem tem mais direito? Quem é que tem mais direito? Então, nós somos humanos e somos diversos. Nós temos direito de um ser humano a uma vida plena. Então, claro que a gente tem que lutar contra os preconceitos. Mas a luta pelo preconceito, ela já pressupõe o respeito à diversidade, o respeito e a convivência. Porque, hoje, o que menos se faz é conviver, é conviver. Então, [...] eu acho que a gente tem que tomar muito cuidado com essa, essa fragmentação, essa, digamos, segregação. Porque, às vezes, você fica apenas numa luta de uma [...], de um direito, e não olha um direito muito mais amplo (Coordenadora A).

Já para a Coordenadora B-1, a relevância atribuída à educação das relações étnico-raciais na formação inicial docente perpassa a compreensão, em primeiro lugar, do termo "relações étnico-raciais". Ela analisa que a ideia de raça foi deixada de lado ao final do século XIX e início do século XX e trocada pela de cultura. Contudo, o conceito de raça retorna mediante a legislação, e é encarado de uma forma positiva. Por causa disso, prefere, ao invés de pensar em "relações étnico-raciais", pensar em diversidade, multiculturalismo ou pluralidade cultural. Para a Coordenadora, o multiculturalismo possibilita pensar o outro, pensar uma formação docente para entender a heterogeneidade do mundo, considerando essa formação multicultural como um aspecto relevante na formação inicial dos educadores, como podemos notar em seu depoimento:

Depende muito do que se chama como relações étnico-raciais. Tenho muito problema em relação a qual é o significado disso. Por quê? Porque a gente sabe que a ideia de raça é uma ideia que, num determinado momento foi, entre aspas, jogada fora, [...] substituída pela ideia de cultura. E, de repente, ela é retomada como algo positivo. Então, eu tenho um pouco de reserva com essa palavra, relações étnico-raciais. Preferia que se falasse em multiculturalismo, em pluralidade cultural, em diversidade. Porque nunca ninguém definiu o que é cultura no sentido estrito. [...] definir o que é cultura é uma coisa complicada, mas, de qualquer forma, se você definir da maneira mais sintética ou simplista, no sentido de que são hábitos, de que são costumes, de que são formas de pensar, são formas de ver o mundo, então você tem realmente culturas diferenciadas. Agora, isso cria um outro problema, quando você pensa o Brasil. Porque, quando você vai para a Europa, você tem claramente a presença do multiculturalismo, claramente essa presença. Quando você vai no Brasil, você tem que tomar cuidado em tomar isso ao pé da letra. Por exemplo, [...] se um professor vai ministrar aula num colégio particular, provavelmente você vai ter uma cultura, cultura entre aspas, aí, muito similar. Então, é difícil falar em multiculturalismo, está certo? O professor está dando aula num colégio particular, qual é a diferença cultural que ele vai encontrar ali para poder falar em multiculturalismo? Agora, ele vai deixar de falar? Não! Por quê? Porque o multiculturalismo possibilita que ele pense o outro. Como é que ele vai pensar o outro? Mostrando quem é esse outro. Assim, ele tem que ter uma formação para entender que aquele mundo não é um mundo homogêneo, que nós não estamos vivendo num mundo homogêneo. Mas ele vai se deparar com o mundo homogêneo e aí vai ter que colocar para, vamos dizer assim, se ele está numa escola de elite, dizer que existe o outro. (Coordenadora B-1 – Vespertino).

CATEGORIA 3 – IMPLEMENTAÇÃO DA QUESTÃO RACIAL NO CURRÍCULO

No tocante à implementação da questão racial no currículo do curso de Pedagogia, verifica-se, nas declarações de quatro dos seis professores entrevistados, que uma das grandes dificuldades para essa temática ser incluída no currículo é o fato de que alguns docentes não reconhecem que o racismo está presente na sociedade brasileira, não o contemplam como algo relevante, que precisa ser combatido, e que, por isso, deve fazer parte da formação dos indivíduos no currículo obrigatório da escolaridade básica e da formação inicial de professores. Isso pode ser constatado no depoimento da Professora A:

> Foi quando, em 2010, havendo uma nova mudança curricular, [...]. E nós, então, fomos pleitear a inclusão dessa disciplina como obrigatória. Foi duro [risos]. [...] Por que que foi assim? Porque, "a priori", os professores acham, ou achavam, que não havia necessidade de você especificar uma disciplina com relações étnico-raciais. Por quê? Na visão desses, que são alguns, isso você já pode trabalhar em qualquer outra disciplina, e, então, você não tem que especificar. Porque, quando você especifica, você está segregando, você não está colocando na totalidade. Qual o nosso argumento? Nós fizemos aqui uma pesquisa com alunos, também, de pesquisa de apoio acadêmico [...] no geral, [...], para ver em todas as licenciaturas. [...] Quer dizer, no curso de Antropologia, qual a disciplina específica que a gente via a possibilidade ou que trabalhava isso? No curso de Letras, quer dizer, tem as literaturas que trabalham. Então, fizemos um mapeamento geral. Em pouquíssimas disciplinas, mesmo nos cursos que têm essa questão fazendo parte da ementa, mas às vezes isso não é acentuado. Então, como você, às vezes, tem uma ementa e você trabalha com várias modalidades, aquilo não entrava como uma forma, assim, especial ou com o olhar devido. Então, as pessoas, na sua maioria, desconheciam ou ignoravam: "Ah, não precisa, não precisa". Bom, aí, em Educação, fomos ver quem que, em Educação, trabalha com essa questão. A História da Educação pode trabalhar, mas a História da Educação tem a carga horária específica, e é um mundo [...] de coisas. Aí, então, eles têm que trabalhar com tudo aquilo, aí não enfatiza. Agora, tem professora que trabalha. [...] Bom, aí nós fomos para as reuniões de departamento, porque é dureza. Então, nas reuniões de departamento, para aprovar essa disciplina [risos], nós tivemos mais ou menos umas dez ou doze reuniões, aquelas reuniões plenárias [...]. Aí, quer dizer, cada área busca colocar a sua disciplina. Aí diz "Ah, não pode ficar sem essa disciplina, que é importantíssima, é a base". Então, você entra

com um percentual deste tamaninho [...]. Até porque as outras disciplinas têm um professor específico [...] Então, por que ter essa disciplina? Aí, nós começamos a apontar, a mostrar a necessidade. Porque, depois da Lei [...], nós já trabalhávamos muito antes da Lei, mas [...], em 2003, que é a Lei 10.639, que torna obrigatório o ensino da cultura, da história afro-brasileira [...], os nossos alunos até diziam: "Como que eu vou trabalhar com alguma coisa [...], se eu nunca trabalhei, eu nunca recebi uma formação, nunca fui avisado a respeito?". Ué, é verdade! Nós estudamos sem nunca termos visto isso. [...] Então, esse foi um argumento forte para, nas nossas reuniões, a gente colocar: "Não, precisa porque agora tem a Lei, agora é obrigatório". E nós trabalhamos com formação de professores. Como um curso de Pedagogia, que trabalha com a formação de professores, vai deixar passar ao largo a aplicação de uma lei que agora as escolas têm que trabalhar? É até vergonhoso para nós e nossos alunos: "Não, eu estudo na Faculdade de Educação da UFF, faço Pedagogia, e nunca ouvi" (Professora A).

A Professora C-2 também assume esse ponto de vista a respeito da questão racial ao relatar como foi para incluir uma disciplina nova no currículo, sobre intelectuais negras:

Acho que é um processo que revela mesmo as questões que são colocadas quando a gente coloca relações raciais como uma pauta de primeira ordem, né? [...] Tem uma dificuldade muito grande de acolher as discussões. [...] Não sei se propriamente, resistência, né? Porque, por outro lado, a disciplina foi aprovada. Mas, assim, teve um debate bastante rico no dia da reunião do departamento, e um debate que revela também o que, quais são os lugares prescritos para cada coisa no currículo. [...] Aliás, o fato só de gerar discussão a proposta de uma disciplina, já é revelador. Porque várias outras são aprovadas [...], sem nenhum tipo de discussão. [...] Então, isso, por si só, já é bem revelador. Mas, assim, aparecem algumas falas: "Ah, por que não?", "Por que no currículo? ", "Por que não no projeto de extensão?". Então, assim, são questões, não no sentido de vilanizar ninguém, ou criar um juízo de valor, do bem contra o mal, mas eu acho que é isso: são questões que sempre têm que ser tornadas objetos de estudo, de reflexão. [...] Então, assim: por que a gente, num centro de formação de professoras e professores, [...] cogita a possibilidade de uma disciplina sobre relações raciais e de gênero, na perspectiva intersecional, estar num projeto de extensão e não no currículo formal? [...]. Em academia tem muito isso, de patentear quais são os temas, as áreas válidas e legítimas da nossa atenção. Então, por exemplo: a educação das relações étnico-raciais, que nesses últimos governos, nesses últimos três, nesses últimos quatro governos do PT tem recebido vários investimentos, editais, cursos de formação, essa coisa toda. Essas transformações coexistem com essas leituras também: "Ah, vamos lá para a extensão", "Por que no currículo?", sabe? [...] Mas é isso, eu acho que essas novas, essas mudanças que têm acontecido também [...] geraram questões, esse debate [...] que coexistiu com debates, também, muito de "Olha, tem que ter, vamos lá e tal". Mas é isso, é um [...], são passos lentos, né? Porque, de fato, [...] se espera, pelo menos eu espero, e acho que boa parte das minhas e dos meus colegas, também, que essa disciplina entre no currículo obrigatório. Como aqui está dizendo, currículo obrigatório, já está. Como disciplina obrigatória (Professora C-2).

Isso também é perceptível nas palavras da Professora B:

Quando foi em 2008, houve mudança de currículo. Foi quando eu tentei colocar como uma disciplina obrigatória e fui vencida, porque naquela época era eu sozinha. O corpo docente era bem menor, era um pessoal, gente, a diretora, então, da escola, achava assim, de menos valor, mesmo, você trabalhar com isso, fazer pesquisa sobre isso. Aí, eu não consegui que passasse, só consegui que passasse duas optativas, entendeu. Optativas eles aceitaram (Professora B).

E, sobre isso, a Professora D-2 aponta que:

Tinha gente que era contra porque achava que isso não tinha que ser uma disciplina específica, tinha que ser um tema transversal. Outros, eram contra porque o departamento, o nosso departamento, [...] não ia ter pernas para cobrir toda essa demanda de formação. E um grupo a favor [risos], grupo que estava batalhando ali, a gente, defendendo que esse fosse um conteúdo de formação curricular obrigatório, que todos os licenciandos e futuros professores, independente da área de formação, deveriam discutir, saber o que é o racismo, saber quais são as questões que envolvem as desigualdades raciais no Brasil, saber um pouco da demanda, pensar essas questões para a escola. Então, havia esse entendimento aí, em boa parte do nosso grupo (Professora D-2).

Dois professores e uma coordenadora destacam a relevância da influência do Núcleo de Estudos Afro-Brasileiros (Neabs) para a inclusão de disciplina obrigatória sobre a questão racial na grade curricular dos cursos de Pedagogia da UFRRJ e da UFF, conforme ressalta o Professor D-1:

Primeiro porque já tinha o LEAFRO[36], que é o núcleo de estudos afro-brasileiros daqui[37] [...]. Tem alguns professores lá no IM[38], que começaram com essa temática. Em 2000, isso, em 2006, 2007, quando começa lá, o IM, ainda era no centro de Nova Iguaçu. E aí, logo depois, eles criam o LEAFRO, Laboratório de Estudos Afro-brasileiros (Professor D-1).

É possível verificar isso, também, no discurso da Professora A:

Então, foi difícil essa inserção. Eu e Iolanda começamos, assim, a trabalhar em cursos de extensão e, depois dos cursos de extensão, nós começamos a trabalhar também com cursos de especialização. [...] Nós trabalhávamos com cursos de extensão com essa temática, com cursos de especialização. Sempre fizemos isso, porque nós não tínhamos como introduzir no curso de Pedagogia essa disciplina. Foi quando nós, uma vez, também, enquanto próprio curso, nós trabalhamos com uma optativa e oferecemos uma optativa trabalhando com as relações étnico-raciais. Porque, na optativa, nós atendíamos alunos de outros cursos. [...] Os daqui, que queriam fazer, e atendíamos a outras licenciaturas. Foi uma experiência muito boa, que nós tivemos alunos de História, tivemos alunos do curso de Geografia,

---

36 LEAFRO – Laboratório de Estudos Afro-Brasileiros (NEAB).

37 Daqui – referindo-se à UFRRJ.

38 IM – Instituto Multidisciplinar, *campus* da UFRRJ situado no município de Nova Iguaçu, no Estado do Rio de Janeiro.

vários outros. E eles faziam essa disciplina como eletiva. Porque, quem vem de outro curso, essa disciplina é oferecida como eletiva, e para os nossos era como optativa. Aí, durante dois semestres fizemos isso. Aí, depois, por questões outras, porque você tem a carga horária das disciplinas obrigatórias, a optativa, quando você pode colocar, o departamento tem que aprovar. Aí continuamos o nosso trabalho aqui no PENESB[39]. A gente nunca deixou de fazer esse tipo de trabalho. Foi quando, em 2010, havendo uma nova mudança curricular, que foi agora, recente, ainda com a ideia do coordenador, [...] nós, então, fomos pleitear a inclusão dessa disciplina como obrigatória (Professora A).

Também a Coordenadora A aponta para a relevância do trabalho do Neab da UFF, o PENESB:

O que eu posso te dizer é, assim, o MEC, quando vem avaliar, ele avalia [...], um ponto específico da avaliação desse item. [...] A obrigatoriedade, tanto da acessibilidade para [...] pessoas com deficiência, como essa questão [...]. E, como a gente tem o PENESB aqui, que é um núcleo de estudos que é praticamente uma referência nacional de estudos sobre relações étnico-raciais, então, [...], isso para a gente foi muito importante na avaliação, principalmente do MEC. [...] Eu acho que a gente, aqui, tem uma presença muito boa, com o PENESB. Eu acho que a gente tem essa questão muito bem apresentada no nosso currículo. A nossa faculdade é uma, né? É um centro de estudos de referência nacional e eu tenho certeza que sempre, quando a gente precisar, e se a gente precisar, eles estão sempre à disposição, eles estão [...], eu acho que essa questão ela está muito bem [...], inclusive nós temos a professora Iolanda de Oliveira, que foi uma das pioneiras dessa questão no Brasil (Coordenadora A).

Três dos seis professores entrevistados destacaram que as disciplinas específicas sobre a questão racial despertaram maior interesse dos alunos em discutir/estudar/pesquisar sobre a temática em seus trabalhos de conclusão

---

39 PENESB – Programa de Educação sobre o Negro na Sociedade Brasileira.

de curso, chegando inclusive a atravessar outras áreas de conhecimento, além da educação. É o que afirma o professor D-1:

> Um avanço inegável é a quantidade de trabalhos de conclusão de cursos que gradualmente são bancados por estudantes. [...] Não sobre a questão, mas incorporando a questão racial como um elemento relevante para se pensar a temática [...] Eu, por exemplo, fui para banca de uma menina, uma jovem com 21 anos. Ela concluiu o curso de Biologia e, aí, ela resolveu que ia falar sobre a importância da biologia para a difusão do racismo científico no Brasil, na formação de educadores no século XX. E ela foi tentar e mostrou que a biologia contribuiu com o conceito de eugenia e eram médicos e biólogos que incrementaram essas visões seletivas, segregadoras. De políticas públicas que traçavam aquelas classes como perigosas, de afastamento, os leprosários, lugar de doença, em pretos e mestiços. Trabalho denso dessa menina. [...] Vamos ver aqui, aí vem, quem orienta essa moça? Tem que ser alguém do departamento de Biologia. Um pesquisador que pesquisa sapos. [...] Porque nenhum outro professor queria discutir. Foi isso que ele disse na defesa (Professor D-1).

O depoimento da Professora A corrobora esse olhar:

> Então, aí a gente tem conseguido fazer um trabalho. O que que é importante? Se a educação visa transformar, a gente está conseguindo, assim, enegrecer um pouco [...] Tem sido assim, muito positivo. Vários alunos, agora, do curso, fazem monografia sobre essa questão das relações étnico-raciais. Então, todo semestre eles vêm procurando. Eu abro para bolsa de apoio acadêmico sobre relações étnico-raciais, aparecem bolsistas. Estão fazendo pesquisa e eles estão conseguindo, na medida do possível (Professora A).

A Professora B, em seu depoimento, além de falar sobre a contribuição das disciplinas específicas para realização de estudos de conclusão de curso sobre o tema, aponta que tal disciplina auxilia também os estudantes a perceberem o racismo presente em nossa sociedade:

Olha só, eu penso assim, que avanços no currículo, talvez, se a gente pensar o currículo de forma ampla, não pensar que o currículo é só aquilo lá que está no papel, houve avanços, sim. Porque eu vejo os alunos, hoje, muito mais antenados com essa questão. Então, eu gosto muito, quando eu trabalho essas disciplinas, dos alunos vindo me contar coisas que eles viram nas escolas. Porque, antes, eles não enxergam, é muito engraçado isso. Depois, eles começam a enxergar um monte de coisa e vem me contar: "Professora, olha o que eu vi". [...] por exemplo, ontem teve um menino que foi defender e falar sobre candomblé. Você vê, quando que você podia imaginar que num programa de pós-graduação teria alguém fazendo uma dissertação, uma pesquisa, sobre o candomblé, ainda mais lá na UNIRIO? (Professora B).

A Professora D-2 destaca como um desafio ao trabalho com a questão racial dentro da disciplina que aborda essa temática, as lacunas existentes na formação em história dos estudantes oriundos da educação básica, dificultando a compreensão dos conceitos apresentados/discutidos durante o curso. De acordo com a docente:

Duas coisas que são os desafios, as dificuldades: tudo aquilo que falei no início, de uma formação histórica na educação básica. E aí, às vezes, tenho que parar tudo o que estou fazendo e dar uma miniaula de história [risos] [...], para elas poderem entender ali, alguns conceitos, algumas coisas. E aí eu sempre fico pensando, porque aí eu levo essa reflexão para a minha outra disciplina, que é formar professor de História. E eu falo assim: "Olha, gente, está feio o negócio, hein" [risos]. [...] Então, assim, vou falar dos [desafios] pedagógicos. Um, é esse, que às vezes a gente se depara com uma formação [...]. Apesar de elas terem uma formação crítica conceitual e tal, muitas vezes falta alguma coisa de informação básica. Que aí eu sempre acho desafiador, porque já está no final do curso, já passaram pelo Ensino Médio, por quatro anos de faculdade. Aí elas brincam comigo: "professora, você tem que dar aula de História para a gente" (Professora D-2).

Três das cinco coordenadoras entrevistadas compreendem a questão racial como um tema interdisciplinar e não o veem restrito a uma disciplina específica. É possível observar isso na fala da Coordenadora B-1 da UNIRIO:

> Acho que é uma disciplina que poderia existir, acho que ela podia ser transdisciplinar, na medida em que esse poderia ser um tema tratado sob vários aspectos, o que faria com que os alunos tivessem permanentemente contato com um tema que eu acho extremamente interessante e importante. Então, quando você aprisiona isso dentro de uma disciplina, acontece, muitas vezes, que o aluno terminou a disciplina, ele joga o broche fora. Já passou, e deixa no esquecimento. São questões que deveriam atravessar o currículo como questões, por exemplo, na área de gestão. Eu trabalho com a área de gestão. Por causa da sua pesquisa e conversando com a professora Jane, eu falei: Jane, vou acabar introduzindo na área de gestão essa questão, porque acho uma questão importante para o diretor trabalhar.[...] Ela falou: [...], eu trabalho a Lei. Ela falou: "ótimo, então vou retomar a Lei". Por isso que estou falando que agora vou ter que aprender a Lei, "vou retomar a Lei e vamos aí discutir". Por quê? Porque o papel do diretor também é fundamental. [...] Como um conteúdo importante que pode ser discutido em várias disciplinas (Coordenadora B-1 – Vespertino – UNIRIO).

A mesma ideia também é evidente no depoimento da Coordenadora A:

> Eu acho que um desafio que vai se apresentar logo é [...], quer dizer, esse tema, ele se abrir, ele fazer parte de outros, né? Quer dizer, ele ter mais penetração nos outros conteúdos, mais gerais, entendeu? [...] A diversidade como um todo. Ele fazer parte dessa questão [...] da diversidade, [...] como temática, e que perpassasse tudo. É porque muita gente acha assim: se perpassa tudo, não perpassa nada. [...] É óbvio que o professor se prepara, o professor se guia por uma ementa, por pontos que ele destaca como importantes, quando você prepara um curso, por exemplo. [...] Mas, não pode ser inflexível nessa questão, não pode ser. Então, por mais que você determine que, por exemplo, um curso de, sei lá, Matemática, por exemplo, Matemática, não vai aparecer esse tema. Se ele aparecer, ele tem que ser

abordado de alguma forma. [...] Se algum aluno traz para a sala de aula e aborda de alguma forma esse tema, eu acho que esse tema aí tem que perpassar toda a formação (Coordenadora A).

E, ainda, segundo a Coordenadora C:

Ainda que eu defenda que isso não é uma área disciplinar, e nem deva ser, é preciso olhar para essa temática e os desafios que ela apresenta e para a problemática que ela envolve, para a complexidade, melhor dizendo, com a mesma afirmação, com a mesma certeza de que não é desvio, não é perder o rumo. Porque a discussão que se tem é: diante de tantas demandas que são postas ao trabalho docente, é mais um tema para a formação, logo é mais um tema para pulverizar a formação. Então, é mais um tema que pode contribuir para você diversificar. Mas, ao diversificar, dispersa, e, no que se dispersa, é ruim, porque você atira para tudo quanto é lado e não contribui para que esse pedagogo docente seja efetivamente formado numa direção sólida, consistente e segura. No meu entendimento, o desafio que a gente tem pela frente é: essa demanda não vem para dispersar, ela contribui para diversificar. Acho que é importante que a gente compreenda que o trabalho docente lida com o universo, que é diverso. A gente não tem isso e aquilo para dar conta, a gente tem uma demanda societária que interfere na escola e, portanto, nos processos formativos, que são absolutamente plurais, diversos, heterogêneos. E, se a gente encara isso dessa maneira, já, no meu entendimento, ajuda no processo de lidar com esse contexto; porque é assim que ele se apresenta para nós, pelo menos nesse tempo presente. Se vai continuar sendo assim a gente não sabe, porque nós é que fazemos isso. Um dia ele não foi assim, um dia ele foi cartesianamente elaborado, disciplinar e tal. Então, acho que um desafio é isso, compreender que essa diversidade não vem para dispersar. Todos os alunos serão especialistas nessa questão? Não. Mas precisam satisfatoriamente ficar esclarecidos, ficar instruídos acerca dos elementos, dos componentes que constituem essa área. [...] aqui, há uma abertura, há uma tendência, quer dizer, esse é um tema que interessa aos alunos. Então, posso te dizer que não alcança todos, mas alcança boa parte. Mas ainda assim, isso é hoje, pode não ser amanhã. Então, está longe de ser o que tem que ser (Coordenadora C).

Duas professoras destacam que o fundamentalismo religioso protestante aparece como uma barreira no trabalho com a cultura afro-brasileira e africana na disciplina específica sobre a questão racial. É o que atesta o depoimento da Professora A:

> Principalmente na parte religiosa, é o grande nó. [...] Porque, na nossa própria ementa, como tem também no curso de especialização [curso do Penesb, de especialização], a gente tem a parte religiosa como cultura, como conhecimento. Não é nenhuma doutrinação, nenhuma ideologia. Mas, se você está apresentando um texto e ali aparece a baiana, aparece a mãe de santo num depoimento ou alguma coisa, você não pode pensar: "Não, eu não vou tratar desse assunto", tá? Quer dizer, sem entrar no problema religioso. Só que, por conta desses [...], dos desafios, numa das primeiras aulas, uma aluna logo falou: "Ah professora, você vai ficar" – assim mesmo –, "você vai ficar falando sobre macumba, sobre (risos) sobre candomblé, sobre umbanda? " [...]. Eu falei: "Não, as relações étnico-raciais aqui é um conhecimento, até para vocês saberem como trabalhar com a diversidade, porque você tem várias formas da diversidade". Nós não trabalhamos diretamente com a indígena, embora a gente faça a interface, porque eu não tenho essa especialização nessa linha. Aqui tem outros professores que trabalham, dão cursos, assim, de extensão, como nós começamos. [...] Então, mas ela logo falou isso, eu falei: "Mas por que que você está perguntando isso?". Ela falou: "Ah, não, quando a gente fala em cultura afro, logo lembra macumba, logo lembra não sei o quê". Eu falei: "Olha, você está com uma visão que não é a visão que nós estamos trazendo". Aí você começa a mostrar textos [...]. Esse é um desafio, ainda. E no início, logo assim nos primeiros dias, uns que são de um fundamentalismo evangélico, porque toda religião tem seu lado fundamentalista, então eu estou falando, assim, isenta de qualquer coisa. [...] Então, o que que acontece? Eu falava "Não, a gente não vai ter isso". Aí algumas ficavam, assim, você percebia que não se sentiam bem, entendeu? Não se sentiam bem. "Ah, mas eu não vou falar em religião". Religião fica uma das últimas coisas (Professora A).

A mesma dificuldade é também apontada pela Professora D-2:

> Para mim, pedagogicamente, é enfrentar alguns preconceitos, às vezes, na sala de aula, que é em relação à cultura afro-brasileira de um modo geral, como o preconceito religioso. Então, um número razoável de evangélicos, a gente não pode deixar de falar disso e muitas vezes elas não manifestam [...]. Eu incentivo que se manifestem, que falem, para a gente poder problematizar, para a gente poder ver de onde vem aquilo. Às vezes, até sem querer, eu faço com que a pessoa reveja algumas coisas. Porque, às vezes, eu não tenho muita, assim, como eu vou dizer? Delicadeza, em alguns momentos. Você vai dando a aula e meio que se empolga. [...] Aí, sem querer, eu provoco alguma coisa e, às vezes, no final da aula, sempre vem alguém falar: "Ai, professora, você falou aquilo, eu fiquei pensando, eu penso assim...". Aí faz um "mea culpa". Eu falo: "não, calma, é assim mesmo e tal". Acho que é um grande desafio quando a gente aborda esse tema, que é lidar com os valores, com os valores que as pessoas carregam, com as crenças, os preconceitos. Toda crença traz, muitas vezes, embutido, um preconceito de alguma ordem. Eu nunca encontrei nada muito agressivo, mas já tivemos boas discussões, bons debates, principalmente quando a gente aborda a questão religiosa. [...] É, então, assim, o que que eu faço? Nessa questão histórica, vou colocando, tentando trazer autores que tenham alguma contribuição nesse sentido, da cosmogonia africana, a ideia de família, a ideia de território. E aí, quando eu falo o que é a criação do candomblé, pelo aspecto de resistência, entro por aí para ser mais [risos]. Ir devagar. E aí eu vou colocando um pouco a história, aí eles começam cheios de perguntas, porque querem entender mais essa questão dos orixás, dos rituais. Então, é uma pincelada. E, quando eu consigo, eu levo alguém para falar, mais especificamente. Mas nem sempre é possível; então fica, às vezes, só na minha mão. Eu trabalho pelo aspecto mais histórico, não dá para trabalhar com a mitologia, mas eu indico isso como um tema e sempre tem um grupo ou outro que faz um trabalho, que é aquele trabalho que eu falei, de seminário (Professora D-2).

A Coordenadora D faz uma declaração que vai no mesmo sentido da que fez a professora D-2, salientando a importância de trabalhar a questão da religiosidade africana na formação dos alunos, para erradicar os preconceitos oriundos do desconhecimento acerca desse tema:

> Porque você vê, o professor chega lá, se tem um aluno, por exemplo, no 2º grau, que vai todo de branco. Aqui, a gente teve uma professora assim. Eu quando vi levei um susto. Ela falou: "Não me abrace!". Quer dizer, eu que estudo, levei um susto. [...] Eu [...], com 62 [anos], levei um susto, você imagina, que já estudei. Quem não quer saber disso e que tem horror, que fala que é coisa do demônio, então. Assim, estou falando da minha sensação, você imagina os outros. Então, a gente tem que se preparar para isso, por isso que eu digo a eles. [...] Tem que ser relevante, na formação, a história. Tem que estudar as religiões, tem que saber sobre as religiões, para não ter o preconceito. A gente não fala tanto em diversidade, olha que palavra linda, mas e aí? O que a gente vai fazer com essas diversidades todas que o Brasil, esse coração maravilhoso e essa diversidade toda? Dá trabalho, porque você tem que estudar mais, é uma cultura que dá trabalho. Não dá trabalho? Lógico que dá (Coordenadora D).

Cinco professores dos seis entrevistados lecionam as disciplinas sobre a questão étnico-racial sem terem realizado concurso público específico para a respectiva disciplina. Esses docentes trabalham nessas disciplinas por terem afinidade e por pesquisarem sobre a temática racial. Como se observa no discurso da Professora B:

> Não tem seleção especifica. É que eu já era, já fui para lá [...]. Não fiz concurso para trabalhar com essa disciplina, fiz concurso para trabalhar Pesquisa e Prática Pedagógica, mas, aí, eu como já era uma estudiosa, e isso já corre no meu sangue, eu comecei a trabalhar (Professora B).

Apenas um dos seis professores entrevistados foi selecionado para lecionar disciplina acerca da questão racial por meio de concurso público, que estabelece como requisito que o candidato tivesse pesquisa voltada para o tema, conforme se comprova nas palavras do Professor D-1:

[...] o que foi aprovado no colegiado, no DTPE, Educação e Relações étnico-raciais. Aí veio um professor substituto, de imediato, tipo um semestre. Quando entrou o outro semestre, aí já conseguiu a vaga [...] para um efetivo. Faz-se o concurso. Eu fiz o concurso, fui aprovado em primeiro lugar, entrei, ocupei essa vaga. Foram 15 inscritos, nove compareceram. Passamos apenas dois professores. Porque, de fato, os outros professores não tinham pesquisa. Como em todo concurso, né? Ter pesquisa, ter publicações e ter experiência didática de trabalho, didática [...] específica nesse campo, claro, de educação e relações raciais (Professor D-1).

A professora D-2 destaca como uma dificuldade no trabalho com a questão racial a carga horária da disciplina sobre a temática, que, segundo ela, é insuficiente para a discussão dos temas propostos dentro da ementa do curso:

Duas horas. Então, assim, é mínima. [...] tudo isso é feito muito [...], de modo superficial. No geral os alunos têm uma avaliação positiva. Por quê? Como eles não tiveram nada (risos) [...] Então é assim, todo o grupo, todo ano, eles falam: "professora, sua disciplina tem que aumentar a carga horária, não dá" (Professora D-2).

Na UNIRIO e na UFRJ, universidades em que a questão racial é trabalhada no currículo por meio de disciplinas eletivas/optativas, duas professoras e uma coordenadora pensam ser imprescindível tornar a questão racial parte do currículo obrigatório do curso de Pedagogia, para que todos os alunos tomem contato com essa discussão em suas formações. É o que se pode verificar no depoimento da Professora B:

Vai aumentar a carga horária e vai ter que chamar professor, ou vão me botar com ela. Mas, daqui a pouco me aposento, então, como é que vai ser? Vão ter que fazer um concurso. Acho que realmente esse daí é o maior desafio na UNIRIO, tornar essa disciplina obrigatória. Os professores entenderem que ela precisa ser obrigatória (Professora B).

O mesmo aspecto é destacado pela professora C-1 da disciplina **Educação e Etnia**:

> Acho que o desafio é mais ou menos isso que eu já coloquei. Em 1º lugar, a disciplina não ser obrigatória, portanto, colocando em risco a situação de que muitos alunos podem passar por aqui sem ter tido nenhum contato com essa temática. Então, o desafio principal é tornar essa disciplina parte do currículo de Pedagogia. E eu diria, também, futuramente, parte do currículo da Licenciatura, das Licenciaturas (Professora C-1).

Nas palavras da Coordenadora C:

> Agora, não justifica uma casa como a nossa, que tem professores que pesquisam, produzem conhecimento, de alguma maneira referenciam a produção de conhecimento sobre esses temas para fora, que aqui não haja um investimento fecundo nessa área. Então, é isso que faz com que, coletivamente, a gente entenda que o currículo precisa trazer essas discussões mais para dentro de si e não tão perifericamente. Então, se vai ser obrigatório ou não, isso ainda não está decidido, mas o espírito que leva à organização de uma comissão para rever o currículo, com base na avaliação que foi feita anteriormente, tem esses pressupostos que eu lhe apresentei (Coordenadora C).

CATEGORIA 4 – CONTEÚDO E FORMA DE ABORDAGEM NAS DISCIPLINAS ESPECÍFICAS SOBRE A QUESTÃO RACIAL

Quatro dos seis professores entrevistados afirmaram usar o texto das DCNERER como conteúdo para discussão com seus alunos, nas aulas das disciplinas específicas que abordam a questão racial.

A Professora B diz o seguinte a respeito disso:

> Agora, das Diretrizes, a gente trabalha tudo. Então, assim, todos aqueles aspectos, que são aspectos que eu procuro trabalhar com os alunos. Por exemplo, um deles, que traz os equívocos que os professores cometem. [...], acho que são cinco equívocos: 1) o professor não sabe se chama a criança

de negro ou preto [...]. Já falei até um pouco, mas, assim, na verdade, eu apresento ela por inteiro. Claro, não enchendo o saco, senão vai encher (Professora B).

A Professora C-1 da disciplina **Educação e Etnia**, afirma ainda, sobre isso, que:

A 3ª unidade já é focada especificamente na Lei, aí é quando a gente vai trabalhar as Diretrizes. A gente trabalha alguns estudos também sobre a aplicação da Lei, porque hoje em dia a gente já tem algumas pesquisas. O trabalho da Nilma Gomes, tem um trabalho que eu já usei também, um dossiê sobre a implementação da Lei 10.639, de uma revista da UERJ, que não me lembro o nome agora (Professora C-1).

A Professora D-2 relata, a esse respeito, que:

A gente começa justamente com a discussão da legislação. O primeiro tópico da disciplina – ela está dividida em três partes. A 1ª parte é uma discussão da legislação. [...] Eu respeitei bem a ementa anterior, fiz pequenas mudanças, porque, como não tem outra disciplina no curso que discuta isso, então eu não retirei. Agora, tem a educação das relações étnico-raciais que vai focar nessa discussão. Mas, por exemplo, os alunos desse período, desse ano, eles não tiveram essa disciplina. Então, eles só vão ouvir falar mais detalhadamente da legislação comigo. Eu tenho que abordar. Então, a 1ª parte é isso, a legislação, o histórico da legislação, [...]. Tenho material sobre esse período anterior, da discussão dos movimentos sociais, para eles entenderem o contexto, que a Lei não sai do nada. Ela tem uma história (Professora D-2).

A Professora A acrescenta:

Aí nós trabalhamos, [...], com a Lei. Nós temos o plano das Diretrizes Curriculares [DCNERER] [...]. Então, aí nós tentamos ver, mais ou menos como a gente tem no curso de extensão e de pós [Referindo-se ao curso de Pós-graduação *lato sensu* do Penesb]. Quer dizer, eu tento pegar as principais linhas que norteiam o estudo das relações étnico-raciais. Então, trabalho com a Lei (Professora A).

Como material e abordagem didática empregadas nas aulas com os alunos, todos os seis professores entrevistados afirmam trabalhar com leitura prévia de textos pelos estudantes, para discussão. Como podemos ver no depoimento da professora C-1 da disciplina **Educação e Etnia**:

> Não uso muito vídeo, não. Na verdade, deveria usar mais, mas eu acabo, às vezes, por questões de infra, ou por facilidade mesmo, de trabalhar com texto, acabo usando mais texto. [...] Cada aula tem um texto, um ou dois textos, dependendo. E é uma aula parcialmente expositiva e com muita discussão. Mas varia muito de turma para turma. Tem turma que os alunos gostam de debater e tal e tem outras aulas que ficam mais expositivas (Professora C-1).

Três professoras afirmam empregar filmes como recurso para discutir a cultura afro-brasileira e africana e o racismo em suas aulas, procurando, dessa forma, tornar o trabalho mais interessante. É o caso da professora A:

> Escolhi filmes como aquele "O destino de uma vida", não sei se você conhece. [...] É muito interessante. "O Brasil em preto e branco"[40], que é aquele do Joel Rufino, que é para eles também perceberem que a cultura está como um todo (Professora A).

A Professora D-2, quanto ao trabalho com filmes, diz que:

> Eu gosto de trabalhar com o documentário da BBC que causa um impacto enorme. Não sei se você conhece, chama História do Racismo. A gente trabalha, eles assistem em casa, porque é um documentário muito longo e não dá para trabalhar na sala de aula. Então, eles assistem, fazem uma resenha, depois a gente faz um debate e isso, geralmente, causa muito

---

40 Refere-se ao documentário *Preto contra Branco*. Disponível em: <https://www.youtube.com/watch?v=r_xkDHHGWx8>. Acesso em: 21/07/2016.

impacto. Porque, no geral, [...] do que eu vivi até o ano passado, as pessoas não sabem conceituar o racismo historicamente. Aquilo que te falei, geralmente dão justificativas moralistas: "o racismo é errado, não se pode considerar ninguém superior a ninguém, porque Deus criou todo mundo igual" (Professora D-2).

Já a professora B usa filmes para apresentar o continente africano, para falar sobre religião e abordar as biografias de cidadãos negros brasileiros:

> Textos, filmes, pego também filmes. Gosto muito de passar aquele "Vista Minha Pele". [...] Gosto de passar um [filme] que fala do continente africano, depois ele mostra a coisa em sala de aula. Gosto, e de vez em quando eu passo, dependendo da religião, tem um que fala da religião. Gosto de passar aquele dos heróis [...], heróis de todo mundo. Passo sempre, também, os livrinhos animados. [...] Sempre escolho alguns para passar. Tem muita coisa na Cor da Cultura, não dá para também passar tudo, mas... (Professora B).

Três professores trabalham o continente africano: a Professora B, o Professor D-1 e a Professora D-2.

A Professora D-2, quanto a isso, afirma:

> Depois, a 2ª parte [da disciplina] é um panorama do que a gente chama no programa de heranças africanas. É um pouco uma discussão do que é a África, que é um continente que tem milhares de representações na cabeça das pessoas e pouquíssimo conhecimento histórico, social. Muito do conhecimento que a maioria tem é pela mídia. Então, aí, é um trabalho que é bem rápido, mas que desperta para várias questões, para que os alunos pesquisem depois, aprofundem. Trabalho com mapas, o que é a África antiga, o que que já era o continente, que é o continente berço da humanidade. Que a África é um continente e não um país, como muita gente acha [risos]. Incrivelmente, ainda hoje, algumas pessoas acham que a África é um país. Enfim, tem uma série de questões, que eu parto dessas representações para a gente fazer a discussão. Aí, levo vídeos, mapas e, aí, a gente consegue fazer ali, em duas ou três aulas, uma discussão bem

panorâmica de questões históricas da África e começar a relacionar com o Brasil (Professora D-2).

Esta professora e a professora C-1 da disciplina **Educação e Etnia**, discutem com seus alunos a questão das cotas como ações afirmativas, buscando, por meio de debates, fazer com que eles entendam esse assunto. Segundo ela:

> Aí trabalha a questão das cotas, da ação afirmativa, como eu te falei que é um tema que eu particularmente gosto de tratar e é sempre bom, porque os alunos têm muita dúvida sobre isso. Então eu falo, "olha, hoje é o dia de esclarecer todas as dúvidas que vocês têm sobre essa questão" (Professora C-1).

Quanto ao conteúdo "cotas", a Professora D-2 afirma que:

> Enfim, as cotas, o que são ações afirmativas, que são questões que, dependendo do grupo, tem muitas dúvidas. Então, têm confusões. Faço primeiro uma sondagem. Por que depende do grupo? Porque eles têm uma disciplina que é a Antropologia. Dependendo do professor que leciona, que é dada pelo Departamento de Ciências Sociais, dependendo do professor que leciona para o grupo, cada ano é um professor, aí ele aborda essas questões (risos). Então, eu vejo primeiro com quem eles fizeram a Antropologia, se o professor abordou isso, essa questão do racismo e tal. Se não, eu faço uma coisa um pouquinho mais profunda, com textos e tal, é mais demorado (Professora D-2).

Os conceitos: racismo, preconceito e discriminação racial, apresentados nas DCNERER, são expostos e debatidos com os alunos em sala, pela professora D-2. A respeito dos conteúdos, ela diz que:

> Tem um 2º tópico que, às vezes, eu me prendo um pouco mais, ou um pouco menos, dependendo do grupo, que é trabalhar com conceitos: o que é o racismo, o que é o preconceito, a diferença entre racismo e preconceito, entre discriminação racial (Professora D-2).

Os conceitos de raça e etnia são discutidos com os alunos pela professora B e também pelo professor D-1. Para a Professora B, os conceitos de raça e etnia são extremamente relevantes. Em suas palavras: "para mim, os pontos principais são esses, falar dessa discussão de raça e etnia."

O conceito de raça se constitui no segundo tema a ser trabalhado na disciplina específica sobre a questão étnico-racial lecionada pelo professor D-1.

O movimento negro é um tema trabalhado pela professora B, pela Professora D-2 e pelo Professor D-1. A Professora B fala sobre o movimento negro com seus alunos, porque considera que a Lei foi uma conquista das suas ações.

O conceito de democracia racial é apresentado e discutido pela professora C-1 da disciplina **Educação e Etnia**. Além disso, a docente debate com os alunos a classificação racial que é feita na escola, pelos professores. Nesse sentido:

> A gente trabalha com texto da Eliane Cavalleiro, você deve conhecer, com o texto da Marília Carvalho, lá da USP, que é sobre como é que os professores classificam racialmente os alunos, dependendo do desempenho deles. Quer dizer, esse jogo de espelho aí, em relação a essa questão: é o aluno preto que é visto como pior ou é o aluno pior que é visto como preto? (Professora C-1).

A Professora B discute com seus alunos, na disciplina específica sobre a questão racial, como a ideologia racial foi desenvolvida ao longo do tempo, associada ao pensamento intelectual brasileiro. Segundo ela:

> Agora, nas eletivas, como é Ideologia Racial Brasileira, sempre começo com o Skidmore, aquele "Preto no Branco", porque acho que ele é muito didático, ele faz assim um apanhado lá. [...] Acho que eu começo por ali para eles terem uma ideia de como essa ideologia foi reforçada aqui no Brasil, e como foi tornada científica, vamos dizer assim, um pensamento intelectual (Professora B).

Quatro dos seis professores entrevistados disseram que procuram, ao avaliar seus alunos, propor atividades que relacionem a teoria dada nas aulas da disciplina sobre relações raciais e a prática docente nas escolas da educação básica. Podemos observar isso na fala da professora C-1 da disciplina **Educação e Etnia**:

> Isso na verdade é a avaliação dos alunos. Eles fazem em aula um trabalho em dupla, que é um exercício de montar uma aula para a turma que eles quiserem, com a metodologia que eles quiserem, utilizando um aspecto das Diretrizes. Aí eles apresentam, na forma de seminário, e eu faço a avaliação (Professora C-1).

É possível verificar semelhança entre essa proposta de avaliação e a que descreve a Professora A:

> Por exemplo, você trabalha na sua escola? Como é que você está conseguindo trabalhar com a Lei [nº 10.639/03] na sua escola? Não na profundidade que a gente está fazendo no curso de pós [do Penesb]. Então, cada grupo traz e faz uma apresentação do que eles gostariam de fazer, os que não trabalham. Então, a gente faz um círculo, aí todo mundo discute. Então, eles fazem trabalho prático; eu peço que eles tragam, também, observação do que eles fazem na escola, quando tem, quando isso é possível. E a gente faz um seminário, cada grupo (Professora A).

O Professor D-1 também pensa em avaliar seus alunos desse mesmo modo:

> Porque é preciso não apenas você incorporar novos conteúdos, novas unidades e botar na matemática que você vai ensinar, ou botar na história que você vai ter que lecionar, nas ciências sociais, nos estudos sociais que você vai ter que trabalhar, na geografia, nas artes. Não é isso. É como dialoga uma coisa com a outra, como é que isso que você está aprendendo, isso aqui, como é que você vai trabalhar quando você for dar aula de artes? Aula de educação física? Por isso que a avaliação final é um diálogo a contrapelo. Como é que você vê, dentro da sua disciplina, prepare um plano de como trabalhar na sua disciplina para o Ensino Básico, a partir dessas ideias que estão aí (Professor D-1).

Da mesma forma, a professora D-2, afirma:

> Na disciplina, enquanto a gente vai discutindo isso, elas têm que preparar um trabalho, um seminário, um trabalho escrito e um seminário que consiste em escolher. Eu dou alguns temas, sugiro alguns temas dentro dessas produções culturais afro-brasileiras, elas têm que fazer uma pesquisa bibliográfica sobre aquilo e produzir um miniprojeto para uma série, seja da Educação Infantil ou do Ensino Fundamental, regular, ou da EJA, e apresentar isso na sala de aula. Aí, também, em cada período é de uma maneira. Às vezes, é falado em seminário tradicional, às vezes elas têm que montar um painel como se fosse pôster e expor na universidade. Então, já fiz isso de várias maneiras e, dependendo do grupo, da quantidade de alunos, da disponibilidade, também. Porque é um curso noturno, as pessoas trabalham. Então, têm uma série de dificuldades que, às vezes, a gente tem que ir adaptando (Professora D-2).

A professora C-2 da disciplina **Intelectuais Negras: Saberes Transgressores, "Escritas de si" e Práticas Educativas de Mulheres Negras**, propõe-se a trabalhar com "biografias de mulheres negras". Segundo a docente:

> Eu acho que, assim, essa discussão de biografia é totalmente presente no curso. Um recorte [...], biografias de mulheres negras, né? Então, assim, acho que a coisa da localização, também [...], da localização espacial. Pensar mulheres [...], pensar uma rede de mulheres negras. Na verdade, não que necessariamente todas estejam em contato, mas a gente, pensando a partir de uma rede, dentro do curso, né? De diálogos. Então, eu acho que o curso é estruturado a partir de um objetivo de reconstituir [...] não só biografias, no sentido de ficar contando como foi a vida de cada uma, mas de pensar as nossas trajetórias a partir do que a gente escreve. Hoje, por exemplo, eu perguntei nessa turma da Didática das Ciências Sociais, quem conhecia a Azoilda Trindade, e ninguém levantou o dedo (Professora C-2).

Uma coisa bem interessante a respeito dessa disciplina é que os referenciais teóricos são todos de autoras negras. Quanto a esse aspecto a docente aponta que:

A gente vai trabalhar com a Conceição Evaristo [...]. São autoras, também, numa perspectiva afro-diaspórica. Então tem escritos, Conceição Evaristo, Bel Hooks, a Cláudia Cardoso, da UNEB, [...], Lia Vieira, a Azoilda Loretto Trindade [...], que acabou de fazer a passagem, que deixa um legado e uma responsabilidade enorme para a gente, né? Então, assim, a Azoilda, Janete, Ribeiro, Alessandra Pio (Professora C-2).

COMENTÁRIOS

Enfim em relação às entrevistas, identificou-se que as falas de professores e coordenadores iluminam pontos de vistas distintos em relação à questão étnico-racial dentro do currículo.

No que concerne à *Categoria 1 – Conhecimento da legislação*, as respostas dos docentes revelam não apenas o conhecimento desses textos legais, mas também afirmam a sua relevância. Já os coordenadores demonstram não os conhecer muito bem.

Já na *Categoria 2 – Importância da educação das relações étnico-raciais na formação dos professores*, os professores revelam conhecer bem o tema e julgam essa questão extremamente importante na formação; contudo, coordenadores apresentam um discurso mais genérico.

Na *Categoria 3 – Implementação da questão étnico-racial no currículo*, quatro dos seis professores sinalizam como problema o não reconhecimento, na universidade, do racismo na sociedade. Falam da luta para conseguir implementar a questão no currículo, a relação dos Núcleos de Estudos Afro-brasileiros e Indígenas (Neabi), a contribuição dessas disciplinas em trabalhos de conclusão de curso. No entanto, os depoimentos dos coordenadores são menos engajados, vagos e temerosos de possível dispersão ou acúmulo de disciplinas diante da inclusão dos debates sobre essa temática.

E, por fim, na *Categoria 4 – Conteúdos e formas de abordagem nas disciplinas específicas* – a legislação é empregada como conteúdo, em especial as DCNERER, há uma farta indicação de materiais, e os conteúdos das disciplinas buscam conscientizar os alunos acerca especialmente do racismo.

CAPÍTULO 4
OS CONFLITOS EXPRESSOS NAS DISCUSSÕES PARA INCLUSÃO DA QUESTÃO ÉTNICO-RACIAL NOS CURRÍCULOS DOS CURSOS DE PEDAGOGIA

Neste capítulo procura-se analisar e discutir a batalha travada pela inclusão e pelo desenvolvimento com qualidade dos debates sobre as relações étnico-raciais nos currículos dos cursos de Pedagogia, com base nos discursos que os fundamentam, bem como o potencial dessas escolhas para a formação inicial de professores para a Educação Infantil e para os primeiros anos do Ensino Fundamental.

4.1 O LUGAR ATRIBUÍDO À QUESTÃO ÉTNICO-RACIAL NOS CURRÍCULOS DOS CURSOS DE PEDAGOGIA

> Certo dia, Ifá, o senhor das adivinhações, veio ao mundo e foi morar em um campo muito verde. Ele pretendia limpar o terreno e, para isso, adquiriu um escravo. O que Ifá não esperava era que o servo se recusasse a arrancar as ervas, por saber o poder de cura de cada uma delas. Muito impressionado com o conhecimento do escravo, Ifá leu nos búzios que o criado era, na verdade, Ossaim, a divindade das plantas medicinais. Ifá e Ossaim passaram a trabalhar juntos. Ossaim ensinava a Ifá como preparar banhos de folhas e remédios para curar doenças e trazer sorte, sucesso e felicidade. Os outros orixás ficaram muito enciumados com os poderes da dupla e almejaram, no seu íntimo, possuir as folhas da magia. Um plano maquiavélico foi pensado: Iansã, a divindade dos ventos, agitou a saia, provocando um tremendo vendaval. Ossaim, por sua vez, perdeu o equilíbrio e deixou cair a cabaça onde guardava suas ervas mágicas. O vento espalhou a coleção de folhas. Oxalá, o pai de todos os orixás, agarrou as folhas brancas como algodão. Já Ogum, o deus da guerra, pegou no ar uma folha em forma de espada. Xangô e Iansã se apoderaram das vermelhas: a folha-de-fogo e a dormideira-vermelha. Oxum preferiu as folhas perfumadas e Iemanjá escolheu o olho-de-santa-luzia. Mas Ossaim conseguiu pegar o igbó, a planta que guarda o segredo de todas as outras e de suas misturas curativas. Portanto, o mistério e o poder das plantas continuam preservados para sempre (*A Cor da Cultura*, 2017).

Essa história nos permite refletir acerca da hierarquia dos saberes e nos perguntar acerca do lugar em que a questão étnico-racial se insere dentro do currículo: como um igbó ou como uma outra erva qualquer, com menor valor, socialmente falando?

Para pensar nessa hierarquia entre os saberes é interessante visitarmos a Nova Sociologia da Educação (NSE), movimento que buscou evidenciar o conhecimento escolar e o currículo como invenções sociais, como produtos de um processo que envolvia conflitos e disputas acerca de quais conhecimentos deveriam fazer parte do currículo. A NSE procurou fazer os seguintes questionamentos: "Como essa disciplina e não outra acabou entrando no currículo; como esse tópico e não outro; por que essa forma de organização e não outra; quais os valores e os interesses sociais envolvidos nesse processo seletivo?" (SILVA, 2005, p. 67). Tais questões trazidas pela NSE auxiliavam a analisar questões referentes à hierarquia dos saberes educacionais.

De uma visão de currículo aparentemente neutra, em que não se discutiam as escolhas feitas em relação ao conhecimento transmitido, passou-se a buscar um olhar crítico acerca dessa seleção. A NSE introduziu um novo modo de analisar o currículo, que se baseava nas escolhas que se faria quanto ao que seria ensinado, e entendia que tais escolhas expressavam os interesses dos grupos que possuíam poder para influenciar nessa definição. A questão que se colocava era a análise, a partir de uma visão sociológica, do discurso e da relação entre a estruturação e a organização do conhecimento, o processo de reconhecimento dos conhecimentos acadêmicos e o direito de influenciar nos processos de escolha, marcados pela estrutura de poder de uma sociedade – poder que determina, de forma hierárquica, definindo qual conhecimento comporá o currículo.

Essa abordagem ajudou ainda a evidenciar que entre os conhecimentos escolares não é atribuído o mesmo valor, considerando-se que "no interior de um mesmo currículo, certas matérias 'contam' verdadeiramente mais que outras, seja por seus horários, seja por seus pesos relativos na avaliação que é feita dos alunos" (FORQUIN, 1992, p. 42). Isso resulta, de alguma forma, na desvalorização ou na valorização de determinados conhecimentos acadêmicos.

Uma forma de desvalorizar o conteúdo étnico-racial pode ser a inclusão das disciplinas específicas sobre a temática étnico-racial como optativas, com uma quantidade de créditos e carga horária menores do que as das demais disciplinas obrigatórias que compõem o currículo. Tal situação pode ser observada no caso das disciplinas optativas sobre a questão étnico-racial, tanto no currículo do curso de Pedagogia da UNIRIO quanto da UFRJ, que apresentam uma quantidade de créditos e carga horária menores que as disciplinas obrigatórias. A Professora B explica que essa diferença de carga horária e quantidade de créditos entre disciplinas optativas e obrigatórias deve-se a essas disciplinas seguirem um padrão, em que as optativas possuem 30 horas e 2 créditos; e as obrigatórias têm 60 horas e 4 créditos. A explicação só reforça o processo de desvalorização desse conteúdo no currículo, uma vez que, inserir a questão étnico-racial como disciplina optativa, implica ter menor quantidade de créditos e carga horária ao invés de ser incluída como obrigatória.

Nesse caso, é possível verificar que a inclusão da disciplina sobre as relações étnico-raciais engloba não apenas interesses sociais, mas também polêmicas, disputas, consensos e acordos entre aqueles que organizam a proposta curricular, conforme apontado por Silva (2005).

Para ajudar a pensar a inclusão de uma disciplina no currículo, é interessante levar em conta a indicação de Goodson (1992), que chama a nossa atenção para a relevância de conhecermos como uma disciplina entrou no páreo com as demais, de modo a compor o currículo num dado contexto histórico. Isso pode ajudar a compreender sua promoção à condição de disciplina acadêmica.

Nesse sentido, num levantamento dos estudos que tratam das relações étnico-raciais constituindo disciplinas, verifico que eles surgiram nos Estados Unidos. Segundo Gonçalves e Silva (2002), no bojo de estudos sobre o multiculturalismo, que começou por conta do movimento estudantil, com a exigência dos *Black Studies* como "disciplina curricular". Os alunos reivindicavam a inserção de conteúdos que dessem prioridade ao conhecimento da história e cultura dos negros, a fim de proceder ao resgate de sua ancestralidade, buscando, desse modo, estimular a autoestima dessa população tão excluída.

O multiculturalismo, porém, não surgiu, conforme nos assegura Candau (2010), dentro das universidades. Originou-se das lutas dos movimentos sociais, dos menos favorecidos e discriminados, em especial de movimentos relacionados com temática racial. Dentre eles destacam-se, de modo especial, aqueles ligados à questão do negro. A autora reflete que, justamente por conta do multiculturalismo se originar dos movimentos sociais e não das pesquisas e discussões acadêmicas, sua presença é delicada no interior da academia e tema de muitos embates e discussões. Dessa forma, a inserção de conteúdos referentes ao multiculturalismo na formação inicial dos docentes vem sendo mais uma escolha subjetiva do que uma decisão coletiva dos professores. Conforme afirma Candau (2010, p. 19), "as questões relativas ao multiculturalismo só recentemente têm sido incluídas nos cursos de formação inicial de educadores/as e, assim mesmo, de modo esporádico e pouco sistemático, ao sabor de iniciativas pessoais de alguns professores/as".

Como já visto, com a promulgação da Lei 10.639/2003, o estudo das relações étnico-raciais torna-se obrigatório no Brasil, nos currículos do Ensino Fundamental e Médio dos estabelecimentos públicos e privados de ensino. Contudo, somente com a Resolução CNE/CP nº 01/2004 é que se tornou obrigatório como conteúdo disciplinar na formação docente. O que ocorre então? O texto das Diretrizes Curriculares para a Educação das Relações Étnico-Raciais e para o Ensino de História e Cultura Afro--Brasileira e Africana aponta que o tratamento dado à questão racial no currículo constitui-se em um dos itens a serem considerados na avaliação das condições de funcionamento dos estabelecimentos de ensino em todos os níveis da educação brasileira.

Salienta-se que a inserção de uma disciplina com temática étnico-racial no currículo dos cursos de formação inicial de professores não se constitui uma reivindicação dos grupos dominantes e sim dos dominados e, em virtude disso, essa disciplina assume um *status* diferenciado dentro do mundo acadêmico. Sua inclusão vem se constituindo num processo prolongado, doloroso e, muitas vezes, contestado dentro da academia. E os discursos dos entrevistados nesta pesquisa revelam muito disso. Neles se identificam elementos de um conflito no que tange à entrada da questão racial no currículo dos cursos de Pedagogia, sendo um deles a discussão em torno da sua inserção como uma disciplina optativa ou obrigatória. Muitos docentes acreditam que esse conteúdo deva ser oferecido por meio de disciplinas optativas, não havendo necessidade de constar no currículo como disciplina específica sobre a temática e muito menos obrigatória, podendo assumir caráter de tema transversal, numa abordagem interdisciplinar e/ou ser tratado em atividades de extensão.

A declaração da Professora B revela que a questão étnico-racial não é vista com o *status* de um igbó, pois é totalmente desvalorizada. Segundo relata a docente, no ano de 2008, quando houve uma reformulação no currículo do curso, ela propôs tornar as disciplinas optativas que leciona sobre a questão étnico-racial em disciplinas obrigatórias, no entanto, o corpo docente não aceitou sua proposta, por acreditar que essa temática era menos relevante dentro do currículo do curso.

A proposta da professora de modificar o currículo para introduzir a questão étnico-racial como disciplina obrigatória incide sobre a estrutura de poder estabelecida na faculdade. De acordo com Silva (2005), é o estreitamento entre a organização curricular e a estrutura de poder que permite que qualquer mudança no currículo incorra numa mudança dos princípios de poder. Ou seja, para mudar algo no currículo, é preciso revolucionar também as estuturas de poder envolvidas nesse processo.

Um outro argumento que alimenta a ideia da questão racial ser alocada em uma disciplina optativa, e não obrigatória, é a sua consideração como um tema que pode ser abordado de forma interdisciplinar, transversal ou como um assunto que deva ser inserido em atividades de extensão e não restringido a uma disciplina específica. Pode-se identificar isso: no depoimento da Coordenadora C, que defende que esse assunto não se constitui em uma área específica e que nem deve ser assim, pois ela entende que essa temática deve ser discutida em várias disciplinas, de forma interdisciplinar; na fala da Professora D-2, ao dizer que alguns docentes eram contrários à existência de disciplina específica sobre a questão étnico-racial no currículo porque esse assunto deveria ser contemplado como um tema transversal; e na declaração da Professora C-2, que destaca que os docentes consideravam que esse tema era muito bom para estar num projeto de extensão e não como disciplina inserida no currículo obrigatório do curso.

Diante dessas alegações, é relevante trazer alguns elementos acerca da origem das disciplinas, sua hiperespecialização e a fragmentação do conhecimento. As disciplinas podem ser definidas como "arranjos que [englobam] não apenas aspectos epistemológicos como também político-administrativos que atendem a padrões de racionalidade de uma dada situação histórica" (PAVIANI, 2014, p. 28). Conforme salienta Eco (2003, p, 5), essa característica acaba por determinar "modelos" que podem "servir de parâmetros capazes de sancionar a inclusão ou exclusão de vários tipos de estudos". Isso pode acontecer no que denominamos departamentos, onde os pesquisadores se entrincheiram nas suas especialidades ou sub-especialidades, compartilhando seus conhecimentos apenas no interior de um círculo próximo e restrito, o que difere muito daquilo que acontecia na época de Aristóteles ou de Galileu, quando os pesquisadores de distintas áreas se buscavam mutuamente com vistas a compartilharem seus conhecimentos. Isso nos ajuda a compreender que a organização por disciplinas trouxe com ela a fragmentação dos conhecimentos e a especialização, levando, na opinião de muitos estudiosos, à perda "da visão do todo" (PAVIANI, 2014, p. 14).

Deve-se atentar que o termo "disciplinas" (no plural em português), passou a designar por extensão, no âmbito religioso, um chicote de várias tiras usado para realizar o autoflagelamento; como bem recorda Morin (2005), num sentido degradado, a disciplina configura-se numa forma de impingir flagelo àquele que se aventura no domínio das ideias que o especialista julga serem de sua propriedade. Ou seja, o conceito de disciplina apresenta vestígios que vão além do simples ensinar ou aprender, ele contém, segundo a reflexão de Paviani (2014, p.29):

> a ideia ou a ação de disciplinar, isto é, de sujeitar o discípulo a receber ensino de alguém, de aprender certos "conteúdos", memorizar noções, definições, datas, nomes, teses, teoremas. Nesse caso, o conceito de disciplina mistura conhecimentos com a necessidade de seguir a orientação da autoridade pedagógica.

Nos dias atuais, de acordo com Paviani (2014), a centralidade das disciplinas relaciona-se de modo direto com os avanços das ciências e da tecnologia e também com a complexidade da vida que levamos hoje. Contudo, ele analisa que o ponto de vista ontológico de conceitos de realidade e as perspectivas da forma sobre o fenômeno do conhecimento e da linguagem humana acabam produzindo resultados nas estratégias de se formar cidadãos e profissionais e, em consequência, na organização dos cursos e dos meios didáticos e pedagógicos. Isso ajudaria, segundo o autor, a explicar, na atualidade, o engessamento das disciplinas em seus limites fixos, bem como o fato de seus pesquisadores/professores necessitarem falar a partir do lugar institucional que ocupam, confinando seus objetos de estudo e pesquisa, tornando mais difícil o trabalho com a complexidade.

Há uma história muito singela que nos ajuda a pensar a questão da fragmentação do conhecimento. No livro *Nós dizemos não*, do escritor Eduardo Galeano (1990), o autor fala de três cegos que se encontraram frente a um elefante. Segundo a narrativa, o primeiro cego, ao tocar a tromba, julga tratar-se de uma corda. Já o segundo, fazendo carinho na pata do animal, afirma ser nada mais nada menos que uma coluna. E o terceiro cego, por conta de ter se apoiado no bicho, acredita ser uma parede. Após concluir a história, o autor nos revela a moral que podemos retirar dela:

> Assim estamos: cegos de nós, cegos do mundo. Desde que nascemos, somos treinados para não ver mais que pedacinhos, a cultura dominante, cultura do desvínculo, quebra a história passada como quebra a realidade presente; e proíbe que o quebra-cabeças seja armado (GALEANO, 1990, p. 31).

Vivemos hoje, segundo esse autor, uma tradição que se fundamenta na fragmentação e na compartimentação do conhecimento e que direciona nossa forma de interpretar o mundo. A compreensão que se tem nos últimos tempos sobre o fazer científico, na busca por conhecer um objeto, é que é preciso reparti-lo em pedaços; porém, existem casos em que não se consegue montar novamente o quadro completo, dando-se maior destaque ao detalhe do que ao todo. Galeano entende que essa fragmentação segue o interesse dos grupos dominantes, uma vez que a divisão impede que se acesse o conhecimento em toda a sua complexidade, desfavorecendo assim a mobilização que pode colocar em perigo as estruturas de poder estabelecidas.

A partir da metade do século XX começaram a surgir, como nos conta Teixeira (2007), proposições que procuravam compensar a hiperespecialização disciplinar e sugeriam distintos níveis de cooperação entre as disciplinas acadêmicas, com o intuito de auxiliar na resolução dos problemas promovidos pelo desenvolvimento tecnológico e pela falta de diálogo entre os saberes oriundos dessa hiperespecialização. Tais propostas foram denominadas primeiramente como multidisciplinares e pluridisciplinares, depois de transdisciplinares e interdisciplinares.

A interdisciplinaridade "consiste na troca de conceitos, teorias e métodos entre as diferentes disciplinas" (TEIXEIRA, 2007, p. 72). De acordo com Paviani (2014, p. 19):

> O conceito de interdisciplinaridade exige um permanente esforço racional e crítico. Não existem fórmulas nem modelos de interdisciplinaridade. De nada adianta afirmar que a interdisciplinaridade envolve integração de educadores, interação de disciplinas etc., se não se explicita em que consiste essa integração e de que modo essa interação é viabilizada. Definições que exprimem intenções e desejos não são suficientes para um trabalho com resultados. As atividades interdisciplinares não se limitam a estabelecer arranjos e justaposições externas. Ao contrário, exigem procedimentos detalhados e coerentes que atingem a estrutura lógica dos programas de ensino e de pesquisa. Igualmente, de nada adianta afirmar que a interdisciplinaridade reside no diálogo entre conhecimentos, pois ela, antes de tudo, é uma categoria de ação.

O autor segue tratando da função da interdisciplinaridade, que, para ele, consiste em "atender à necessidade de resolver problemas pedagógicos e científicos novos e complexos, dentro de uma determinada concepção de realidade, de conhecimento e de linguagem" (PAVIANI, 2014, p. 19).

A partir dessa compreensão acerca da interdisciplinaridade e de sua função, com vistas a retomar a reflexão desenvolvida pela Coordenadora C sobre a temática étnico-racial ser desenvolvida no currículo de modo interdisciplinar, considera-se relevante, antes de tudo, saber se há uma organização curricular que privilegie a interdisciplinaridade dentro do currículo dos cursos de Pedagogia da UFF, UNIRIO, UFRJ e UFRRJ. Assim, afirma-se que identificar *se* e *como* a universidade vem trabalhando dentro de uma perspectiva interdisciplinar constitui um assunto pertinente para essa análise. Na medida em que se propõe inserir a temática étnico-racial no currículo do curso numa perspectiva interdisciplinar, cabe a pergunta: Como fazer tal proposição, caso não se desenvolva tal proposta no currículo desses cursos de Pedagogia?

Ao analisar o Projeto Pedagógico do Curso de Pedagogia da UFF (2010), constata-se que seus professores chegaram a um consenso de que o curso deveria estar fundamentado em alguns pontos centrais. Dentre eles, enfatiza-se o trabalho interdisciplinar, sendo essa a única referência à interdisciplinaridade de modo explícito encontrada no documento. Contudo, os professores revelam o entendimento que possuem acerca da interdisciplinaridade como uma interação, integração e diálogo entre docentes e disciplinas, por meio do tratamento dado à disciplina **Pesquisa e Prática Pedagógica** (PPP), vista como um elemento articulador em todo o curso com as demais disciplinas.

A ementa da disciplina **Pesquisa e Prática Pedagógica IV** (PPP IV) propõe que se façam investigações e intervenções, por intermédio de práticas de ensino e/ou projetos pedagógicos em instituições ou contextos de Educação de Jovens e Adultos e Educação Especial. Identifica-se uma preocupação em discutir conteúdos e bibliografias relacionados às seguintes disciplinas do período: Educação de Jovens e Adultos I e Educação Especial I. Desse modo, mais uma vez os docentes demonstram entender que estabelecer a interdependência, a interação e a comunicação entre essas disciplinas é o caminho para alcançar a interdisciplinaridade no curso de Pedagogia da UFF. E, com o objetivo de tornar essa articulação entre as disciplinas mais viável ainda, de acordo com o texto do PPC, os departamentos sugerem indicar, se for viável, para lecionar a disciplina de PPP, um docente que já lecione uma das disciplinas do período. Sendo assim, é possível constatar que os docentes da UFF concebem a interdisciplinaridade como uma ideia de integração e conexão entre conteúdos de várias áreas do conhecimento.

O curso de Pedagogia da UFRRJ, de acordo com seu Projeto Pedagógico, está assentado em alguns princípios e, dentre eles, destaca-se a interdisciplinaridade como fundamentação fenomenológica. Conforme essa ideia, é preciso superar a visão fragmentada de mundo, sendo relevante destruir as fronteiras entre as disciplinas, porém sem perder de vista as especificidades delas, buscando fazer ligações e estabelecer o diálogo entre os conhecimentos. Entretanto há uma observação quanto à tradução desse princípio em ações no currículo que poderiam levar ao abandono da organização curricular "disciplinar" em lugar de outra forma: os docentes do curso escolheram não o fazer para não transgredir o formato institucionalizado, como se pode constatar no fragmento do PPC destacado abaixo:

> Vale notar que traduzir esse princípio em ações curriculares significaria – fundamentalmente, abandonar a estruturação "disciplinar" em favor de outra maneira, mas resistimos ao ímpeto de fazê-lo na elaboração desta proposta, para não transgredir o formato institucionalizado, sob o qual todo o aparato normativo e logístico correlato se orienta (UFRRJ, 2007, p. 18).

Contudo, analisando o Projeto Pedagógico do curso, pode-se notar que os componentes curriculares denominados Núcleo de Ensino, Pesquisa e Extensão (NEPE) acabam funcionando como elementos que propõem maior articulação com outras disciplinas dentro do currículo. Aqui, mais uma vez, aparece a ideia de interação e integração disciplinar com vistas a se realizar um trabalho voltado para a interdisciplinaridade: A NEPE I se encontra interligada à Filosofia da Educação, a NEPE II interligada à Política e Organização da Educação, a NEPE III interligada à Sociologia da Educação, a NEPE IV interligada à Pesquisa Educacional. Percebe-se a interação e a comunicação entre essas disciplinas por conta do proposto em suas ementas, que buscam articular bastante os conteúdos entre elas.

No texto do PPC de Pedagogia da UFRRJ, na parte relativa à justificativa, relata-se que o Instituto de Educação da UFRRJ, em Seropédica, solicita e ocupa vagas em disciplinas de outros departamentos da universidade com o intuito de conservar os cursos pelos quais é responsável, licenciaturas em Educação Física e em Ciências Agrícolas, levando em consideração tratarem-se de cursos fundamentados em princípios que transcendem a interdisciplinaridade e se lançam numa esfera transdisciplinar.

Observa-se então, de acordo com o teor desse trecho do PPC, que o trabalho desenvolvido pelo Instituto de Educação procura ir além da interdisciplinaridade, lançando-se numa dinâmica transdisciplinar. No entanto, em nenhum momento nesse documento há qualquer afirmativa acerca do que se entende sobre transdisciplinaridade. Ou seja, a universidade nem bem tem discutido e desenvolvido uma dinâmica interdisciplinar nos currículos de seus cursos e afirma já estar avançando para propor arranjos transdisciplinares.

Segundo Andrade (2004), a transdisciplinaridade acontece quando existe coordenação de todas as disciplinas num sistema lógico de conhecimento, com livre trânsito de saberes de um campo do conhecimento para outro. Para alcançar um modelo transdisciplinar de currículo é preciso chegar a um nível bem elevado de interações, no qual não se consiga precisar em que momento começa e termina cada disciplina. Ou seja, se a implementação de uma proposta curricular interdisciplinar já é um grande desafio, quanto mais será avançar para uma com teor transdisciplinar?

O projeto da UNIRIO (2008) não faz nenhuma alusão direta à interdisciplinaridade. Vale destacar que não há muitas evidências da valorização de uma articulação entre as disciplinas, imperando assim um espectro fragmentado de conhecimento por meio da justaposição das disciplinas. Entretanto, pode-se ver uma via para desenvolver um trabalho interdisciplinar por meio da disciplina **Estágio Supervisionado – Educação de Pessoas Jovens e Adultas** que está interligado com a disciplina **Educação de Pessoas Jovens e Adultas**.

Já no projeto da UFRJ (2014), a valorização da questão da interdisciplinaridade desponta na parte que trata do perfil do egresso, ao propor que ele seja capaz de ensinar diferentes linguagens a distintas fases de desenvolvimento humano, de modo interdisciplinar. Além disso, as atividades de extensão são entendidas como um processo interdisciplinar educativo. Mas não há maiores indícios de uma articulação entre as disciplinas, justapostas no currículo sem um relacionamento aparente entre elas.

Verifica-se que o tratamento dado à interdisciplinaridade nos projetos pedagógicos dos cursos de Pedagogia da UFF, UNIRIO, UFRJ e UFRRJ não apresentam qualquer tipo de detalhamento das ações e das concepções teóricas e metodológicas que as sustentam. Entretanto, é preciso atentar para a ideia de que a interdisciplinaridade é uma categoria de ação, não implicando somente afirmar que se realiza um trabalho integrado e em interação com outros professores, não cabendo apenas estabelecer intencionalidades e desejos conforme visto nos projetos pedagógicos desses cursos. Deste modo, a intenção pode acabar caindo no vazio e, especificamente no que se refere à proposta de desenvolver a questão étnico-racial no currículo desses cursos de Pedagogia como tema interdisciplinar, transformar-se essa proposição numa estratégia que torna invisível, insuficientemente tratado ou ausente esse conteúdo dentro do currículo.

Observa-se que esses PPC de Pedagogia da UFF, UNIRIO, UFRJ e UFRRJ parecem atender a uma exigência legal ou a uma valorização no campo da Educação no que se refere à interdisciplinaridade nos currículos de seus cursos para superar a fragmentação do conhecimento, mas ainda é necessário um maior aprofundamento teórico e mais discussões coletivas entre os docentes acerca dessa questão.

Concorda-se com Teixeira (2007, p. 71), que indica ser necessário, para se realizar um trabalho interdisciplinar, pensar em uma nova organização da universidade, de acordo com as exigências e necessidades sociais e históricas de nosso tempo. O modelo de universidade sob os impactos de uma sociedade globalizada e diante do desenvolvimento da ciência e tecnologia no mundo hodierno encontra-se em crise, segundo esse mesmo autor. Essa crise se manifesta claramente nas discussões acerca dos objetivos e funções da universidade, na sua estrutura e em sua organização. De acordo com o autor, a estrutura do departamento não consegue dar conta da multiplicidade de disciplinas, em especial daquelas que aparecem nos limites dos conhecimentos.

Quanto a interdisciplinaridade, constatatou-se, por meio da leitura dos PPC e das ementas das disciplinas, que não há trocas significativas entre os docentes, mesmo dentro do mesmo departamento. Eles se encontram isolados, cada qual permanecendo em sua área, e, desse modo, não vivenciam suficientemente situações coletivas de troca e aprendizagem com docentes de outras áreas. É que, como bem reflete Teixeira (2007, p. 73), hoje se prega tanto a importância de se trabalhar com a interdisciplinaridade, entretanto "os currículos, os programas de ensino, as unidades administrativas (como os departamentos), as diretrizes políticas da instituição são o primeiro e o maior obstáculo à sua realização". Dentre essas estruturas, acredita-se que a que representa maior problema constitui o arranjo curricular por disciplinas, uma vez que ninguém quer abdicar de ficar na zona de conforto de sua disciplina, por temor, por exemplo, de perder prestígio social dentro da universidade.

Compreende-se, assim, que somente apontar que o conteúdo ligado às questões étnico-raciais pode ser tratado de forma interdisciplinar não seja suficiente para se desenvolver a interdisciplinaridade no currículo. Na verdade, é o próprio fazer que revela a existência da interdisciplinaridade neste ou naquele curso, independentemente de qual conteúdo tenha sido abordado, segundo nos mostra a reflexão de Teixeira (2007, p. 67): "O que torna uma atividade interdisciplinar não é o sujeito nem o objeto, mas os aspectos processuais da atividade". Contudo, observa-se que a universidade pode estar tratando com isso de modo a invisibilizar o conteúdo étnico-racial, quando lhe atribui um lugar na interseção das disciplinas sem que essas interseções sejam de modo efetivo valorizadas e exploradas pelos coordenadores e professores, que se mantêm entrincheirados em suas disciplinas.

A QUESTÃO RACIAL COMO TEMA TRANSVERSAL

A Professora D-2 relata que, durante o processo de inclusão da questão étnico-racial no currículo do curso, ouviu de alguns professores o comentário de que esse assunto não deveria constituir um componente disciplinar, e sim ser tratado como um tema transversal.

Mas o que são temas transversais? De acordo com Moreno (2003, p. 36), os temas transversais constituem uma resposta parcial para uma nova organização curricular dos conhecimentos, oriunda de necessidades e interesses atuais.

A autora entende que as disciplinas tradicionais procuram dar respostas às questões que, ao longo do tempo, se transformaram em temas de interesse e preocupação das Ciências e da Filosofia e que, sem sombra de dúvidas, necessitam ser revisadas, tendo em vista as urgências da atualidade e as diversas formas de pensar. Leva-se em conta, portanto, o fato de que o que é tido como objeto legítimo de investigação científica tem relação com os modos históricos de entender e delinear a realidade, e se encontra associado a relações de poder. Nessa perspectiva, os temas transversais dão ênfase a novos problemas e novos recortes, destacando questões que até o momento não haviam sido vistas como objeto relevante para análise investigativa.

Para Moreno (2003, p. 35), é de suma importância tirar as disciplinas científicas "das suas torres de marfim", impregnando-as da vida cotidiana, sem com isso deixar de lado as construções teóricas necessárias para o progresso da ciência. Não é possível, segundo a autora, perder de vista que essas duas coisas devem ser consideradas juntamente na formação, pois isso torna possível entender a realidade sob os mais variados pontos de vista.

Os temas transversais, para Moreno (2003, p. 36), não devem ser tratados como conteúdos que serão somados aos já existentes no currículo, porque acabariam trazendo uma sobrecarga aos programas e dificultando o trabalho dos professores, sem trazer qualquer tipo de benefício aos alunos. Isto representaria o tratamento de uma nova temática por meio de velhos procedimentos, retirando, desse modo, todo e qualquer valor de inovação que os temas transversais poderiam vir a ter.

A pesquisadora destaca que muitos professores acabam entendendo que os conteúdos curriculares tradicionais compõem o eixo longitudinal ou vertebrador do sistema educacional, e que compete aos temas transversais girar em torno desse eixo. Contudo, Moreno (2003, p. 37) propõe uma mudança no eixo vertebrador dos conteúdos escolares, que consiste em colocar os temas transversais no eixo longitudinal dos conteúdos escolares. Sendo assim, os temas transversais tornam-se o eixo central dos conteúdos escolares, trabalhados de forma interdisciplinar com as disciplinas tradicionais do currículo. Em suas palavras:

> Se deixarmos de considerar as matérias curriculares como eixos longitudinais em torno dos quais giram as aprendizagens fundamentais, e os temas transversais como um complemento secundário que cruza esporadicamente com eles, se dermos a esta imagem uma virada de noventa graus e se levarmos este modelo até as últimas consequências, deparar-nos-emos com um conceito totalmente diferente de ensino (MORENO, 2003, p. 37).

Nesta proposta metodológica, os temas transversais transformam-se no ponto de partida do processo de aprendizagem. A pesquisadora entende que esse caminho ajuda a evitar cair no aprender por aprender, ou seja, na abordagem de conhecimentos desprovidos de finalidades fora deles próprios: "esse giro permitirá encarar as disciplinas atualmente obrigatórias do currículo não mais como um fim em si mesmas, mas como um 'meio' para se atingir outros fins, mais de acordo com os interesses e necessidades da maioria da população" (MORENO, 2003, p. 15).

A partir dessas considerações ressalta-se que não basta somente querer inserir a questão étnico-racial como um tema transversal, é preciso rever um conceito de ensino ainda baseado em disciplinas tradicionais do currículo, que se encontram no centro do processo de ensino e veem os temas transversais como seus apêndices.

Cabe mudar esse olhar, como disse Moreno (2003), fazendo o caminho reverso, colocando as disciplinas tradicionais do currículo agora girando em torno dos temas transversais, pensando os temas transversais, tais como a questão étnico-racial, como assuntos centrais do currículo. Silva (2005, p. 102) aponta a questão étnico-racial como "uma questão central de conhecimento, poder e identidade curricular". E por conta desse entendimento da questão étnico-racial como um tema central do currículo, torna-se possível buscar desenvolver um ensino inovador e que possa dar conta de discutir os problemas enfrentados pela sociedade atual, sendo importante pensar no fato de que tanto essa abordagem quanto a que se apoia na interdisciplinaridade supõem enfrentar as relações de poder que sustentam a estrutura disciplinar do currículo. Remeter os conteúdos étnico-raciais a uma abordagem dessas, sem que se tenha clara intenção de rever essas relações de poder, novamente, pode ser uma forma de silenciar esse debate.

A QUESTÃO ÉTNICO-RACIAL COMO ATIVIDADE DE EXTENSÃO

A Professora C-2 relata que, ao propor inserir no currículo do curso uma disciplina que trataria das intelectuais negras, ouviu que essa questão seria melhor trabalhada na forma de um projeto de extensão.

Mas o que são atividades de extensão? As atividades de extensão são as ações pedagógicas de caráter teórico e/ou prático, presenciais ou à distância, planejadas e organizadas de forma sistemática, com carga horária específica, contando com critérios de avaliação estabelecidos. Esse tipo de atividade curricular, de acordo com as Diretrizes Curriculares Nacionais para o Curso de Pedagogia, compõe o Núcleo de Estudos Integradores, que está voltado para proporcionar enriquecimento curricular mediante seminários e estudos, projetos de iniciação científica, monitoria e extensão, atividades práticas, experiências e utilização de recursos pedagógicos e atividades de comunicação e expressão cultural (BRASIL, 2006).

Na verdade, essas atividades consistem num acréscimo na estrutura do curso e, deste modo, abordar a temática étnico-racial por meio delas, se constitui numa forma de assumir o risco dessa temática não ser contemplada na formação dos pedagogos, uma vez que cursá-las ou não depende do interesse pessoal dos alunos. Pode-se questionar, assim, se a universidade, ao oferecer esse conteúdo dessa forma, não estaria buscando cumprir com a obrigatoriedade legal sem evidenciar uma valorização da temática na formação desses profissionais, já que nem todos os estudantes seriam apresentados a essa discussão?

Enfim, considera-se positiva a opção pelo tratamento interdisciplinar e/ou transversal e o fomento de ações de extensão em torno das relações étnico-raciais. No entanto, essas escolhas curriculares mostram-se no mínimo insuficientes.

Os apontamentos dos professores em torno dessas formas de inserção da temática no currículo dos cursos conduzem aos seguintes questionamentos: por que propor garantir esse conhecimento obrigatório no currículo por meio de uma proposta interdisciplinar, quando não se assume de fato um movimento de reorganização curricular? Por que escolher uma abordagem atrelada à ideia de um tema transversal, se não se tem efetivo interesse em deslocar as disciplinas do eixo central do currículo, conferindo centralidade aos temas transversais? E, finalmente, como restringir sua oferta às atividades de extensão, se os estudantes podem optar por não enfrentarem essas importantes discussões em torno das questões étnico-raciais, ficando desfalcados de conteúdos obrigatórios de modo a fragilizar sua formação?

O caráter da obrigatoriedade do tratamento dessa questão no currículo ficaria claramente obscurecido por meio dessas escolhas curriculares. O que elas representariam então? Essas escolhas podem representar uma pseudo-inserção ou, ao menos, uma inserção insuficiente da temática étnico-racial no currículo. Por conta disso, é imprescindível a luta para garantir que a temática seja implementada como disciplina curricular obrigatória, pelo menos até que se questione de forma efetiva a estrutura de poder que sustenta o currículo organizado em disciplinas, com base na busca por uma formação inicial de qualidade para os professores que atuarão nas primeiras etapas da educação básica. Desse modo, se cumpriria com a demanda da legislação e se propiciaria ao profissional em formação a oportunidade de discutir temas que o instrumentalizem para o trabalho de educação das relações étnico-raciais na escola.

A TEMÁTICA ÉTNICO-RACIAL NUM QUADRO DE CRISE ESTRUTURAL DA UNIVERSIDADE

Os docentes afirmam que os departamentos não conseguem dar conta de mais essa demanda de formação, já que isso implicaria numa sobrecarga de trabalho para eles, uma vez que não há concurso público para contratar novos professores para lecionarem essas disciplinas específicas. Esse argumento é compreensível a partir da aprovação de uma série de cortes orçamentários em diferentes níveis, por exemplo, a medida que restringe gastos públicos pelos próximos 20 anos, inclusive na área da educação. Assim, vale uma caracterização breve do contexto atual.

Nas eleições presidenciais de 2014, Dilma Rousseff venceu a disputa pela Presidência da República, sendo reeleita. Entretanto, um intenso e difícil processo culminou no seu *impeachment* em meados de 2016.

Sob o governo[41] pós-*impeachment* de Dilma Rousseff – apontado por muitos representantes de diferentes segmentos da sociedade como governo "golpista" –, muito se agravou o problema da falta de professores nas universidades e, em decorrência disto, a sobrecarga, a precarização e a desqualificação do trabalho docente.

No que tange à temática étnico-racial, cumpre destacar que foi durante o governo do presidente Fernando Henrique Cardoso, do Partido da Social Democracia Brasileira (PSDB), que começaram a se constituir políticas promovedoras de igualdade racial, que foram continuadas e ampliadas nos governos do presidente Luís Inácio "Lula" da Silva e da presidenta Dilma Rousseff, ambos do Partido dos Trabalhadores (PT). Esses dois últimos governos tinham como uma das pautas a questão racial em suas gestões

---

41 Esta discussão se fundamenta em dados acerca de parte do mandato de Michel Temer, substituído em 2019 por Jair Bolsonaro, que não acenou com mudanças nessa linha de ação.

e, para isso, buscaram: implementar o Plano Nacional da Igualdade Racial; garantir reserva de bolsas do Programa Universidade para Todos (PROUNI), com vistas a possibilitar o acesso dos alunos oriundos de escolas públicas, especialmente os afrodescendentes e indígenas; criar a Secretaria de Política de Promoção da Igualdade Racial (SEPPIR) para combater o racismo; assegurar a aplicação da Lei 10.639/2003 e das Diretrizes Curriculares Nacionais para a Educação das Relações Étnico-Raciais e para o Ensino de História e Cultura Afro-Brasileira e Africana (DCNERER); e implementar a política de cotas raciais.

Contudo, após o *impeachment* da presidenta Dilma Rousseff, houve uma mudança significativa com relação às políticas referentes à promoção da igualdade racial. O presidente Michel Temer afirmou em seu discurso de posse querer colocar o Brasil nos trilhos novamente. Mas o que significava colocar o país nos trilhos de novo? Algo em torno de um projeto de nação que se apoiou na elaboração de uma Proposta de Emenda Constitucional (PEC nº 55), também definida como a "PEC do Fim do Mundo". Esta medida congela durante 20 anos as despesas públicas na área da educação, saúde e assistência social, e foi aprovada pelo Senado Federal em 13 de dezembro de 2016. Dela resulta a diminuição da destinação de recursos para, por exemplo, a contratação de docentes por meio de concurso público e para as políticas de democratização do acesso ao Ensino Superior, dentre estas, a política de cotas para negros e indígenas.

Ao se falar dessa plataforma política é preciso entender, primeiramente, que a maioria dos estudantes beneficiados com cotas é oriunda das camadas mais pobres da sociedade e precisa de um incentivo financeiro para garantir sua permanência nos cursos, não bastando apenas obter a cota. Deste modo, o congelamento dos recursos orçamentários torna inviável sustentar políticas de inclusão.

Podemos constatar, então, que as estratégias implantadas por esse governo ameaçam as políticas de inclusão social que atingem mais diretamente a população negra e indígena, não sendo possível notar qualquer interesse em reparação histórica e em justiça social, promovendo um retrocesso em relação às conquistas realizadas nos últimos anos.

É relevante ainda considerar que, de acordo com Guimarães (2002, p. 71), a elite brasileira é muito racista e jamais assentiu com o fato de que os negros ocupassem esse espaço de poder e *status* social que é a universidade. As políticas direcionadas para a diversidade e para o enfrentamento do racismo correm um sério risco de serem asfixiadas cada vez mais, devido ao fato de que o grupo político que se encontra ocupando o poder no presente momento sempre fez oposição a essas políticas. E, no momento atual, esse grupo detém em suas mãos o poder de fazer prevalecer seus interesses.

Outro exemplo que caracteriza o presente contexto: o Presidente Temer, avançando na busca por colocar o "Brasil nos trilhos", aprovou a Medida Provisória (MP) 746/2016, em 16 de fevereiro de 2017, que se tornou a Lei nº 13.415, que institui uma política de fomento à implementação de escolas de Ensino Médio de Tempo Integral. O emprego dessa medida desvela um governo que se apresenta preocupado em estruturar uma nova política educacional, por entender que o Ensino Médio necessita ser melhorado, afirmando com isso atender aos anseios e às necessidades da sociedade brasileira.

No entanto, causa estranhamento utilizar do precedente de uma Medida Provisória para realizar uma reforma no Ensino Médio, uma vez que ela consiste num instrumento que compõe o ordenamento jurídico brasileiro e é destinada ao uso pelo Presidente da República para tratar de questões consideradas de importância ou urgência pelo Poder Executivo. Sendo assim, não é possível entender a necessidade de se fazer uso desse instrumento para realizar tal reforma, cuja magnitude deveria ter sido mais e melhor discutida com especialistas e com a sociedade como um todo, com muito mais tempo para debater seu texto.

Cabe ainda considerar que, embora os conteúdos da Educação das Relações Étnico-Raciais e de História e Cultura Afro-Brasileira e Africana continuem obrigatórios no currículo escolar, acrescidos dos conteúdos relativos à questão indígena, a disciplina de História poderá ser opcional no currículo do Ensino Médio para aqueles que desejarem ingressar em áreas nas quais esse conhecimento seja necessário, contrariando o que diz o Art. 26-A da LDBEN, que afirma: "Nos estabelecimentos de Ensino Fundamental e de Ensino Médio, públicos e privados, torna-se obrigatório o estudo da história e cultura afro-brasileira e indígena", consistindo esse aspecto num contrassenso da referida reforma.

A Lei 13.415/2017 nos brinda ainda com um discurso de desqualificação do professor, ao propor que consideremos como profissionais de educação escolar básica para o ensino profissional também os:

> IV – Profissionais com notório saber reconhecido pelos respectivos sistemas de ensino, para ministrar conteúdos de áreas afins à sua formação ou experiência profissional, atestados por titulação específica ou prática de ensino em unidades educacionais da rede pública ou privada ou das corporações privadas em que tenham atuado, exclusivamente para atender ao inciso V do Caput do art. 36 (BRASIL, 2017, p. 4).

Ora essa abertura ao "notório saber" encontra-se relacionada à formação técnica e profissional, conforme o disposto no inciso V do Caput do Art. 36, e acaba por abrir um precedente para que ocorra um retrocesso no que tange à formação e à profissionalização do trabalho do professor. É importante entendermos que houve muita luta ao longo da história da formação de professores para que o exercício do magistério se destinasse apenas a profissionais com formação específica para isso, por meio dos cursos de Licenciatura.

Um outro passo dado pelo governo na desqualificação do trabalho docente consiste no programa conhecido como Escola sem Partido (MESP). O Programa Escola sem Partido, nesse sentido, procura neutralizar o trabalho do professor e assim controlar o currículo, proibindo que circulem conceitos considerados ideologicamente enviesados e/ou que se discuta sexualidade e gênero nas escolas. Além disso, conforme analisa Duprat (2016, p. 2), faz uma mistura entre a educação escolar e a educação dada pelos pais, confundindo os espaços público e privado; é contrário à existência de pluralismo de ideias e de concepções pedagógicas no ambiente escolar, como prevê a Constituição Federal (BRASIL, 1988, art. 206, III); nega aos docentes a liberdade de cátedra e aos alunos a possibilidade de ampla aprendizagem, aspecto garantido na Constituição Federal (BRASIL, 1988, art. 206, II); contraria o princípio de laicidade do Estado por permitir no ambiente escolar, um lugar público na concepção constitucional, que prevaleçam visões morais e religiosas de cunho particular[42].

Até a finalização deste trabalho, o Programa Escola sem Partido não fora ainda votado e sancionado, mas, pelo visto, já se encontrava em implementação, o que se expressa em algumas ações do então Ministro da Educação, Mendonça Filho. Por exemplo, a Universidade Federal do ABC (UFABC) elaborou o Edital nº 145/2016, de 21/06/2016, para contratação de docentes para a área de relações étnico-raciais, cujo programa estabelecia temas para a prova tais como: A diáspora negra, direitos humanos e racismo, e Conexões da branquitude e dos regimes racistas: *apartheid*, nazismo, sionismo. A proposta feita pelos docentes da UFABC acabou por desagradar lideranças e uma parte da mídia conservadora. Sendo assim, o Ministro da Educação mandou a Reitoria dessa universidade fazer uma mudança sutil no edital, por conta de reclamações da Confederação Israelita do Brasil (CONIB).

Então, se a universidade sofre censura na elaboração de um edital para contratação de docentes, que tipo de professor se pretende contratar com essa postura? Será aquele professor que assumirá o papel de imitação--manutenção, segundo Sacristán (2008), um professor que desempenha as tarefas e as cumpre, um mero seguidor de padrões pré-estabelecidos? Penso ser esse o tipo que pode agradar mais a esse estado de coisas que a política brasileira tenta implantar na educação, com ações marcadas pela busca de uma "neutralidade" educativa, e a condução por professores que não criarão nada de novo nem buscarão discutir assuntos que desagradem a quaisquer grupos.

Retomo então meu olhar para as quatro universidades que compõem o universo dessa pesquisa e passo a refletir sobre o argumento dado por alguns sujeitos para explicar a dificuldade em se ter uma disciplina sobre a questão étnico-racial com base na inexistência de concursos públicos. Essa dificuldade não está limitada apenas à questão financeira, haja visto que esse problema já vinha acontecendo desde o governo Dilma, em seu segundo mandato, com cortes nos repasses de verbas para as universidades.

---

42 A esse respeito, cumpre ressaltar que, em 27 de setembro de 2017, o Supremo Tribunal Federal (STF) decidiu que podemos viver sob um Estado laico e, concomitantemente, ministrar aulas de ensino religioso confessional nas escolas.

Tal situação se intensifica mais ainda com a aprovação da lei que congela gastos com a educação. Entretanto, há também um ataque feito por essas políticas no sentido do enfraquecimento da autonomia das universidades e dos professores, inclusive com o acirramento da desvalorização da profissão do magistério quando, por exemplo, se abre uma brecha para a contratação de professores para a educação básica com base no seu "notório saber", ou seja, a contratação de professores sem Licenciatura.

Tais avanços sobre a autonomia da universidade e de seus docentes, bem como das escolas e seus professores, traça meios de controle do que seria certo ou errado pensar, discutir, pesquisar, ensinar. Como podem a universidade e a escola deixarem de discutir – ou de enfrentar a necessidade de discussão de – determinados temas tais como as práticas hegemônicas homofóbicas, as desigualdades com base em questões de gênero, sexualidade, etnia? Como podem ignorar o preconceito? Como podem excluir do debate acadêmico a diversidade humana? É importante entender que a universidade pública é o lugar de produção e disseminação de saberes, espaço em que a atividade de pesquisa deve compreender a realização de uma análise objetiva e crítica e estabelecer uma postura questionadora em relação às práticas sociais. Enfim, não se avança no combate ao racismo ou a qualquer outra forma de discriminação se esses temas não são tratados também pela universidade; o seu silêncio no que tange a essas questões reforça e naturaliza as desigualdades existentes na sociedade.

É bastante possível que as universidades pesquisadas continuem a adotar a estratégia identificada por ocasião da coleta de informações para esta investigação: destinar a questão étnico-racial para os docentes que a tenham como um valor e um tema de estudo e pesquisa. Mas esta é uma saída que pode ser interessante a curto ou médio prazo, uma vez que se apoia em pessoas isoladas e não numa opção da instituição – pessoas não são eternas e seu afastamento pode significar o fim das iniciativas para o tratamento consistente dessa temática. Por outro lado, o grau de envolvimento dessas pessoas com a temática étnico-racial pode significar um impacto muito grande na produção de trabalhos monográficos dos estudantes como se verifica no trabalho desenvolvido, por exemplo, pela Professora B. Sendo assim, os concursos para efetuar a contratação de docentes para lecionar essas disciplinas que abordam as relações étnico-raciais, devem ser garantidos. Apenas a UFRRJ, dentre as universidades focalizadas, selecionou um docente para essa disciplina específica por meio de concurso público, e isso se deu num contexto político bastante distinto do que se vivia na época da realização da pesquisa.

As medidas tomadas pelos governos federais e estaduais não são isoladas, elas compõem um conjunto de iniciativas que contribuem para a desvalorização e desqualificação do trabalho das universidades e de seus professores. E, mesmo neste contexto, as universidades pesquisadas vêm se constituindo, em maior ou menor medida, como espaços de discussão sobre os tipos de discriminação que marcam a sociedade brasileira. Alguns professores muito têm produzido e publicado sobre essa temática, constituindo uma importante força de resistência a toda política que vise silenciar ou impedir que se conduzam reflexões que contribuam para a formação daqueles que atuarão na educação básica.

O DISCURSO DA DEMOCRACIA RACIAL E DO MULTICULTURALISMO

Dentre as declarações dos sujeitos que defendem que a questão racial no currículo deve ser objeto de ensino em disciplinas optativas, estão aquelas que afirmam não identificar o racismo presente em nossa sociedade. A fala da Coordenadora B-1 demonstra uma dificuldade em empregar o termo étnico-racial, principalmente com o significado positivo dado ao conceito de raça. Em suas palavras:

> Depende muito do que se chama como relações étnico-raciais. Tenho muito problema em relação a qual é o significado disso. Por quê? Porque a gente sabe que a ideia de raça é uma ideia que num determinado momento foi, entre aspas, jogada fora, se não me engano já no final do século XIX, e início do século XX, substituída pela ideia de cultura e de repente ela é retomada como algo positivo. Então, eu tenho um pouco de reserva com essa palavra, relações étnico-raciais. Preferia que se falasse em multiculturalismo, em pluralidade cultural, em diversidade...

A entrevistada não consegue aceitar o uso positivo do conceito de raça até por conta de todas as atrocidades cometidas ao longo da história do emprego da noção de raça em seu sentido biológico, e por isso recusa-se a empregá-lo, trocando-o por cultura. Contudo, com essa escolha, acaba por trocar um preconceito pelo outro, ao preferir usar o conceito de cultura no lugar de raça.

Ao longo do tempo, o pensamento de raças inferiores e superiores foi trocado pelo de culturas superiores e inferiores, mantendo-se assim a hierarquização entre as diferentes civilizações. De acordo com Guimarães (2009, p. 17) a cultura tornou-se uma ideia tão fixa, estanque e estável quanto a de raça biológica.

Sendo assim, quando se descarta o emprego do vocábulo *raça* e se utiliza em seu lugar o conceito de cultura, apesar de não fazer referência à raça ou à cor de modo explícito, acaba-se simplesmente por mascarar um discurso também racializado.

Vejamos em um trecho de uma da cartas de Colombo, citada por Todorov, alguns de seus pensamentos acerca dos indígenas que encontrou em suas viagens, e atentemos para a ideia que formou dos íncolas:

> Os índios encontrados por Colombo diziam que essa terra (Cuba) era uma ilha; já que a informação não lhe convinha, ele recusava a qualidade de seus informantes: "E como são homens bestiais e que pensam que o mundo inteiro é uma ilha, e que nem sabem o que é um continente, e não possuem nem cartas nem documentos antigos, e só encontram prazer em comer e estarem com as mulheres, disseram que era uma ilha" (TODOROV, 2016, p. 30).

As palavras de Colombo revelam um olhar para o outro de um sentimento de superioridade acerca da diferença, mostram o entendimento equivocado de que sua cultura era superior à dos indígenas. Por ser ele europeu e possuir documentos, considera-se mais civilizado do que os indígenas, compreendidos como seres bestiais, primitivos, e cuja língua não tinha qualquer *status*.

Em um momento de sua fala, a Coordenadora, ao invés de usar o termo étnico-racial ou cultura, emprega o vocábulo multiculturalismo. Para ela:

Agora, isso cria um outro problema, quando você pensa o Brasil. Porque, quando você vai para a Europa, você tem claramente a presença do multiculturalismo, claramente essa presença. Quando você vai no Brasil, você tem que tomar cuidado em tomar isso ao pé da letra. Por exemplo: se uma pessoa, se um aluno, estou pensando na escola, estamos pensando na formação de professores da educação básica, se um professor vai ministrar aula num colégio particular, provavelmente você vai ter uma cultura, cultura entre aspas, aí, muito similar. Então, é difícil falar em multiculturalismo, está certo? Outra coisa, nós temos um elemento muito forte chamado televisão, que faz com que as questões das ideias, dos costumes, dos hábitos estejam mudando. Há inclusive um dicionário que há pouco tempo saiu, colocando que muitos dos regionalismos estavam sendo deixados de lado porque as pessoas queriam falar como se fala na rede Globo.

Verifica-se aí um entendimento do multiculturalismo que, segundo a corrente humanista liberal de esquerda, destaca a igualdade racial mas provoca o ocultamento das características e diferenças sociais, de classe, de gênero e sexualidade. Essa perspectiva de multiculturalismo dá ênfase às diferenças culturais, destaca que a relevância dada à igualdade das raças acaba por mascarar muitas outras diferenças culturais importantes, tais como as que são responsáveis por atitudes, valores, comportamentos e práticas sociais distintas. É o tipo de multiculturalismo que versa sobre a diferença cultural como um fato não histórico, descontextualizado. A diferença é então vista como uma "essência que existe independentemente de história, cultura e poder" (McLAREN, 2000a, p. 120). Em consequência disso, começa-se a elitizar certos grupos, desconsiderando-se outros, operando-se uma naturalização das desigualdades que compromete o conceito ou o debate sobre o multiculturalismo.

Quando a Coordenadora afirma que consegue divisar o multiculturalismo fora do país mas não pode fazer o mesmo no Brasil, revela o quanto a questão da miscigenação influencia o pensamento dos brasileiros, compondo uma ideia de que vivemos numa democracia racial, de que no Brasil não há problemas raciais como em outros países que tiveram leis segregacionistas rígidas como os Estados Unidos e a África do Sul.

O depoimento da Coordenadora reflete duas questões importantes para se pensar: 1) o entendimento da escola de elite como espaço de homogeneidade sem diferenças culturais ou raciais; 2) a abordagem multicultural não é necessária para todos, somente para alguns. Segundo suas palavras:

> Então como é que se vai falar em multiculturalismo num momento como esse? Não que não seja possível, mas acho que essas nuances devem ser colocadas para o professor. O professor está dando aula num colégio particular, qual é a diferença cultural que ele vai encontrar ali para poder falar em multiculturalismo? Agora, ele vai deixar de falar? Não! Por quê? Porque o multiculturalismo possibilita que ele pense o outro. Como é que ele vai pensar o outro? Mostrando quem é esse outro. Assim, ele tem que ter uma formação para entender que aquele mundo não é um mundo homogêneo, que nós não estamos vivendo num mundo homogêneo. Mas ele vai se deparar com o mundo homogêneo e aí vai ter que colocar para, vamos dizer assim, se ele está numa escola de elite, dizer que existe o outro. [...] Por isso, prefiro a categoria do outro, do outro que é diverso do meu, diverso de mim, a partir do qual eu me penso.

No que concerne à homogeneização da escola, é preciso entender que hoje, ao invés da escola manter uma tradição monocultural, ela é convocada por meio da Lei 10.639/03, da Lei 11.645/08 e das DCNERER a tratar com a "pluralidade cultural", procurando reconhecer os mais variados sujeitos socioculturais presentes em seu interior. No entanto, Candau (2003, p. 161) analisa que a escola sempre teve problemas ao lidar com a pluralidade e a diferença, procurando silenciá-las e neutralizá-las, sentindo-se mais confortável com a homogeneização.

Nesses sentido, Nilma Lino Gomes (2001, p. 86) considera que:

> as práticas educativas que se pretendem iguais para todos acabam sendo as mais discriminatórias. Essa afirmação pode parecer paradoxal, mas, dependendo do discurso e da prática desenvolvida, pode-se incorrer no erro da homogeneização em detrimento do reconhecimento das diferenças.

Nessa perspectiva, identificar e refletir sobre as diferenças representam ações significativas para promover a igualdade, pois, sem isso, a diferença pode acabar se transformando em desigualdade ou servir para acirrar desigualdades já existentes.

O pensamento acerca da abordagem multicultural na educação inserido no currículo somente para algumas pessoas, e não para todos, não reflete o que diz o Parecer CNE/CP 03/2004 quanto ao público para o qual é destinado o documento, que versa sobre a educação das relações étnico-raciais:

> Destina-se, o parecer, aos administradores dos sistemas de ensino, de mantenedoras de estabelecimentos de ensino, aos estabelecimentos de ensino, seus professores e a todos implicados na elaboração, execução, avaliação de programas de interesse educacional, de planos institucionais, pedagógicos e de ensino. Destina-se, também, às famílias dos estudantes, a eles próprios e a todos os cidadãos comprometidos com a educação dos brasileiros, para nele buscarem orientações, quando pretenderem dialogar com os sistemas de ensino, escolas e educadores, no que diz respeito às relações étnico-raciais, ao reconhecimento e valorização da história e cultura dos afro-brasileiros, à diversidade da nação brasileira, ao igual direito à educação de qualidade, isto é, não apenas direito ao estudo, mas também à formação para a cidadania responsável pela construção de uma sociedade justa e democrática (BRASIL, 2004b, p. 10).

É possível observar pelo texto do documento que uma educação antirracista não se constitui um trabalho somente voltado aos negros e indígenas, mas que deve ser uma responsabilidade de todos os brasileiros. Da mesma forma, entende-se que a preparação dos professores que atuarão com os conteúdos referentes a essa temática é condição essencial para a ampla disseminação desse debate.

4.2 OS ACORDOS TECIDOS PARA IMPLANTAR A DISCIPLINA ESPECÍFICA SOBRE A QUESTÃO ÉTNICO-RACIAL NOS CURRÍCULOS DOS CURSOS DE PEDAGOGIA

Neste trecho, analisam-se alguns dos acordos realizados para que fosse inserida uma disciplina com temática étnico-racial no currículo dos cursos de Pedagogia. Na construção desses acordos destacam-se: o papel dos Núcleos de Estudos Afro-Brasileiros e Indígenas (NEABIs), a colaboração da disciplina de teor étnico-racial na realização de trabalhos de conclusão de curso, a opção pelo oferecimento de disciplinas optativas no currículo, ao invés de obrigatórias, o entendimento da legislação que fundamenta a questão étnico-racial como conteúdo disciplinar e o enfrentamento da mitologia africana e afro-brasileira como conteúdo disciplinar. Com base nessa abordagem, foi possível verificar a existência de dois tipos de enfrentamento da inclusão da questão étnico-racial como disciplina no currículo, um que a inclui por meio de disciplinas obrigatórias e outro por meio de disciplinas optativas.

A CONTRIBUIÇÃO DOS NEABIS

> Segundo o relato dos Carajás, o Criador os fez imortais. Eles viviam como peixes na água, nos rios, nos lagos. Não conheciam o sol, a lua, as estrelas, nada, apenas as águas. No fundo de cada rio onde estavam havia sempre um buraco de onde saía uma luz com grande intensidade. E este era o preceito do Criador: "Vocês não podem entrar nesse buraco, senão perderão a imortalidade." Eles circundavam o buraco, deixando-se iluminar com as cores e sua luz, mas respeitavam o preceito, apesar de ser grande a tentação. "O que tem lá dentro?" Até que um dia, um carajá afoito se meteu pelo buraco adentro. E caiu nas praias esplêndidas do rio Araguaia, que são praias alvíssimas, belíssimas. Ficou maravilhado. Viu o sol, pássaros, paisagens soberbas, flores, borboletas. Por onde se dirigia o olhar ficava cada vez mais boquiaberto. E quando chegou o entardecer, e o sol sumiu, pensou em voltar para os irmãos. Mas aí apareceram a lua e as estrelas. Ficou ainda mais embasbacado e passou a noite se admirando da

grandiosidade do universo. E quando pensou que já ia avançado na noite, o sol começou a despontar. Ao se lembrar dos irmãos, ele retornou pelo buraco. Reuniu todos e contou: "Irmãos e irmãs, meus parentes, vi uma coisa extraordinária, que vocês não podem imaginar." E descreveu sua experiência. Aí, todos queriam passar pelo buraco luminoso. Então, os sábios disseram; "Mas o Criador é tão bondoso conosco, nos deu a imortalidade, vamos consultá-lo." E foram consultar o Criador, dizendo: "Pai, deixe-nos passar pelo buraco. É tão extraordinária aquela realidade que o nosso irmão afoito nos descreveu." E o Criador, com certa tristeza, respondeu: "Realmente, é uma realidade esplêndida. As praias são lindíssimas, a floresta apresenta uma biodiversidade fantástica." (O Criador já falava o nosso dialeto moderno.) E continuou: "Vocês podem ir para lá, mas há um preço a pagar. Vocês perderão a imortalidade." Todos se entreolharam e se voltaram para o carajá afoito que primeiro violara o preceito. E decidiram passar pelo buraco, renunciando à imortalidade. A divindade então lhes disse: "Eu respeito a decisão que tomaram. Vocês terão experiências fantásticas de beleza, de grandiosidade, mas tudo será efêmero. Tudo vai nascer, crescer, madurar, decair e por fim morrer. Vocês participarão desse ciclo. É isso que querem?" E todos, unanimemente, afirmaram: "Queremos." E foram. Cometeram o ato de suprema coragem para terem a liberdade de viver a experiência da transcendência. Renunciaram à vitalidade perene, renunciaram à imortalidade. E até hoje estão lá, os carajás, naquelas praias lindíssimas (BOFF, 2000, p. 32-34).

Essa história nos remete à ideia de transcendência, que pode ser entendida, de acordo com Boff (2000, p. 31), como sendo a "capacidade do ser humano de romper com todos os limites, superar e violar os interditos, projetar-se sempre num mais além". O ser humano é entendido como um ser de protest-ação, de ações de protesto. Protesta continuamente, em recusa a aceitar a realidade na qual está mergulhado. Não existindo sistema social, por mais fechado que este seja, mesmo que não tenha uma abertura por onde o ser humano possa entrar, fazendo explodir essa realidade, o pensamento do homem transcende a tudo.

Considera-se que as ações dos Núcleos de Estudos Afro-Brasileiros e Indígenas (NEABIs) constituem **protest-ações** contra o racismo existente em nossa sociedade, numa busca por transcender a concepção de que o povo brasileiro vive uma democracia racial, onde todos possuem as mesmas oportunidades e direitos.

Uma ação importante desses núcleos e de grupos correlatos, na busca por transcender o racismo, consiste em colaborar com a formação inicial e continuada de professores em Educação das Relações Étnico-Raciais e Ensino de História e Cultura Afro-Brasileira e Africana, conforme o disposto na Resolução CNE/CP nº 01/2004, no Parecer CNE/CP nº 3/2004 e nas leis 10.639/2003 e 11645/2008.

Agora, de que forma esses núcleos colaboram na formação inicial dos professores? Identifica-se como uma forma de contribuição o que acontece nos cursos de Pedagogia da UFF, com a atuação do PENESB, e da UFRRJ, que, contando com o trabalho do LEAFRO (Laboratório de Estudos Afro-Brasileiros), além da disciplina obrigatória sobre a questão étnico-racial, disponibiliza outras disciplinas em que constam conteúdos referentes a esse tema[43]. Diferentemente desse quadro, na UNIRIO e na UFRJ, não se conta com um núcleo atuante.

É importante conhecer um pouco o papel estrutural desses NEABIs para a inserção de disciplinas sobre a questão étnico-racial nos currículos dos cursos de Pedagogia da UFF e da UFRRJ.

O LEAFRO é o NEABI da UFRRJ, que fica localizado no *campus* de Nova Iguaçu. Criado em 2006, o LEAFRO tem como objetivos, segundo Siss (2008), produzir, incentivar e acompanhar as políticas de ação afirmativa dentro da própria UFRRJ. Tem como meta contribuir para o ensino da cultura afro-brasileira e africana nos campos do ensino, da pesquisa e da extensão, construir e divulgar conhecimentos no campo de confluência de desigualdades e diversidades étnico-raciais e da educação. Oferece um curso de pós-graduação *lato sensu*, **Diversidade Étnica e Educação Brasileira**, além de estabelecer uma linha de pesquisa em Educação e Diversidades Étnico-Raciais, no Mestrado Acadêmico em Educação, Contextos Contemporâneos e Demandas Populares.

---

43 No Apêndice C, encontram-se quadros que identificam a oferta de disciplinas atinentes ao tema nas quatro universidades, bem como os conteúdos apontados nas suas ementas.

Siss (2008) analisa que o LEAFRO tem acompanhado as políticas de ação afirmativa, partindo das que já foram implementadas até as que se encontram em fase de implementação e desenvolvimento dentro da UFRRJ. Participa, também, das discussões internas sobre a conveniência e a viabilidade de implementar uma política de cotas étnico-raciais na universidade, direcionada aos afro-brasileiros. Desde sua criação, conforme Siss (2008), o LEAFRO tem buscado ser um espaço preocupado com o estudo e a pesquisa sobre a questão étnico-racial. Coube a esse NEABI um papel importante na luta por inserir uma disciplina obrigatória no curso de Pedagogia sobre a temática étnico-racial. Além disso, ele possui o compromisso de realizar seminários, semanas acadêmicas e eventos relacionados à questão, junto ao mesmo curso.

Já o Programa de Educação sobre o Negro na Sociedade Brasileira (PENESB) nasceu em 1995, a partir de um projeto da Profa. Dra. Iolanda de Oliveira. Seu objetivo é formar pesquisadores e capacitar professores para a abordagem dos temas ligados às relações étnico-raciais na UFF. Ele foi criado sete anos antes da promulgação da Lei 10.639/2003.

O PENESB consiste num espaço acadêmico que possui como objetivo realizar pesquisas, atividades de ensino e extensão acerca do negro e, além disso, busca disseminar conhecimentos referentes a essa temática para toda a população. De forma especial, procura estabelecer um diálogo com os professores da escola básica, tanto em sua formação inicial quanto continuada.

Os cursos de especialização oferecidos pelo PENESB ajudam muitos professores a adquirirem saberes não disponíveis em seus cursos de graduação e, assim, os qualificam para o tratamento de conhecimentos sobre o negro junto aos seus alunos e colegas docentes. A partir de 2009, o PENESB iniciou o primeiro curso de Educação para as Relações Étnico-Raciais à distância para professores que atuam na educação básica da rede pública de ensino. Selecionou-se professores de cinco municípios do estado do Rio de Janeiro para um curso de 180 horas, no qual 30 horas eram destinadas a encontros presenciais. A proposta de trabalho monográfico foi a realização de um plano de curso com base em temas discutidos nas disciplinas e encontros presenciais, de forma a relacionar essa teoria com a realidade local em que o docente estivesse atuando.

Também neste caso, a ação de docentes e pesquisadores que atuam nesse NEABI foi central para garantir a inclusão de uma disciplina obrigatória no curso de Pedagogia da UFF sobre a temática étnico-racial. Também aqui se destaca a oferta de seminários, semanas acadêmicas e eventos relacionados à questão étnico-racial no mesmo curso.

As ações do LEAFRO, na UFRRJ, e do PENESB, na UFF, que ajudaram a incluir disciplinas obrigatórias acerca da questão étnico-racial nos currículos de seus cursos de Pedagogia, demonstram um trabalho articulado desses NEABIs na inserção de conteúdos e disciplinas curriculares direcionadas para a Educação para as Relações Étnico-Raciais nesses cursos, em conformidade com o que definem as DCNERER.

É importante atentar que a formação de professores consiste em um dos focos para a aplicação da Lei nº 10.639/2003. Segundo o Parecer CNE/CP 03/2004, que institui as diretrizes curriculares para a aplicação da referida lei, são apontados três princípios que devem ser considerados na formação docente: 1) o Princípio da Consciência Política e Histórica da Diversidade, que deve conduzir ao "conhecimento e à valorização da história dos povos africanos e da cultura afro-brasileira na construção histórica e cultural brasileira" (BRASIL, 2004b); 2) o Princípio das Ações Educativas de Combate ao Racismo e a Discriminação, que deve garantir o "cuidado para que se dê um sentido construtivo à participação dos diferentes grupos sociais, étnico-raciais na construção da nação brasileira, aos elos culturais e históricos entre diferentes grupos étnico-raciais, às alianças socais (BRASIL, 2004b), e 3) o Princípio de Fortalecimento de Identidades e de Direitos, que orienta para "o esclarecimento a respeito de equívocos quanto a uma identidade humana universal" (BRASIL, 2004b). E, em conformidade com o Parecer CNE/CP 03/2004, as consequências desses princípios são desdobradas nas seguintes determinações, também referentes à formação de professores:

> O ensino de História e Cultura Afro-Brasileira e Africana, evitando distorções, envolverá articulação entre passado, presente e futuro no âmbito de experiências, construções e pensamentos produzidos em diferentes circunstâncias e realidades do povo negro. É um meio privilegiado para a educação das relações étnico-raciais e tem por objetivos o reconhecimento

e valorização da identidade, história e cultura dos afro-brasileiros, garantia de seus direitos de cidadãos, reconhecimento e igual valorização das raízes africanas da nação brasileira, ao lado das indígenas, europeias, asiáticas. O ensino de História e Cultura Afro-Brasileira e Africana, a educação das relações étnico-raciais, tal como explicita o presente parecer, se desenvolverão no cotidiano das escolas, nos diferentes níveis e modalidades de ensino, como conteúdo de disciplinas (BRASIL, 2004b, p. 20-21).

Então, com base nesse entendimento do Parecer, é possível observar que algumas disciplinas apresentadas nos quadros reunidos no Apêndice C se relacionam diretamente com a cultura afro-brasileira, africana e indígena, assumindo o objetivo de promover tanto o conhecimento como a valorização dessas histórias e culturas na construção de nosso país, em conformidade com o que especifica o Parecer CNE/CP 03/2004. Porém, reforçam-se aqui os alertas sobre os riscos ligados à abordagem dessas questões por meio de disciplinas optativas, que podem não ser escolhidas para serem cursadas pelos estudantes desse curso, fragilizando o potencial da inserção dessas reflexões na formação inicial dos professores que atuarão nos primeiros anos da escolarização básica.

A CONTRIBUIÇÃO DAS DISCIPLINAS SOBRE A QUESTÃO ÉTNICO-RACIAL EM TRABALHOS DE CONCLUSÃO DE CURSO

Em suas declarações, os docentes apontaram que as disciplinas específicas despertam o interesse dos alunos em discutir/estudar/pesquisar a temática étnico-racial em seus trabalhos monográficos.

As disciplinas sobre a questão étnico-racial acabam estimulando os estudantes a irem além do conhecimento sobre a história e a cultura afro--brasileira, avançando para o desenvolvimento de trabalhos de pesquisas sobre a questão étnico-racial. É claro que, durante todo o curso de Pedagogia, o aluno terá contato com muitos assuntos que podem vir a ser interessantes para se pensar num trabalho monográfico, além da temática étnico-racial. No entanto, há muitos trabalhos de conclusão de curso sobre essa questão, o que revela o potencial desse debate.

A atividade de pesquisa voltada para a temática étnico-racial desenvolvida por esses alunos entra em consonância com o que estabelece o Parecer

03/2004 quanto ao incentivo, por parte dos sistemas de ensino, para o desenvolvimento de pesquisas sobre "processos educativos orientados por valores, visões de mundo, conhecimentos afro-brasileiros e indígenas, com o objetivo de ampliação e fortalecimento de bases teóricas para a educação brasileira (BRASIL, 2004b).

Considera-se a preparação dos pedagogos para a pesquisa como um aspecto relevante a ser desenvolvido na formação, e ele é contemplado no texto dos Projetos Pedagógicos da UFF, UNIRIO, UFRJ e UFRRJ.

A leitura dos Projetos Pedagógicos dos cursos de Pedagogia da UFF, UNIRIO, UFRJ e UFRRJ revela o destaque dado à formação de um professor pesquisador. Nesse sentido, Zeichner (1993, p. 17) entende que o professor pesquisador não é somente o professor problematizador, autônomo, crítico e que continuamente está (re)construindo conhecimentos: ele também busca pesquisar sua própria prática e pensar suas ações, com o intuito de ter uma compreensão maior e conseguir assim fazer análises críticas e reestruturar e incorporar novos conhecimentos.

O trabalho do professor como pesquisador, de acordo com Zeichner (1993, p. 19), acontece por intermédio da pesquisa-ação. O autor advoga, dessa maneira, a execução de uma prática de pesquisa bem próxima da realidade do docente que está em sala de aula, prática essa que denominou *practioner*, ou professor reflexivo. A prática reflexiva, de acordo com o referido autor, apenas tem significado para os professores que ambicionem refletir sobre as dimensões sociais e políticas da educação e do contexto em que essa prática está inserida.

Identifico uma outra dimensão possível na busca por criar condições para o desenvolvimento de uma prática reflexiva desde a formação inicial nesses trabalhos de conclusão de curso dos cursos de Pedagogia, que consiste na focalização da dimensão étnico-racial em pesquisas voltadas para discutir e analisar visões de mundo e conhecimentos afro-brasileiros, africanos e indígenas.

A seguir pude verificar a quantidade de trabalhos monográficos apresentados pelos alunos da UFF, UNIRIO, UFRJ e UFRRJ, de 2003 até 2017[44],

---

44 O ano inicial de 2003 foi escolhido como marco inicial do recorte porque a Lei 10.639 foi promulgada nesse mesmo ano.

sobre a questão étnico-racial. Cabe destacar que, na UFF, devido ao trabalho desenvolvido pelo NEABI PENESB, há uma maior quantidade de pesquisas sobre a questão étnico-racial, diferentemente do que ocorre na UFRRJ, que conta com o NEABI LEAFRO. É possível que a localização desses NEABIs tenha relação com essa diferença na produção de investigações sobre a temática nos cursos de Pedagogia: no caso do PENESB, ele se situa no mesmo prédio da Faculdade de Educação; já no caso do LEAFRO, ele fica no *campus* localizado no município de Nova Iguaçu – e não no *campus* de Seropédica, onde se encontra a Faculdade de Educação. Considera-se que isso pode dificultar um pouco a disseminação da temática dentro do currículo, uma vez que não são os mesmos professores que compõem o quadro docente no curso de Pedagogia e no LEAFRO, embora pertençam à mesma universidade.

As pesquisas monográficas desenvolvidas pelos estudantes abordam de forma mais detalhada muitos dos conteúdos discutidos e trabalhados nas disciplinas específicas sobre a questão étnico-racial, tais como: as políticas de ações afirmativas, o racismo, as culturas indígena, africana e afro-brasileira, etc. Pode-se verificar também que há uma quantidade muito maior de trabalhos sobre a questão do negro do que acerca da questão indígena.

O desenvolvimento desses estudos revela a existência de estudantes voltados para a construção de conhecimentos próprios acerca da temática étnico-racial, que não se posicionam simplesmente como meros receptores de conhecimentos prontos. A prática da atividade de pesquisa ajuda desse modo a formar profissionais muito mais críticos e que buscam questionar a realidade. Conforme Freire (1996, p. 29), "não há ensino sem pesquisa e pesquisa sem ensino", ou seja, ensino e pesquisa constituem-se em saberes que estão vinculados, e a formação de professores necessita garantir também uma formação dos docentes como pesquisadores.

A Tabela 3 permite identificar o crescimento na produção de monografias sobre a temática étnico-racial na UFF.

Tabela 3 – Números anuais (total e sobre a questão étnico-racial) de monografias produzidas na UFF entre 2003 e 2016.

Ano	Questão étnico-racial	Total
2003	3	93
2004	0	15
2005	7	89
2006	2	41
2007	4	116
2008	7	112
2009	5	121
2010	2	107
2011	2	146
2012	5	63
2013	3	121
2014	3	96
2015	3	87
2016	8	96
Total	54	1303

Analisando a Tabela 3 sobre as monografias do curso de Pedagogia da UFF, no período de 2003 a 2016, verifica-se que, nesse período, apenas no ano de 2004 não houve nenhuma monografia sobre a temática étnico-racial, algo interessante, pois nesse ano foram aprovadas as Diretrizes Curriculares Nacionais para a Educação das Relações Étnico-Raciais e para o Ensino de História e Cultura Afro-Brasileira e Africana. No entanto, já no ano seguinte foram produzidos sete trabalhos relativos aos temas étnico-raciais, e as pesquisas que abordam as diretrizes aparecem somente a partir de 2012.

Ainda analisando essa produção, cinco docentes se destacaram quanto à quantidade de orientações de monografias direcionadas para a temática étnico-racial no curso de Pedagogia da UFF: a professora Iolanda de Oliveira, fundadora e coordenadora do PENESB, orientadora de nove monografias; a professora Maria das Graças Gonçalves, pesquisadora do PENESB, que orientou sete monografias; a professora A, entrevistada nesta pesquisa, pesquisadora e atualmente a coordenadora do PENESB, que orientou três monografias; a professora Hustana Maria Vargas, também pesquisadora do PENESB, que também orientou três monografias; e a professora Mariana Paladino, orientadora de quatro monografias. Quanto aos temas desses estudos, três deles têm maior recorrência: a questão indígena; o racismo, o preconceito e a discriminação racial; e as ações afirmativas.

Considera-se que os docentes-pesquisadores do PENESB e os demais professores que orientaram monografias sobre o tema étnico-racial na UFF ajudam a dar visibilidade às pesquisas baseadas em valores, visões de mundo e de conhecimentos tanto afro-brasileiros quanto indígenas, contribuindo dessa forma para o processo de valorização do acesso à história e à cultura desses povos.

A Tabela 4 evidencia a produção de monografias no período focalizado, na UNIRIO.

Tabela 4 – Números anuais (total e sobre a questão étnico-racial) de monografias produzidas na UNIRIO entre 2003 e 2016.

Ano	Questão étnico-racial	Total
2003	2	20
2004	1	51
2005	4	82
2006	3	50
2007	4	42
2008	4	46
2009	3	44
2010	1	26
2011	2	49
2012	1	3
2013	5	43
2014	3	45
2015	1	44
2016	1	24
Total	35	569

Examinando a Tabela 4, pode-se dizer que, no período de 2003 a 2016, em meio a tantos temas de interesse dos alunos para realizar o trabalho de conclusão de curso, pelo menos um desses trabalhos em cada ano foi sobre a temática étnico-racial. Sendo assim, nesses 14 anos, essa temática vem sendo objeto de estudo em monografias – ainda que numa proporção muito reduzida frente à produção total – demonstrando algum enraizamento da discussão étnico-racial diante do trabalho desenvolvido nas disciplinas específicas sobre a questão, ainda que sejam disciplinas optativas.

Duas docentes tiveram maior quantidade de orientações de monografias voltadas para o tema étnico-racial no curso de Pedagogia da UNIRIO. Uma delas é a Professora B, entrevistada nesta pesquisa, que orientou 17 monografias e vem trabalhando com essa temática desde que ingressou nessa instituição. Quando entrevistada, a docente afirmou que a questão étnico-racial "corria em seu sangue", e, ao explorar as monografias, pode-se constatar que ela orientou a maioria desses trabalhos, reforçando o quanto esse tema lhe é caro e importante.

A outra é a professora Maria Amélia Gomes de Souza, orientadora de cinco monografias. Vale ressaltar, também, as orientações de monografia sobre a questão étnico-racial feitas pela Coordenadora B-1 enquanto docente do curso de Pedagogia da UNIRIO, totalizando dois trabalhos.

Os temas mais recorrentes nas monografias sobre a questão étnico-racial do curso de Pedagogia da UNIRIO são: racismo, preconceito e discriminação racial, e ações afirmativas. É possível perceber que há uma quantidade maior de trabalhos acerca da questão africana e afro-brasileira do que da questão indígena. Isso leva a pensar sobre o seguinte aspecto: as disciplinas que constam no currículo incidem sobre a temática étnico-racial e deveriam tratar tanto da questão indígena como da africana e afro-brasileira; entretanto, nas entrevistas com os docentes, alguns deles disseram não se sentirem em condições de tratar das duas temáticas da mesma forma, uma vez que são conteúdos e referenciais teóricos bem diferentes.

A produção de monografias no curso de Pedagogia da UFRJ pode ser vista na Tabela 5.

Tabela 5 – Números anuais (total e sobre a questão étnico-racial) de monografias produzidas na UFRJ entre 2010 e 2017

Ano	Questão étnico-racial	Total
2010	1	8
2011	4	28
2012	1	43
2013	2	69
2014	6	88
2015	0	67
2016	4	73
2017	3	37
Total	21	413

Cabe aqui dizer que, para acessar essas monografias, foi preciso seguir um procedimento definido pela coordenação do curso de Pedagogia. Desde o ano de 2016, a Faculdade de Educação/Coordenação de Pedagogia formalizou procedimentos para que se realizassem pesquisas na FE/UFRJ. Assim, foi solicitada uma carta de apresentação de orientadora e o projeto de pesquisa, para avaliação da Congregação da Faculdade de Educação, e, diante da aprovação dessa solicitação, o material foi disponibilizado. Mas é interessante lembrar que esse é um material que, em tese, é de domínio público.

Não foi possível acessar as monografias produzidas no período de 2003 a 2009, uma vez que esses trabalhos encontravam-se guardados num arquivo temporariamente indisponível, visto que a Faculdade de Educação da UFRJ encontrava-se em obras – assim, a análise foi feita somente a partir do material disponibilizado pela coordenação do curso de Pedagogia, que compreendia os anos de 2010 a 2017. Observando o gráfico sobre as monografias do curso de Pedagogia da UFRJ constata-se que no ano de 2015 não foi produzido nenhum trabalho monográfico sobre a questão étnico-racial.

Dois docentes orientaram uma maior quantidade de monografias que os demais: a professora Ana Canen – com um total de seis monografias que versam sobre o multiculturalismo – e o professor Amilcar Araújo

Pereira, que orientou três monografias, todas voltadas para a discussão de uma Pedagogia antirracista e da implementação da Lei 10.639.

Os temas mais recorrentes acerca da questão étnico-racial nas monografias do curso de Pedagogia da UFRJ são *Multiculturalismo* e a *Implementação da Lei 10.639/03*. Talvez isso se deva ao fato de a Profa. Ana Canen ter lecionado uma disciplina optativa denominada *Multiculturalismo* por um bom tempo no curso de Pedagogia dessa universidade.

Na Tabela 6, evidencia-se a produção de monografias no curso de Pedagogia da UFRRJ.

Tabela 6 – Números anuais (total e sobre a questão étnico-racial) de monografias produzidas na UFRRJ entre 2010 e 2017.

Ano	Questão étnico-racial	Total
2010	1	11
2011	0	10
2012	1	8
2013	0	15
2014	1	29
2015	1	23
2016	0	17
2017	1	2
Total	5	115

É importante, para analisar a tabela sobre as monografias do curso de Pedagogia do Instituto de Educação da UFRRJ, *campus* de Seropédica, no período de 2010 a 2017, antes de tudo, entender que esse curso iniciou a primeira turma no ano de 2007. Desse modo, somente em 2010 foram iniciados os primeiros trabalhos monográficos. É possível verificar que, durante os anos de 2011, 2013 e 2016 não há trabalho algum sobre a temática étnico-racial. Cabe aqui considerar que, no ano de 2013, a Lei nº 10.639/2003 fazia dez anos de sua promulgação e, mesmo assim, não existem monografias sobre esse assunto apresentadas para término do curso.

A quantidade de trabalhos encontrados na UFRRJ acerca da temática étnico-racial causou alguma surpresa, por conta dessa universidade possuir um NEABI, o LEAFRO. Isso nos levou a pressupor que haveria um número bem maior de trabalhos. É possível que isso não tenha ocorrido devido ao fato do LEAFRO não se encontrar localizado no *campus* de Seropédica, não havendo assim professores-pesquisadores do LEAFRO lecionando nesse curso de Pedagogia, o que ajudaria a ampliar a abordagem dessa temática no currículo do curso.

A pesquisa mostrou que todos os docentes orientaram a mesma quantidade de monografias: a professora D-2 orientou a monografia apresentada em 2015, e as outras quatro monografias foram orientadas por professores não incluídos nesta pesquisa, sendo cada uma orientada por um professor diferente. Desta forma, não houve destaque de algum professor em termos de quantidade de orientações de monografias sobre a questão étnico-racial. Destaco que não consegui encontrar nenhuma monografia orientada pelo professor D-1, pois ele só começou a lecionar a disciplina especifica sobre a questão étnico-racial no currículo do curso de Pedagogia da UFRRJ a partir de 2014.

No curso de Pedagogia da UFRRJ, a questão indígena figura como o tema de maior recorrência entre as monografias sobre a temática étnico-racial. É importante atentar para o fato de que não há trabalhos que discutam o racismo, a discriminação e o preconceito racial.

OFERTA NÃO OBRIGATÓRIA DE DISCIPLINAS SOBRE A QUESTÃO ÉTNICO-RACIAL

De acordo com Michel de Certeau (1994, p. 74), existem milhares de modos de jogar/desfazer o jogo do outro, em outras palavras, de mexer com o espaço instituído por outros, e isso pode ser percebido nas estratégias usadas pelos docentes, tanto na UFRJ como na UNIRIO, que buscaram inscrever a questão étnico-racial como disciplina optativa, uma vez que não havia condição de ela ser aceita como disciplina obrigatória. Essa estratégia sutil desse grupo de docentes visou, assim, alterar as regras definidas numa configuração de poder que não os privilegiava.

Nesse sentido, os NEABIs consistem em formas de sustentar e determinar o poder de conquistar para essa temática um lugar próprio dentro do espaço acadêmico. Eles constituem lugares de poder, evidenciado em ações que podem ser identificadas como táticas, tais como: a produção de material sobre a questão étnico-racial, a produção de pesquisas sobre o tema, o desenvolvimento de cursos de extensão e de pós-graduação *lato sensu* acerca da questão étnico-racial. Além disso, seus pesquisadores ajudam no processo de discussão dentro do universo acadêmico para incluir disciplinas sobre a temática étnico-racial nos currículos dos cursos.

Segundo Certeau (1994, p. 94-95), "a tática é a arte do fraco". Para ele, a tática:

> é movimento "de dentro do campo de visão do inimigo, como dizia Von Bullow, e no espaço por ele controlado. A tática opera golpe por golpe, lance por lance, aproveita as "ocasiões" e dela depende, sem base para estocar benefícios, aumentar a propriedade e prever saídas. A tática tem que utilizar vigilante, as falhas que as conjunturas particulares vão abrindo na vigilância do poder proprietário. Aí vai caçar. Cria ali surpresas. Consegue estar onde ninguém espera.

O senso da ocasião é tudo e consiste em compreender que momento é o mais apropriado para se utilizar de astúcia, táticas e golpes. Em entrevista, a Professora B relata que uma das táticas empregadas por aqueles que eram contrários à inclusão da questão étnico-racial como disciplina obrigatória no currículo do curso de Pedagogia era dizer que a lei não definia a obrigatoriedade de uma disciplina e que essa abordagem poderia ficar restrita às disciplinas de Arte, Literatura e História, no currículo da escola básica. É deveras interessante que a tática, considerada por Certeau como "a arma do fraco", nesse caso seja empregada pelo forte, que não se importa de usar qualquer arma de que disponha para garantir e manter seus valores e ideias. Ao utilizar a brecha deixada pela Lei 10.639/03, que trata no terceiro parágrafo de seu Artigo 1º de estabelecer que os conteúdos de História e Cultura Afro-brasileira devem ser ministrados em todo o currículo escolar, mas "em especial" nas áreas de Educação Artística, de Literatura e História, muitos defendem que o trabalho com a temática étnico-racial deva ocorrer apenas por meio desses componentes curriculares e não nos demais. Ou seja, o próprio texto da Lei 10.639/03 foi utilizado como um meio para impedir que a temática se tornasse disciplina obrigatória no currículo do curso de Pedagogia.

Já no curso de Pedagogia da UFF, a Professora A conta que usou como tática, para conseguir incluir a questão étnico-racial como disciplina obrigatória no curso de Pedagogia, o argumento de que, uma vez que essa temática tinha se tornado lei, um curso de formação docente não podia deixar de lado essa exigência, que obrigava todas as escolas a trabalharem com ela a partir de então. E assim conseguiu que a disciplina fosse inserida no currículo do curso como obrigatória, apontando para o fato de que a Lei 10.639/03 tornava esse tema obrigatório no currículo e era preciso que o curso de Pedagogia cumprisse com a legislação.

Vale ressaltar que, nos cursos de Pedagogia da UNIRIO e da UFRJ, os docentes conseguiram colocar disciplinas sobre a questão étnico-racial no currículo na condição de optativas e não de obrigatórias. No entanto, quanto ao oferecimento de disciplina sobre a questão racial como eletiva/optativa, é importante considerar o que diz Ferreira (2013, p. 93):

> Dispor a questão étnico-racial através de disciplinas eletivas torna-se um grande problema, quando se pensa na formação de professores para lidarem com a diversidade. A universidade, aparentemente, cumpre com a obrigatoriedade legal, pelo fato de inserir a temática no currículo, mas não efetivamente, pois a disciplina, ao ser oferecida como eletiva, pode não se constituir em assunto de interesse dos alunos, que, desse modo, acabam por não se inscreverem para cursá-la. Além disso, segundo Snyders (1974), o racismo não é um tema a ser submetido a votação para saber se constituirá a pauta dos assuntos de interesse a serem discutidos, sem contar que a legislação o coloca como obrigatório nos currículos escolares. Há um ditado latino que diz: Nemo dat quod non habet, cujo significado é "Ninguém dá aquilo que não tem". Ora, se a universidade não disponibiliza esses saberes ligados à questão étnico-racial em disciplinas obrigatórias, como o aluno vai ter a habilidade necessária para tratar dessa temática tão relevante na escolarização básica?

Destaca-se, então, que um número considerável de estudantes, tanto da UNIRIO quanto da UFRJ, que estão sendo preparados para serem professores que irão lecionar para as crianças da Educação Infantil e das séries iniciais do Ensino Fundamental, acabam por não receber esse conhecimento específico para poderem fundamentar suas práticas com vistas à educação das relações étnico-raciais. Exceto pela eventual participação nas seguintes disciplinas oferecidas em caráter optativo: **Culturas Afro-brasileiras em Sala de Aula** e **Ideologia Racial Brasileira na Educação Escolar**, na UNIRIO; e, na UFRJ, **Educação e Etnia** e **Intelectuais Negras: Saberes Transgressores, "Escritas de si" e Práticas Educativas de Mulheres Negras**.

O ENTENDIMENTO DA LEGISLAÇÃO QUE FUNDAMENTA A QUESTÃO ÉTNICO-RACIAL COMO CONTEÚDO DISCIPLINAR

Os depoimentos dos professores, ao falarem sobre seu conhecimento sobre a legislação que referencia a educação das relações étnico-raciais e sobre a forma como trabalham a temática em suas aulas, remetem à concepção de currículo desenvolvida por Sacristán (2008, p. 105), que aponta que, no processo do professor planejar a sua prática, ele atua como um tradutor, como aquele "que intervém na configuração dos significados das propostas curriculares", pois é esse processo que constitui momentos especiais de tradução desse currículos prescritos.

Pode-se inferir algo sobre como se dá essa "tradução" pela maneira como esses seis professores se referem às DCNERER. Isso é bem interessante, pois eles revelam não as entenderem apenas como mais uma legislação que trata da questão racial, e sim como um documento formativo para eles mesmos, pois os ajuda a planejar conteúdos de história e cultura africana e afro-brasileira.

É importante pensar na relação que os docentes estabelecem com os conhecimentos que ensinam e na conexão criativa, e com um determinado grau de autonomia, que direciona suas escolhas no processo de ensino, sem que se perca de vista a importância dos textos orientadores do seu trabalho, quer sejam os currículos prescritos, os materiais didáticos ou outros.

Os docentes entrevistados revelam pensar e empregar as DCNERER como um documento pedagógico, pois elas apresentam uma lista de conteúdos para se trabalhar a educação das relações étnico-raciais e a história e a cultura afro-brasileira, africana e, a partir dessa listagem, os professores procuram selecionar conteúdos, assuntos e atividades para serem contemplados em suas ementas.

Está claro na fala das docentes que o documento oferece um caminho para que trabalhem com a questão étnico-racial; no entanto, usando a fala de uma delas, as DCNERER não podem ser vistas como uma forca, no sentido de que todos são obrigados a trabalharem da mesma maneira. Pelo contrário, elas reúnem sugestões de conteúdos e atividades que visam auxiliar os docentes no desenvolvimento de um trabalho sobre a temática. Segundo texto do Parecer CNE/CP 03/2004, as diretrizes são entendidas como "dimensões normativas, reguladores de caminhos, embora não fechadas a que historicamente possam, a partir das determinações iniciais, tomar novos rumos" (BRASIL, 2004b.), possuindo o objetivo de oferecer referências e critérios para que seja implementada a educação das relações étnico-raciais.

As ementas sugeridas pelos docentes revelam isso, ao proporem discutir o racismo empregando, por exemplo, o recorte de raça e gênero, como acontece na disciplina **Intelectuais Negras: Saberes Transgressores, "Escritas de si" e Práticas Educativas de Mulheres Negras**, da UFRJ, e na disciplina **Ideologia Racial Brasileira na Educação Escolar**, da UNIRIO, que pretende discutir as teorias racialistas. São vieses bem distintos, mas com objetivo basicamente comum: a conscientização acerca do racismo e a importância de seu combate.

A QUESTÃO DA RELIGIOSIDADE AFRO-BRASILEIRA

Uma professora da UFF e outra da UFRRJ apostaram na inclusão no currículo de debates sobre a religião afro-brasileira, pois a entendem como um conhecimento cultural relevante para ajudar o futuro professor a lidar com a diversidade religiosa. Elas afirmaram que o "fundamentalismo das igrejas neopentencostais" se coloca como um desafio a ser vencido em sala de aula quando se discute com os alunos a cultura afro-brasileira e africana, notadamente no que se refere à mitologia afro-brasileira e africana. Mencionam o preconceito e a demonização dessas culturas por parte de alguns alunos quando focalizam os "orixás/deuses africanos e afro-brasileiros".

A Coordenadora do curso de Pedagogia da UFRRJ também salienta a importância de trabalhar a questão da religiosidade africana na formação dos alunos para erradicar os preconceitos oriundos do desconhecimento acerca desse tema.

Sobre isso vale destacar que muitos professores que atuam em sala de aula de educação básica, segundo Fernandes e Ferreira (2009, p. 3), não obtiveram o instrumental necessário para tratarem com a diversidade e com as demonstrações de discriminação surgidas no cotidiano da escola. Por isso, é relevante que essa temática seja trabalhada na formação inicial docente nas universidades, nos cursos de formação de professores, uma vez que "os/as docentes foram formados/as para entender o legado africano como saberes do mal, saberes de culturas atrasadas e pré-lógicas, repercutindo-o nos currículos escolares com uma carga preconceituosa que gera as discriminações" (SANTANA, 2006, p. 39).

Os discursos das professoras revelam que, ao abordar os mitos dos orixás, com a mitologia afro-brasileira e africana, o professor propicia uma oportunidade bastante rica para que se discutam preconceitos e estereótipos, buscando assim não apenas resgatar e valorizar a cultura negra, como também a autoestima de negros e negras. Retomando a Resolução CNE/CP nº 01/2004, isso é importante para:

> (i) divulgar e produzir conhecimentos, bem como atitudes, posturas e valores que eduquem cidadãos quanto à pluralidade étnico-racial, tornando-os capazes de interagir e de negociar objetivos comuns que garantam, a todos, respeito aos direitos legais e valorização de identidade, na busca da consolidação da democracia brasileira; (ii) reconhecer e valorizar a identidade, a história e a cultura dos afro-brasileiros, bem como garantir o reconhecimento e a igualdade de valorização das raízes africanas na nação brasileira, ao lado das indígenas, europeias e asiáticas.

Outro documento que aponta nessa direção é o PCN Pluralidade Cultural, que destaca que a abordagem da mitologia:

> Ao tratar de diferentes visões de mundo, [torna] possível articular a concepção de tempo com mitos de gênese do universo, numa comparação que permite também a compreensão da estruturação e especificidade do pensamento científico (BRASIL, 1997a, p. 151).

E, ainda, nas Orientações e Ações para a Educação das Relações Étnico-Raciais, afirma-se que essa mitologia fundamenta-se:

> No universo da africanidade, [...] nos fatos e acontecimentos narrados pelos humanos e/ou pelos deuses. A necessidade de fortalecer os povos, seus deuses ou heróis possibilitou a construção e a narrativa de diferentes histórias, inseridas no contexto sociopolítico, trazendo sempre uma lição de ética e/ou moral em que cada nação ressignifica suas relações sociais entre o cosmo, as pessoas e as razões dos acontecimentos naturais e/ou sobrenaturais (BRASIL, 2006, p. 220).

Cumpre ainda ressaltar que, de acordo com Echeverria e Nóbrega (2006, p. 14), a religião afro-brasileira teve bastante importância no processo de resistência dos negros em nosso país:

> Protegida por uma rígida lei do silêncio, praticada no passado como se fosse crime e perseguida pela polícia, a religião dos negros chegou ao Brasil para fazer história. Uniu escravos e descendentes espalhados pelo país com a força da fé e a obediência irrestrita aos líderes espirituais, substitutos da família dispersa e do governo que não era o deles. O povo da África no Brasil encontrou no candomblé identidade, proteção e apoio; um espaço próprio onde foi possível plantar os fundamentos de seus deuses.

A religião africana foi considerada, historicamente, então, um caso de polícia pela sociedade, que condenava seus mitos e ritos, e como um problema de saúde pública, uma vez que se relacionava o transe mediúnico a desordens mentais dos negros, vistos assim como seres intelectualmente inferiores aos brancos, concebendo-se essa crença como uma crença primitiva, inferior às demais.

No entanto, a abordagem da mitologia africana e afro-brasileira realizada pela docente D-2, na disciplina **Cultura Afro-brasileira** procura resgatar a identidade do povo negro por meio do emprego de relatos históricos sobre os movimentos de resistência dos terreiros de candomblé e de umbanda no começo do século XX, mostrando a forma pela qual os terreiros tornaram-se locais de cultura negra, tornando possível, desse modo, que os negros mantivessem suas raízes. A docente, neste caso, se propôs a contribuir para a desconstrução de um olhar preconceituoso e esterotipado acerca das religiões de matrizes africanas.

Já o discurso da professora A reflete sua concepção do conteúdo da mitologia africana como expressão da cultura humana, como conteúdo cultural. Cabe então compreender a cultura conforme Sacristán (1995), não como os conteúdos e objetos a serem assimilados, mas sim como o jogo de trocas e interações que se estabelecem por meio do diálogo da transmissão-assimilação, sendo conveniente ficarmos cientes de que em toda a experiência de aquisição se "entrecruzam crenças, aptidões, valores, atitudes e comportamentos" (SACRISTÁN, 1995, p. 88), pois são sujeitos reais que lhes atribuem sentidos, partindo de suas vivências como pessoas. A relevância dessa perspectiva de cultura é essencial ao se debater a incorporação de temáticas e/ou componentes curriculares, como os referentes aos conteúdos de multiculturalidade, em que não se pretende prontamente uma assimilação, mas a transformação de maneiras de pensar, sentir e comportar-se.

Observa-se, portanto, uma preocupação com o princípio da não-doutrinação, que deve direcionar as ações dentro das universidades num estado laico. E por isso é relevante entender que a universidade pública é o *locus* de produção e disseminação de saberes, lugar em que a atividade de pesquisa implica a realização de análises objetivas e críticas e o desenvolvimento de uma atitude questionadora para com a vida e o mundo. Em virtude disso, a universidade pode e deve ser o local onde nenhuma temática deve ser considerada tabu, ou proibida, por contrariar os ideais de quem quer que seja.

4.3 POTENCIAIS CONTRIBUIÇÕES DAS DISCIPLINAS ESPECÍFICAS SOBRE A QUESTÃO ÉTNICO-RACIAL PARA A ATUAÇÃO PROFISSIONAL DOS PROFESSORES NO DESENVOLVIMENTO DO CURRÍCULO ESCOLAR

Nesse trecho, analisam-se as contribuições trazidas pelas disciplinas específicas sobre a questão étnico-racial no currículo dos cursos de Pedagogia da UFF, com a disciplina **Relações Étnico-raciais na Escola**; na UNIRIO, com as disciplinas **Ideologia Racial Brasileira na Educação Escolar** e **Culturas Afro-brasileiras em Sala de Aula**; na UFRRJ, com as disciplinas **Educação e Relações Étnico-raciais na Escola** e **Cultura afro-brasileira;** e na UFRJ, com a disciplina **Intelectuais Negras: Saberes Transgressores, "Escritas de si" e Práticas Educativas de Mulheres Negras** e **Educação e Etnia**.

PERCEPÇÃO DO RACISMO EM NOSSA SOCIEDADE

Uma das grandes contribuições potenciais dessas disciplinas, para a atuação docente no desenvolvimento do currículo escolar, é auxiliar os futuros professores a perceberem o racismo presente em nossa sociedade. E, para dar conta disso, os conteúdos das disciplinas buscam conceituar o racismo historicamente, desmistificar ideias preconcebidas em relação à África, entender que a Lei 10.639/03 constitui uma conquista histórica do movimento negro, conhecer as teorias racialistas, discutir a forma como os docentes acabam muitas vezes por classificar racialmente os alunos, de acordo com o desempenho escolar deles.

Assume-se que a compreensão conceitual sobre o que é o racismo, a discriminação racial e o preconceito pode sem sombra de dúvida auxiliar os professores a entenderem aspectos específicos do racismo à "brasileira" e ajudá-los a identificar o que é uma prática racista e quando ela ocorre no universo escolar. Sendo assim, essa discussão deve estar presente no processo de formação de professores para não apenas se obter uma compreensão teórica, mas também refletir sobre práticas de luta contra o racismo.

Reafirma-se a relevância de se entender que a questão étnico-racial em nossa sociedade está baseada na invisibilização do racismo, por conta do mito da democracia racial que, segundo Hasenbalg (1987, p. 80), serve como "uma poderosa construção ideológica, cujo principal efeito tem sido manter as diferenças interraciais fora da arena política, criando severos limites às demandas do negro por igualdade racial". É importante ponderar que o mito da democracia racial no imaginário dos brasileiros representa um obstáculo para a abordagem de temas como o racismo e o preconceito, contribuindo para que a exclusão dos negros e indígenas seja entendida como uma questão devida apenas à posição de classe social ocupada por esses grupos, sem que se visibilize a questão racial.

Assim, as populações negra e indígena permanecem em desvantagem socialmente. Entretanto, as políticas públicas universais, fundamentadas no princípio da igualdade de direitos garantida pela Constituição Federal de 1988, vêm se mostrando insuficientes para responder a essas desigualdades, necessitando que o Estado interfira para responder a isso de modo mais eficaz.

A intervenção do Estado no combate ao racismo acontece por meio de ações e políticas públicas, por meio daquilo que Jaccoud e Beghin (2002, p. 56) chamam de políticas e ações valorizativas:

> Tais ações têm como objetivo reconhecer e valorizar a pluralidade étnica que marca a sociedade brasileira e valorizar a comunidade afro-brasileira, destacando tanto seu papel histórico como sua contribuição contemporânea à construção nacional. Nesse sentido as políticas e ações valorizativas possuem um caráter permanente e não focalizado. Seu objetivo é atingir não somente a população racialmente discriminada – contribuindo para que ela possa reconhecer-se na história e na nação, mas toda a população, permitindo-lhe identificar-se em sua diversidade étnica e cultural. É compreendida como aquela política que possui como objetivo o reconhecimento e a valorização da pluralidade étnica que é uma marca distintiva.

Deste modo, no âmbito das políticas e ações valorizativas, a Lei nº 10.639/03, a Lei nº 11.645/08, o Parecer CNE/CP 03/2004 e a Resolução 01/2004 acabaram por incluir em caráter obrigatório o estudo da história e da cultura afro-brasileira, africana e indígena nos currículos da Educação Infantil ao Ensino Superior, e também na formação de professores, buscando, assim, desmistificar estereótipos negativos que foram ao longo do tempo construídos e que ajudam a consolidar tanto o preconceito quanto o racismo.

Santana (2008, p. 109) também ressalta que a Lei 10.639/2003 procura combater construções histórico-sociais que alimentam discriminações e preconceitos. E com vistas a alcançar esse objetivo, o Parecer CNE/CP 003/2004 aponta o quanto é importante qualificar os professores visando a promoção de atitudes positivas no relacionamento entre indivíduos de distintos pertencimentos étnico-raciais. Então, uma Pedagogia de combate ao racismo, de acordo com esse Parecer, procura garantir aos negros e indígenas a possibilidade de sentirem orgulho de suas origens africanas e indígenas, e, aos brancos, a chance de identificarem as influências, a contribuição, a participação e a importância da história e da cultura dos negros e indígenas no seu modo de ser, de viver, de se relacionar com as outras pessoas, notadamente negras e indígenas. Busca-se assim reconhecer e valorizar a pluralidade étnica brasileira, com destaque para o papel histórico desses povos e suas contribuições à cultura nacional.

INDICAÇÕES DE MATERIAIS

Após a promulgação das Leis 10.639/03 e 11.645/08, um dos grandes desafios para trabalhar com a questão afro-brasileira, africana e indígena constituía-se na escassez de material para desenvolver conteúdos referentes a essas temáticas. No entanto, pouco a pouco, essa dificuldade vem sendo sanada por meio de uma constante produção de materiais didáticos específicos relativos a esses temas.

Foi possível identificar que os docentes que assumem essas disciplinas específicas sobre a temática étnico-racial buscaram oportunizar material sobre a questão étnico-racial, não apenas empregando textos impressos, mas também fazendo uso das tecnologias de informação e comunicação (TICs). Considera-se de grande valia essa abordagem das TICs, por tornarem possível aos alunos, futuros docentes, acessar um grande volume de documentos nos mais variados formatos, tais como: textos, arquivos de som, imagens, filmes, para além dos livros ou textos impressos.

Uma docente chegou inclusive a criar uma página no Facebook para tornar a troca e o acesso aos materiais didáticos sobre a questão étnico-racial mais fácil para os estudantes. Duas professoras entrevistadas disseram usar o material do Projeto *A Cor da Cultura*, que busca valorizar a cultura afro-brasileira, constituindo-se no resultado da união entre o Canal Futura, a Petrobrás, o Cidan[45], o MEC, a Fundação Palmares, a TV Globo e a Seppir[46]. Esse projeto iniciou-se em 2004 e, desde esse período, vem produzindo material audiovisual, ações culturais e coletivas tendo como objetivo práticas positivas, buscando valorizar a história dos negros como uma ação afirmativa.

Um dos programas que esses professores afirmaram trabalhar foi o projeto intitulado "Heróis de todo o mundo"[47] que consiste em 46 programas onde são apresentados ao público em geral as biografias de heróis negros brasileiros que romperam barreiras e venceram dificuldades para obterem uma vida melhor para a população negra.

Esses programas relatam as histórias de vida de engenheiros, poetas, poetisas, religiosos, sambistas, médicos, cantores, cantoras etc., que são narradas por um intérprete, também negro, que possui, muitas das vezes, a mesma profissão da personalidade retratada no vídeo. Os vídeos são sempre finalizados com a mesma frase: "somos cidadãos negros brasileiros", e possuem o claro objetivo de mostrar de que forma esses negros e negras, cidadãos brasileiros, contribuíram para o desenvolvimento artístico, literário, musical, etc. em nosso país. Destaca-se, assim, que negros e negras podem, foram e são capazes de grandes feitos, intencionando desfazer a associação unívoca da imagem do negro com a do escravo.

Trabalhar com os programas "Heróis de todo o mundo" do projeto "A Cor da Cultura" ajuda, portanto, a orientar a percepção dos alunos negros de que eles são capazes e podem alcançar objetivos maiores na vida, aumentando a autoestima deles, e desenvolve nos alunos não-negros o respeito às pessoas com pertencimento étnico-racial diferente e o necessário conhecimento sobre uma parte significativa da história do país em que vivem, silenciada por mecanismos de manutenção das estruturas de poder.

---

45 Cidan – Centro de Informação e Documentação do Artista Negro.

46 Secretaria de Políticas de Promoção da Igualdade Racial.

47 Disponível em: <http://antigo.acordacultura.org.br/herois/>. Acesso em: 24 de setembro de 2017.

4.4 LACUNAS NA ABORDAGEM DA TEMÁTICA ÉTNICO-RACIAL NAS DISCIPLINAS ESPECÍFICAS

Nessa parte do trabalho, desenvolve-se uma reflexão acerca das lacunas que as disciplinas específicas sobre a questão étnico-racial podem estar deixando, no que se refere aos conteúdos que são necessários na formação de professores para que eles possam lidar com a questão étnico-racial no dia a dia da escola.

A falta de elementos mais consistentes para os professores entenderem como essa temática pode se somar ao processo de produção do conhecimento escolar se expressa em dois aspectos importantes que são: a dificuldade de articulação entre os conteúdos das relações étnico-raciais e as disciplinas escolares da educação básica; e a escassez de tratamento da questão indígena nessas disciplinas específicas sobre a questão étnico-racial, uma vez que, dos seis docentes entrevistados, apenas um destaca esse conteúdo na ementa da disciplina.

DIFICULDADE DE ARTICULAÇÃO ENTRE CONTEÚDOS DAS RELAÇÕES ÉTNICO-RACIAIS E AS DISCIPLINAS ESCOLARES DA EDUCAÇÃO BÁSICA

No que concerne à desarticulação da questão étnico-racial dos componentes curriculares da educação básica, pode-se verificar que três ementas apresentavam, como proposta de avaliação, a elaboração pelos alunos de atividades para desenvolver a temática, relacionando-a apenas às diferentes etapas da educação básica, sem a clara exigência de se estabelecerem vínculos com os conteúdos disciplinares. Isso pode ser observado na ementa da disciplina **Cultura Afro-Brasileira** ministrada pela professora D-2, apresentada no boxe 5.

Boxe 5

Disciplina: Cultura Afro-Brasileira
Universidade: UFRRJ
[...]
Proposta de avaliação na disciplina:
Trabalho em grupo – realização de pesquisa bibliográfica sobre tema escolhido, relativo à história e cultura africana/afro-brasileira.
Elaboração de artigo acadêmico (entre 6 e 10 p) – com base nas leituras indicadas/pesquisadas.
Planejamento didático – elaborar/apresentar uma sequência de atividades (entre 3 e 5 etapas) para desenvolver o tema com uma turma da educação infantil ou Ensino Fundamental – modalidade regular ou EJA, em escola urbana ou do campo. Cada membro do grupo deverá elaborar e entregar, individualmente, uma sequência de atividade do tema pesquisado (escolher uma dentre as elaboradas para apresentar).
Temas para trabalho/seminário:
1. As artes corporais afro-brasileiras
2. As artes visuais afro-brasileiras: artes plásticas, cinema etc.
   2.1. Jongo
   2.2. Capoeira
   2.3. Teatro
   2.4. Danças
3. Literatura de matriz afro-brasileira
4. Influências das línguas africanas no português falado no Brasil
5. Religiões afro-brasileiras e a perspectiva multicultural no currículo
6. Movimento social negro – política, cultura e educação
7. Cultura e patrimônio – as comunidades remanescentes de quilombos
8. Biografia – personalidade do mundo político, artístico, do movimento social...

Muito embora se observe que alguns conteúdos discutidos pela disciplina específica sobre relações étnico-raciais possam ser relacionados aos componentes curriculares de História, Língua Portuguesa, Literatura etc., constata-se que o texto da ementa não explicita a necessidade de um planejamento que busque articular os conteúdos das relações raciais com esses campos de conhecimento. Sendo assim, eles aparecem soltos dentro do texto.

O que essa e as demais ementas deixam ver, em sua proposta de avaliação, é que os alunos, futuros docentes, devem considerar esses saberes das relações raciais em seu planejamento. Entretanto, não ensinam como fazer uma articulação desses conhecimentos com os componentes curriculares da educação básica, ficando esse trabalho de articulação nas mãos dos alunos, que deverão se apoiar em leituras e reflexões próprias – se esses alunos tiverem maior interesse por desenvolver um trabalho que busque maior criticidade e aprofundamento.

Essa dificuldade de articular os princípios e conteúdos das relações étnico-raciais com as disciplinas escolares, de acordo com as características de aprendizagem requeridas para as diferentes fases da escolarização, consiste num problema de cunho teórico-prático na formação inicial de professores. De acordo com Gatti, Barreto e André (2011, p. 114):

> A relação teoria-prática tão enfatizada em documentos e normas, com a concepção curricular integrada proposta, não se concretiza no cotidiano das diferentes licenciaturas. Pesquisas sobre o currículo das instituições formadoras de professores para a educação básica mostram a ocorrência desse descompasso, entre outros problemas.

De acordo com Cardoso e Rodrigues (2015, p. 3), essa desarticulação entre teoria e prática na formação inicial docente resulta de problemas estruturais e conceituais do curso de Pedagogia, e possui desdobramentos no ensino de História e cultura afro-brasileira, africana e indígena, se pensarmos na relevância das mudanças curriculares e das práticas efetivas para combater o racismo entrelaçadas às mais variadas áreas de conhecimentos.

Sobre essa questão, trago aqui uma reflexão apoiada em minha trajetória profissional. Pude verificar essa dificuldade em muitos professores do Ensino Básico quando atuei como docente num curso de formação continuada ministrado pelo PENESB. No dia da apresentação do trabalho de conclusão de curso desses alunos, que consistia numa pesquisa-ação em que eles elaboravam um projeto de intervenção na escola, de modo a incluir um conteúdo de teor étnico-racial no planejamento de suas disciplinas, uma professora, que lecionava a disciplina de Artes para o oitavo ano do Ensino Fundamental, propôs como conteúdo a ser incluído nas aulas o Baobá, uma árvore originária da África e que pode viver até 6000 anos. Seu intuito foi utilizar a árvore como símbolo da luta e resistência negra contra a escravidão. Perguntei-lhe, então, que conteúdo da disciplina de Artes ela havia relacionado aos conteúdos étnico-raciais e a resposta era que iria trabalhar o baobá para discutir a questão étnico-racial e os alunos fariam pinturas do baobá. Entende-se que, desse modo, a docente relacionou de forma insuficiente o conteúdo de artes com aspectos dessa temática, pois outras questões poderiam ter sido abordadas, inclusive em articulação com outras disciplinas escolares, de forma a enriquecer seu tratamento e o potencial impacto na formação dos professores.

A mesma coisa acontece quando os docentes trabalham com a capoeira e acabam transformando-a em uma atividade de caráter folclórico, apresentada de forma pontual, limitada ao aspecto da dança, desconsiderando que se pode pensar ou introduzir, por exemplo, conceitos matemáticos de alto e baixo, grande e pequeno, ou, ainda, abordar a questão da nossa ancestralidade, por meio do respeito aos mais velhos, dentre tantos outros aspectos que poderiam ser destacados ao se estudar a capoeira.

Então, acredita-se que, para analisar a inclusão de relações entre os conteúdos étnico-raciais e as disciplinas escolares, deve-se partir do entendimento do que Young (2013, p. 7-8) denomina conhecimento poderoso a ser ensinado na escola:

> Em todos os campos de pesquisa, há um conhecimento melhor, mais confiável, mais próximo da verdade sobre o mundo em que vivemos e sobre o que significa ser humano. Ao mesmo tempo, esse conhecimento não é estático nem dado; é sempre falível e pode ser desafiado. A dificuldade colocada por esta afirmação epistemológica é a de manter juntas essas duas ideias: 'há um conhecimento melhor' e 'esse conhecimento é falível'.

Em qualquer comunidade acadêmica especializada, a falibilidade não quer dizer que 'vale tudo', mas sim que há regras e conceitos que sempre deixam algumas questões em aberto. Isso significa que, para experimentar a falibilidade do conhecimento, você precisa fazer parte da comunidade em questão ou estar envolvido com ela. As Ciências Naturais e as Ciências Sociais ou Humanas apresentam diferentes perspectivas com relação a isso. Na escola e mesmo na graduação, os alunos de Ciências Naturais precisam 'confiar' na ideia da falibilidade, já que eles não sabem o suficiente de Matemática para reconhecer este conhecimento como 'falível', exceto no caso da Estatística. Já nas Ciências Sociais ou Humanas, quase não há acordo entre os especialistas sobre quais são as regras e os conceitos-chave da área. No entanto, mesmo nesses campos, é provável que haja certo grau de acordo no espectro de significados que seriam reconhecidos como abertos ao debate e, portanto, falíveis. É, porém, a esse conhecimento que eu me refiro como 'conhecimento poderoso', por mais que varie o conceito de falibilidade em cada campo.

O autor defende a ideia de se trabalhar com disciplinas porque elas representam o melhor que se produziu até o momento nos campos de conhecimento, nas comunidades de especialistas e produtores de conhecimento, para nos aproximar da realidade. Para ele, a base em que se vai dar esse instrumental para um pensamento mais complexo está nas disciplinas. Young não desconsidera o papel exercido pelos professores na seleção a partir daí. O professor faz escolhas e não são apenas escolhas para mediar o acesso a esse conhecimento, a partir do conhecimento do aluno, atuando de fato na definição do currículo.

Mas como relacionar essa ideia de conhecimento poderoso com a questão étnico-racial? A abordagem de currículo baseado no conhecimento poderoso nos permite pensar a respeito de uma educação das relações étnico-raciais e do ensino de história e cultura afro-brasileira, africana e indígena fundamentados em conteúdos disciplinares e não soltos dentro do currículo. É possível entender que a questão étnico-racial não pode ser trabalhada alheiamente aos conteúdos disciplinares, pois assim ela não possui raízes fortes para desenvolvermos uma educação escolar de qualidade.

A Resolução CNE/CP nº 1/2004 afirma que esses temas devem ser incluídos como conteúdos dentro de disciplinas e atividades curriculares. Eles não são tratados de forma descolada dos conteúdos disciplinares, e constituem o quadro de conteúdos de disciplinas e saberes considerados relevantes socialmente para serem transmitidos e pensados numa dimensão de justiça social. Tornam-se, assim, temas centrais dentro do currículo, uma vez que são conhecimentos poderosos e necessários na formação de um cidadão crítico e consciente de seu papel na sociedade.

O texto da Resolução diz ainda que tanto a educação para as relações étnico-raciais quanto o ensino de história e cultura afro-brasileira, africana e indígena têm por objetivo a divulgação e a produção de conhecimento.

Portanto, reafirma-se aqui, como uma lacuna verificada na abordagem das disciplinas sobre a temática étnico-racial, a insuficiente relação que buscam estabelecer com as disciplinas escolares; dar conta disso é importante, pois, assim, se potencializam as chances do conteúdo étnico-racial se transformar num conhecimento poderoso – que confere poder de compreensão do mundo em que se vive –, o que permite implementar uma luta contra o racismo de forma eficaz, não se contentando em abordá-lo apenas para cumprir determinações legais ou para promover as efemérides, mas sim com o intuito de desenvolver a consciência critica dos alunos quanto ao racismo e as relações étnico-raciais.

A QUESTÃO INDÍGENA

Quanto ao trabalho com a questão indígena, a maioria dos docentes entrevistados afirmou não abordar essa temática por não possuir referencial teórico que a embasasse.

Muito embora a Lei 11.645/2008 seja encarada como um avanço para que possamos acessar os conhecimentos acerca dos povos indígenas no Brasil, pode-se claramente perceber, nas declarações das docentes, que ainda falta muito para que se progrida na inclusão consistente da temática indígena nos cursos de formação inicial docente. É preciso ter docentes com formação específica e que desenvolvam pesquisas acerca desse tema para lecionarem essas disciplinas. No entanto, esbarra-se com os escassos investimentos no Ensino Superior para promover concursos específicos para dar conta dessa situação.

Quanto à inserção da questão indígena no currículo, é preciso entender que uma disciplina que aborde a questão étnico-racial no currículo deveria trazer esse tema como conteúdo proposto em sua ementa, haja visto que, de acordo com a Resolução CNE/CP nº 01/2004, é de incumbência das instituições de ensino a inclusão no contexto de seus estudos e atividades, tanto da contribuição histórico-cultural dos povos indígenas e dos descendentes asiáticos, quanto as contribuições de raiz africana e europeia.

Também o Plano Nacional de Implementação das DCNERER e para o Ensino de História e Cultura Afro-brasileira e Africana (BRASIL, 2010) ressalta a questão indígena como conteúdo relevante a ser considerado na formação docente. Esse conteúdo é bastante significativo na formação, pois visa não apenas cumprir com a obrigatoriedade legal de inclusão desse assunto, mas também desconstruir equívocos que são cometidos ao se abordar a temática índigena nas escolas.

Rabesco (2017, p. 3-4), por exemplo, aponta cinco equívocos bastante frequentes no âmbito escolar, quando se discute essa temática. Eles consistem em: 1) Tratar todos os diferentes povos indígenas como um grupo homogêneo, ao invés de perceber que em nosso país há em torno de 305 etnias indígenas e que são faladas mais de 274 línguas indígenas distintas; 2) Considerar a cultura indígena como atrasada e primitiva, com base no deprezo a essas culturas construído pelos colonizadores e pela sociedade brasileira que desconhece a sua complexidade; 3) O congelamento das culturas indígenas, devido a uma ideia fixa sobre uma identidade do indígena; 4) Considerar que os indígenas fazem parte do passado da história brasileira, tomando-os como um obstáculo ao progresso e à modernidade; e 5) Não considerar o indígena como parte integrante da formação identitária brasileira.

O que se observou nos projetos pedagógicos dos cursos de Pedagogia da UFF, UNIRIO, UFRRJ e UFRJ é que a abordagem da temática indígena não constitui uma escolha institucional e sim uma escolha individual de alguns docentes que oferecem disciplinas referentes a esse assunto graças ao seu engajamento pessoal com ele. É o caso da UFF, que oferta a disciplina optativa denominada **Educação Indígena**.

Também aqui cumpre destacar que as disciplinas específicas que abordam a temática muitas vezes possuem caráter optativo, podendo não serem oferecidas anualmente, nem escolhidas para serem cursadas por todos os alunos, o que ajuda a manter essa lacuna na formação inicial docente.

No entanto, também se destaca que a disciplina obrigatória acerca da temática étnico-racial, ministrada pelo Professsor D-1, da UFRRJ, intitulada **Educação e Relações Étnico-Raciais na Escola** é a única que apresenta em sua ementa referência à questão indígena dentre os demais conteúdos que discutem a questão do negro. Considera-se que, embora as DCNERER não estabeleçam uma carga horária padrão destinada às disciplinas que abordem a questão étnico-racial no currículo, propor uma disciplina de 30 horas para abordar as questões africana e indígena pode se constituir em uma oferta insuficiente para dar conta de todo esse conhecimento, sendo necessária, para responder a essa demanda, uma ampliação da carga horária da respectiva disciplina.

A abordagem da questão indígena feita nessa disciplina acaba ficando mais restrita a aspectos de cultura e história, sem que se possa aprofundar o trabalho sobre o quê e como ensinar esse conteúdo nas escolas de Ensino Fundamental. A abordagem teórica dessas temáticas ajuda, sem sombra de dúvida, na potencial desconstrução de estereótipos e preconceitos na formação docente em relação aos indígenas, mas pode não estar instrumentalizando esse futuro professor com recursos didáticos e reflexões sobre as conexões entre os conhecimentos de diferentes disciplinas escolares e os conteúdos referentes a essas temáticas. Pode-se inclusive supor que deveria haver no currículo do curso de Pedagogia uma disciplina de Didática do Ensino da História e Cultura Africana e Indígena para dialogar com essas disciplinas teóricas sobre a questão – ou, as disciplinas de Didática e de Metodologia do Ensino das diversas disciplinas escolares deveriam incluir em suas discussões a abordagem dessas temáticas.

CONSIDERAÇÕES FINAIS

> Muda, que quando a gente muda o mundo muda com a gente.
> A gente muda o mundo na mudança da mente.
> E quando a mente muda a gente anda pra frente.
> E quando a gente manda ninguém manda na gente.
> Na mudança de atitude não há mal que não
> se mude nem doença sem cura.
> Na mudança de postura a gente fica mais seguro,
> na mudança do presente a gente molda o futuro!
> ***(Até Quando – Gabriel o Pensador)***

No desenvolvimento desta pesquisa, foi possível constatar que o tratamento dado à questão étnico-racial pelas universidades investigadas tem potencial para capacitar o professor para atuar na luta antirracista, em especial com base em debates teóricos que podem fundamentar uma tomada de consciência acerca do racismo presente em nossa sociedade. Este debate mobiliza conhecimentos relativos às teorias racialistas e à cultura afro-brasileira e africana. No entanto, quanto à possível colaboração para enriquecer o currículo escolar no que tange a esse tema, identifica-se que há ainda um longo caminho a ser trilhado, por conta ainda da dificuldade em articular os conteúdos das relações étnico-raciais com os conteúdos das disciplinas escolares.

O tratamento de conteúdos que trazem as contribuições de negros e indígenas para a formação inicial de professores acaba se limitando a essas disciplinas específicas que incidem sobre a cultura e a história, sem que se aprofunde a discussão acerca do que ensinar – e como abordar esses conhecimentos – nas escolas de educação básica. Para aumentar as possibilidades de que o futuro docente possa refletir sobre a inserção desse debate no currículo da educação básica, seria preciso que o curso incluísse a inserção dessa temática também em disciplinas de Prática de Ensino, Didática e outras, e não que essa discussão ficasse retrita às disciplinas específicas. No entanto, a análise documental possibilitou verificar que, nas quatros instituições pesquisadas, o debate sobre o que ensinar acerca da questão étnico-racial – e como – não consegue ultrapassar os muros das disciplinas específicas. Desse modo, é possível que elas tenham suas contribuições restringidas no que tange à constituição de recursos para o desenvolvimento de práticas docentes para o tratamento desse tema na escola.

É preciso entender que necessitamos ainda contruir um diálogo maior entre os conhecimentos étnico-raciais e os das disciplinas que os alunos irão lecionar na educação básica. Santomé (1997, p. 18) afirma que todas as disciplinas possuem aspectos em seus conteúdos que propiciam a consideração de questões de justiça social e diversidade. Um dos grandes desafios que estão postos hoje é o de encontrar uma forma pela qual a universidade possa instrumentalizar os professores em formação para o trabalho com os conteúdos escolares de modo a dar ênfase a essa perspectiva.

Sem sombra de dúvida, para que isso seja possível, é imprescindível que as disciplinas se interrelacionem na busca por tratar os elementos atinentes às relações étnico-raciais; no entanto, identificou-se que não há, nos cursos analisados, movimentos que visem constituir interseções entre as disciplinas nesse sentido. Sendo assim, as falas dos docentes que sugerem a inserção dessa temática no currículo dos cursos de Pedagogia na condição de um tema transversal, de uma atividade de extensão ou em uma abordagem interdisciplinar podem resultar – se aplicadas imediatamente as sugestões – em formas de silenciamento ou invisibilização dessa discussão nos currículos.

De acordo com Gomes (2012), as referências nos projetos pedagógicos dos cursos de Pedagogia à questão étnico-racial e à legislação que a regulamenta podem revelar o grau de aprofundamento e institucionalidade deste tema. Um exemplo disto é que, nas propostas dos cursos de Pedagogia da UFF, UNIRIO, UFRJ e UFRRJ, não há menção explícita a termos ou conceitos identificados no debate das relações étnico-raciais. O que se identifica é que a formação de professores para as relações étnico-raciais acaba dependendo, nesses cursos, de práticas individuais de docentes que pesquisam e militam nessa área.

Reitera-se, por fim, que formar professores para a educação das relações étnico-raciais deve contemplar a apresentação e discussão da temática não apenas nas disciplinas específicas sobre a questão étnico-racial, mas também nos estágios supervisionados, nas aulas das demais disciplinas – tais como de História da Educação, Filosofia, Sociologia, Antropologia, Política Educacional, Didática, Currículo etc. –, propiciando assim uma formação do pedagogo mais fundamentada teoricamente para a atuação nessa frente. No entanto, os resultados encontrados nas análises dos documentos dos cursos investigados e nas declarações dos sujeitos da pesquisa revelam que a educação das relações étnico-raciais não constitui um eixo de formação do pedagogo, e sim que ela é trabalhada de forma isolada em algumas disciplinas e por alguns docentes, o que resulta numa lacuna formativa de que uma disciplina específica não é capaz de dar conta. O relato da professora D-2 é um bom exemplo disso. Ela afirma que, dependendo de quem seja o professor que lecione Antropologia no curso, ela precisará ou não falar sobre cotas em suas aulas, pois existem docentes que não tocam no assunto nas aulas dessa disciplina, o que provavelmente acontece em relação a muitos outros temas que, articulados, poderiam enriquecer a discussão sobre as relações étnico-raciais no curso de Pedagogia.

Retomando a perspectiva do multiculturalismo, conforme salienta Silva (2005, p. 90), pode-se afirmar que não se garante a igualdade somente por meio do acesso a elementos isolados ligados à temática étnico-racial no currículo. Isso não basta. É imprescindível que aconteça uma mudança curricular substancial, de forma a que a questão étnico-racial estabeleça diálogos com outros saberes, de modo a se evidenciar os caminhos pelos quais as diferenças se tornam desigualdades. Esse conhecimento permite vislumbrar o caráter de construção social dessas desigualdades – o que abre caminho para se pensar em outras possibilidades, mais justas e igualitárias, a serem estabelecidas nas relações sociais.

É preciso considerar que um currículo multicultural requer, segundo Sacristán (1995), um ambiente democrático de decisões acerca dos conteúdos de ensino, em que os interesses de todos estejam contemplados. E para dar conta disso, de acordo com o autor, é importantíssimo que se tenha uma estrutura curricular diferente da dominante e uma visão diferente por parte dos docentes para a inclusão dos interesses dos grupos menos favorecidos no currículo.

Quanto à mudança na estrutura curricular, Gatti, Barreto e André (2011, p. 134-135) refletem que, muito embora as pesquisas em educação problematizem a formação inicial docente, as gestões educacionais e as universidades somente vêm propondo que se reformulem alguns aspectos desses cursos, acabando por não atacarem o cerne do problema, que reside na estrutura institucional e no arranjo dos conteúdos curriculares. As pesquisadoras questionam por que essas mudanças, tão necessárias, não acontecem, apesar de elas serem indicadas nos documentos e regulamentações. Elas apontam a existência ainda de uma questão política a ser enfrentada: "qual a força política dos gestores para implementar reais e fortes mudanças institucionais e curriculares no que respeita à formação de professores?" (GATTI; BARRETO; ANDRÉ, 2011, p. 135). Desse modo, questiona-se também: qual é a força política das universidades para implementar uma real e profunda mudança curricular para inclusão da educação das relações étnico-raciais no currículo da formação inicial docente?

Verificou-se que a questão étnico-racial na formação inicial ainda se encontra posta nos currículos desses cursos de forma periférica, conforme atestam os estudos de Silva (2014) e Passos (2014), e restrita ao cumprimento da obrigatoriedade legal, principalmente pela inserção de conteúdos históricos e culturais de grupos discriminados, ao lado da cultura dominante no currículo.

Durante o período que compreendeu meu mestrado e doutorado, pensei que bastasse a existência de uma disciplina obrigatória no currículo, que isso seria suficiente para dar conta de uma formação para a educação para as relações étnico-raciais. No entanto, esta pesquisa me fez perceber que não era tão simples assim. Identifiquei neste estudo dois tipos de enfrentamento da necessidade de incluir a temática étnico-racial como disciplina no currículo: um que a incluía por meio de disciplinas obrigatórias, e outro, por intermédio de disciplinas optativas. Mas, pelo visto, isso é ainda insuficiente para uma formação mais consistente quanto à questão étnico-racial. Os resultados da pesquisa de Corenza (2017) corroboraram essa visão; nela, a pesquisadora procurou compreender o que os egressos e futuros professores formados nos cursos de Pedagogia da UFRJ e do *campus* do Instituto Multidiciplinar da UFRRJ, localizado no município de Nova Iguaçu, diziam acerca dessas questões e da educação, com destaque para a Lei 10.639/03 e seus desdobramentos. Ela buscou responder a seguinte pergunta: Quais diferenças e semelhanças existiam entre os discursos dos estudantes que cursaram uma disciplina obrigatória sobre as questões raciais e educação, e dos que não cursaram? Apontou que a obrigatoriedade de uma disciplina sobre as questões étnico-raciais não trouxe indícios de concepções teórico-práticas mais elaboradas quanto ao entendimento de saberes relativos à Lei 10.639/03 quando comparado ao entendimento revelado pelos estudantes que não tiveram tal obrigatoriedade.

Desse modo, a pesquisa desenvolvida permite pensar que a escolha por tratar a questão étnico-racial tanto por meio de disciplinas obrigatórias quanto por optativas pode levar os futuros pedagogos a não dominarem conhecimentos teórico-práticos para lidarem com essa temática na escola básica, muito embora essas disciplinas possam despertar o interesse dos alunos e a consciência do racismo em nossa sociedade. Ainda assim, a formação inicial revela lacunas que acabam por demandar que a formação continuada se volte para a temática, exigindo novos embates diante de outros temas comumente mais valorizados no currículo da educação básica. Considero, assim, que, para se desenvolver uma educação voltada para as relações étnico-raciais, será necessário que esse tema seja assumido como um eixo curricular em diálogo constante com o eixo de formação para a docência nos cursos de Pedagogia.

Assim, como na música de Gabriel o Pensador, é imprescindível mudar o presente dos cursos de formação inicial de professores, modificando esse arranjos curriculares, contribuindo assim para uma mudança no futuro do país, por meio do fomento a uma educação antirracista verdadeira e eficaz, que toque no currículo escolar, como disse uma vez uma professora astronauta da Nasa, Christa McAuliffe: "Eu toco o futuro, eu ensino". Que ensinemos então a desconstruir com o racismo.

REFERÊNCIAS

ANDRADE, Everardo Paiva; TEIXEIRA, Rosana da Câmara; MAGALHÃES, Danielle Henriques. Do ponto que vê aos passos de quem caminha: perspectivas teórico-práticas em uma experiência com a educação das relações étnico-raciais entre licenciandos de História. **Revista da ABPN**, Goiânia, v. 3, n. 7, p. 53-68, 2012.

ANDRADE, Rosamaria Calaes de. Interdisciplinaridade: um novo paradigma curricular. **Dois pontos – Teoria e Prática em Educação**, Belo Horizonte, [n. 20,] Verão 1994/1995.

ASSIS, Mariza de Paula. **A questão racial na formação de professores na perspectiva dos docentes da FFP.** 2006. 187 f. Dissertação (Mestrado em Educação) – Universidade Federal Fluminense (UFF), Niterói, 2006.

BANKS, J. A. Reformando escolas para implementar igualdade para diferentes grupos raciais e étnicos. **Cadernos PENESB**, Niterói, v. 7, p. 15-43, 2006.

BAUMAN, Zygmunt. **O mal-estar na pós-modernidade.** Tradução de Mauro Gama e Cláudia Martinelli Gama. Rio de Janeiro: Zahar, 1998.

BAUMAN, Zygmunt. **Ensaios sobre o conceito de cultura.** Tradução de Carlos Alberto Medeiros. Rio de Janeiro: Zahar, 2012. p. 7-81.

BEDANI, Vanessa Mantovani. **O curso de pedagogia e a diversidade étnico-racial**: trilhando caminhos. 2006. 120 f. Dissertação (Mestrado em Educação) – Universidade Federal de São Carlos (UFSCar), São Carlos, 2006.

BOFF, Leonardo. **Tempo de transcendência:** o ser humano como um projeto infinito. Petrópolis: Vozes, 2000.

BRANDÃO, Junito de Souza. **Mitologia grega.** Volume II. Petrópolis: Vozes, 1987.

BRASIL. Lei nº. 5.540/68, de 28 de novembro de 1968: estabelece normas para a reforma no Ensino Superior. **Diário Oficial da União**, Brasília, Seção 1, p. 10.369, 29 nov. 1968.

BRASIL. Câmara dos Deputados. **Projeto de Lei 1411/2015**: tipifica o crime de assédio ideológico e dá outras providências. Brasília, 2015. Disponível em: <http://www.camara.gov.br/sileg/integras/1335560.pdf> Acesso em: 10 mar. 2017.

BRASIL. Câmara dos Deputados. **Projeto de Lei nº 867 de 2015**: inclui entre as diretrizes e bases da educação nacional, o "Programa Escola sem Partido". Brasília, 2015. Disponível em: <http://www.camara.gov.br/sileg/integras/1317168.pdf>. Acesso em: 12 mar. 2017.

BRASIL. Constituição da República Federativa do Brasil. **Diário Oficial da União**, Brasília, Seção 1. p. 1, 5 out. 1988. (publicação original) Publicada em livro e em formato digital pela editora da Câmara dos Deputados (disponível em <http://livraria.camara.leg.br/>).

BRASIL. **Decreto nº 60.731, de 19 de Maio de 1967**: transfere para o Ministério da Educação e Cultura os órgãos de ensino do Ministério da Agricultura e dá outras providências. Disponível em: <http://www2.camara.leg.br/legin/fed/decret/1960-1969/decreto-60731-19-maio-1967-401466-publicacaooriginal-1-pe.html>. Acesso em: 10 jul. 2018.

BRASIL. Lei no 10.172, de 9 janeiro de 2001: institui o Plano Nacional de Educação e dá outras providências. **Diário Oficial da União**, Brasília, Seção 1, p. 1, 10 jan. 2001.

BRASIL. Lei no 10.629, de 9 de janeiro de 2003: altera a Lei no 9.394, de 20 de dezembro de 1996, que estabelece as diretrizes e bases da educação nacional. **Diário Oficial da União**, Brasília, Seção 1, p. 1, 9 jan. 2003.

BRASIL. Lei no 11.645, de 10 de março de 2008: altera a Lei no 9.394, de 20 de dezembro de 1996, que estabelece as diretrizes e bases da educação nacional. **Diário Oficial da União**, Brasília, Seção 1, p. 1, 10 mar. 2008.

BRASIL. Lei no 9.394/96, de 20 de dezembro de 1996: estabelece as diretrizes e bases para a educação nacional. **Diário Oficial da União**, Brasília, v. 134, n. 1248, p. 27833-27841, 23 dez. 1996.

BRASIL. Lei nº13.415, de 16 de fevereiro de 2017: altera as Leis nºs 9.394, de 20 de dezembro de 1996, que estabelece as diretrizes e bases da educação nacional, e 11.494, de 20 de junho 2007, que regulamenta o Fundo de Manutenção e Desenvolvimento da Educação Básica e de Valorização dos Profissionais da Educação, a Consolidação das Leis do Trabalho – CLT, aprovada pelo Decreto-Lei nº 5.452, de 1º de maio de 1943, e o Decreto-Lei nº 236, de 28 de fevereiro de 1967; revoga a Lei nº 11.161, de 5 de agosto de 2005; e institui a Política de Fomento à Implementação de Escolas de Ensino Médio em Tempo Integral. **Diário Oficial da União**, Brasília, Seção 1, p. 1, 17 fev. 2017.

BRASIL. Ministério da Educação. **Orientações e ações para a educação das relações étnico-raciais**. Brasília: SECAD, 2006.

BRASIL. Ministério da Educação. **Parâmetros Curriculares Nacionais**: Introdução aos Parâmetros Curriculares Nacionais. Brasília: Secretaria de Educação Fundamental, 1997b.

BRASIL. Ministério da Educação. **Parâmetros Curriculares Nacionais**: Temas Transversais: Pluralidade Cultural. Brasília: Secretaria de Ensino Fundamental/MEC/UNESCO/PNUD, 1997a.

BRASIL. Ministério da Educação. Parecer CNE/CP nº 03/2004: diretrizes curriculares nacionais para a educação das relações étnico-raciais e para o ensino de História e Cultura Afro-Brasileira e Africana. **Diário Oficial da União**, seção 1, p. 19, Brasília, 19 maio 2004b.

BRASIL. Ministério da Educação. **Plano nacional de implementação das Diretrizes Curriculares Nacionais para educação das relações etnico-raciais e para o ensino de história e cultura afro-brasileira e africana**. Brasília: MEC, 2010.

BRASIL. Ministério da Educação. **Resolução CNE/CP nº 1 de 17 de junho de 2004**: institui Diretrizes Curriculares Nacionais para a Educação das Relações Étnico-Raciais e para o Ensino de História e Cultura Afro-Brasileira e Africana. Brasília: MEC/SECAD, 2004a.

BRASIL. Ministério da Educação. Resolução CNE/CP nº 1, de 15 de maio de 2006: institui Diretrizes Curriculares Nacionais para o Curso de Graduação em Pedagogia, Licenciatura. **Diário Oficial da União**, Brasília, seção 1, p.11, 16 maio 2006.

BRASIL. Ministério da Educação. **Parâmetros curriculares nacionais: Arte**. Brasília: Secretaria de Educação Fundamental, 1998.

BRASIL. Senado Federal. **Projeto de Lei nº 193 de 2016**: inclui entre as diretrizes e bases da educação nacional, o "Programa Escola sem Partido". Brasília, 2015. Disponível em: <https://www12.senado.leg.br/ecidadania/visualizacaomateria?id=125666>. Acesso em: 12 mar. 2017.

CANDAU, Vera Maria; MOREIRA, Antônio F. B. Educação escolar e cultura(s): construindo caminhos. **Revista Brasileira de Educação** (Anped), Rio de Janeiro, n. 23, p. 156-168, maio-ago. 2003.

CANDAU, Vera Maria; LEITE, Miriam Soares. A didática na perspectiva múlti/intercultural em ação: construindo uma proposta. **Cadernos de Pesquisa**, São Paulo, v. 37, n. 132, p. 731-758, set.-dez. 2007.

CANDAU, Vera Maria. Multiculturalismo e educação: desafios para a prática pedagógica. In: MOREIRA, Antônio Flávio; CANDAU, Vera Maria (org.). **Multiculturalismo, diferenças culturais e práticas pedagógicas**. 4. ed. Petrópolis: Vozes, 2010.

CANEN, Ana. Formação de professores: diálogo das diferenças. **Ensaio: Avaliação e Políticas Públicas em Educação**, Rio de Janeiro, v. 5, n. 17, p. 477-494, out.-nov. 1997.

CANEN, Ana. Educação multicultural, identidade nacional e pluralidade cultural: tensões e implicações curriculares: **Cadernos de Pesquisa**, São Paulo, v. 111, n. 10, p. 135-150, dez. 2000.

CANEN, Ana. O multiculturalismo e seus dilemas: implicações na educação. **Comunicação e política** (Cebela), Rio de Janeiro, v. 25, n. 2, p. 91-107, ago. 2007.

CANEN, Ana. O multiculturalismo e o papel da pesquisa na formação docente: uma experiência de currículo em ação. **Currículo sem Fronteiras**, online, v. 8, n. 1, p. 17-30, jan.-jun. 2008. Disponível em: <http://www.curriculosemfronteiras.org/art_v8_n1.htm>. Acesso em: 25 jul. 2018.

CAPELO, Maria Regina Clivati. Diversidade sociocultural na escola e a dialética da exclusão inclusão. In: GUSMÃO, Neusa Maria M. de (org.). **Diversidade, cultura e educação: olhares cruzados**. São Paulo: Biruta, 2003.

CARDOSO, Ivanilda Amado; RODRIGUES, Tatiane Cosentino. Lacunas na formação inicial de professores: implicações para a educação das relações étnico-raciais. In: JORNADA DO NÚCLEO DE ENSINO DE MARÍLIA, 14. Marília-SP, 11-13 ago. 2015. 14. **Anais**... Marília: FFC-UNESP, 2015.

CARDOSO, Ivanilda Amado. **Educação das relações étnico-raciais**: limites e possibilidades no curso de pedagogia da UFSCar. 2016, 219 f. Dissertação (Mestrado em Educação). Universidade Federal de São Carlos, 2016.

CELLARD, André. A análise documental. In: POUPART, Jean et al. **A pesquisa qualitativa**: enfoques epistemológicos e metodológicos. Tradução de Ana Cristina Nasser. 3. ed. Petrópolis: Vozes, 2014. p. 295-316.

CERTEAU, Michel de. **A invenção do cotidiano**: artes de fazer. Tradução de Ephraim F. Alves e Lúcia Endlich Orth. Petrópolis: Vozes, 1994.

COELHO, Wilma de Nazaré Baia. **A cor ausente:** um estudo sobre a presença do negro na formação de professores. 2005. 254 f. Tese (Doutorado em Educação) – Universidade Federal do Rio Grande do Norte (UFRN), Natal, 2005.

COMAS, Juan. **Manual de antropologia física.** 2. ed. México: Universidade Nacional Autónoma de México, 1966.

CONSORTE, Josildeth Gomes. Culturalismo e educação nos anos 50: o desafio da diversidade. **Cadernos CEDES**, Campinas, v. 18, n. 43, dez. 1997. Disponível em: <http://www.scielo.br/scielo.php?script=sci_arttext&pid=S0101326219970002 00003&lng=pt&nrm=iso>. Acesso em: 17 abr. 2016.

CORENZA, Janaína de Azevedo. **A Lei 10.639/2003 em dois cursos de pedagogia ofertados no Estado do Rio de Janeiro:** ponto de discussão ou de negação? 2017, 278 f. Tese (Doutorado em Educação) – Pontifícia Universidade Católica (PUC), Rio de Janeiro, 2017.

DOIMO, Ana M. **A vez e a voz do povo:** movimentos sociais e participação política no Brasil pós-70. Rio de Janeiro: Relume Dumará/ANPOCS, 1995.

DUPRAT, Déborah. **Nota técnica 01/2016 PFDC** [Procuradora Federal dos Direitos do Cidadão – MPF]. Disponível em: <http://pfdc.pgr.mpf.mp.br/temas-de-atuacao/educacao/saiba-mais/proposicoes-legislativas/nota-tecnica-01-2016-/pfdc-mpf> Acesso em: 2 mar. 2017.

EAGLETON, Terry. Versões da cultura. In: _____. **A ideia de cultura**. Tradução de Sandra Castello Branco. São Paulo: UNESP, 2005. p. 9-50.

ECHEVERRIA, Regina; NÓBREGA, Cida. **Mãe Menininha do Gantois**. Salvador: Corrupio; Rio de Janeiro: Ediouro, 2006.

ECO, Umberto. **Tratado geral de semiótica**. Tradução de Antônio de Pádua Danesi e Gilson Cardoso de Souza. 4. ed. São Paulo: Perspectiva, 2003.

FELICIANO, Michelle Taís Faria. **O currículo de matemática prescrito e o currículo em ação**: alguns terceiros anos do Ensino Fundamental da rede municipal de educação de Curitiba. 2012. 161 f. Dissertação (Mestrado em Educação em Ciências e em Matemática). Curitiba: Universidade Federal do Paraná (UFPR), 2012.

FERNANDES, A. O.; FERREIRA, K. C. S. Estudos de mitologia afro-brasileira: orixás e cosmovisão negra contra a intolerância e o preconceito.

Anagrama: Revista Científica Interdisciplinar da Graduação, São Paulo, v. 3, n. 1, p. 1–11, set.-nov. 2009.

FERREIRA, Verônica Moraes. **Educação antirracista e formação de professores**: caminhos percorridos pelo curso de Pedagogia do Instituto Multidisciplinar-UFRRJ. 2013. 109 f. Dissertação (Mestrado em Educação). Niterói: Universidade Federal Fluminense (UFF), 2013.

FLICK, Uwe. **Introdução à pesquisa qualitativa.** Tradução de Joice Elias Costa. 3. ed. Porto Alegre: Artmed, 2009.

FORQUIN, Jean-Claude. Saberes escolares, imperativos didáticos e dinâmicas sociais. **Teoria & Educação**, Porto Alegre, v. 1, n. 5, p. 28-49, 1992.

FREIRE, Paulo. **Pedagogia da autonomia**: saberes necessários à prática educativa. 13. ed. Rio de Janeiro: Paz e Terra, 1996.

GALEANO, Eduardo. **Nós dizemos não.** Tradução de Eric Nepomuceno. Rio de Janeiro: Revan. 1990.

GATTI, Bernardete Angelina ; BARRETTO, Elba Siqueira de Sá; ANDRÉ, Marli E. Dalmazo de Afonso. **Políticas docentes no Brasil:** um estado da arte. Brasília: UNESCO, 2011.

GOMES, Nilma Lino. A contribuição dos negros para o pensamento educacional brasileiro. In: SILVA, Petronilha B. G.; BARBOSA, Lucia M. de Assunção (org.). **O pensamento negro em educação no Brasil:** expressões do movimento negro. São Paulo: UFSCar, 1997.

GOMES, Nilma Lino. O impacto do diferente: reflexões sobre a escola e a diversidade cultural. **Educação em Foco**, Belo Horizonte, a. 4, n. 4, p. 21-27, dez. 2001.

GOMES, Nilma Lino (org.) **Práticas pedagógicas de trabalho com as relações étnico-raciais na escola na perspectiva da Lei nº 10.639/03.** Brasília: MEC/UNESCO, 2012.

GONÇALVES, Luiz Alberto Oliveira; SILVA, Petronilha Beatriz Gonçalves. Movimento negro e educação. **Revista Brasileira de Educação**, Rio de Janeiro, n. 15, p. 134-158, set.-dez. 2000.

GONÇALVES, Luiz Alberto Oliveira; SILVA, Petronilha Beatriz Gonçalves. **O jogo das diferenças:** o multiculturalismo e seus contextos. Belo Horizonte: Autêntica, 2002.

GOODSON, Ivor F. Tornando-se uma matéria acadêmica: padrões de explicação e evolução. **Teoria e Educação**, Porto Alegre, n. 2, p. 230-254, 1992.

GOODSON, Ivor F. **A construção social do currículo**. Tradução de Maria João Carvalho. Lisboa: Educa, 1997.

GOODSON, Ivor F. **Currículo: teoria e história**. Tradução de Attílio Brunetta. 8. ed. Petrópolis: Vozes, 2013.

GUIMARÃES, Antônio Sérgio Alfredo. **Classes, raças e democracia**. São Paulo: Editora 34, 2002.

GUIMARÃES, Antônio Sérgio Alfredo. **Racismo e antirracismo no Brasil**. São Paulo: Editora 34, 2009.

HASENBALG, Carlos A.; SILVA, Nelson do Valle. Raça e oportunidades educacionais no Brasil. **Cadernos de Pesquisa**, São Paulo, n. 73, p. 5-12, maio 1990.

JACCOUD, Luciana; BEGHIN, Nathalie. Histórico: construindo uma intervenção pública para o enfrentamento das desigualdades raciais no Brasil. In: JACCOUD, Luciana; BEGHIN, Nathalie. **Desigualdades raciais no Brasil**. Brasília: Ipea, 2002. p. 55-64.

JESUS, Rita de Cássia Dias Pereira de. **De como tornar-se o que se é**: narrativas implicadas sobre a questão étnico-racial, a formação docente e as políticas para equidade. 2007.214 f. Tese (Doutorado em Educação). Faculdade de Educação – Universidade de São Paulo (USP), 2007.

LIMA, Ivan Costa. Universidade, movimentos sociais e relações raciais: educar para novas relações sociais. **Padê**, Brasília, v. 1, n. 2, p. 52-72, jul.-dez. 2007.

LOPES, Maria José. Pedagogia multirracial. In: LIMA, Ivan Costa (org.). **As ideias racistas, os negros e a educação**. Florianópolis: NEN, 1997. (Série Pensamento Negro em Educação, 1)

LUDKE, Menga; ANDRÉ, Marli. **Pesquisa em educação**: abordagens qualitativas. São Paulo: EPU, 2014.

McLAREN, Peter. **Multiculturalismo crítico**. Tradução de Bedel Orofino Schaefe. 3. ed. São Paulo: Cortez, 2000a.

McLAREN, Peter. **Multiculturalismo revolucionário**: Pedagogia do dissenso para o novo milênio. Tradução de Márcia Moraes e Roberto Cataldo Costa. Porto Alegre: Artmed, 2000b.

MONTEIRO, Rosana Batista. **A educação para as relações étnico-raciais em um curso de Pedagogia:** estudo de caso sobre a implantação da Resolução CNE/CP 01/2004. 2010. 266 f. Tese (Doutorado em Educação). Universidade Federal de São Carlos, 2010.

MOREIRA, A. F. B. A recente produção científica sobre currículo e multiculturalismo no Brasil (1995-2000): avanços, desafios e tensões. **Revista Brasileira de Educação**, Campinas, n. 18, p. 65-81, 2001.

MORENO, Montserrat. Temas transversais: um ensino voltado para o futuro. In: BUSQUETS, Maria Dolores et. al. **Temas transversais em educação**: bases para uma formação integral. São Paulo: Ática, 2003.

MORIN, Edgar. **A cabeça bem-feita**: repensar a reforma, reformar o pensamento. Tradução de Eloá Jacobina. 15. ed. Rio de Janeiro: Bertrand, 2005.

MUNANGA, Kabengele (org.). **Superando o racismo na escola**. Brasília: Secretaria de Ação Continuada, Alfabetização e Diversidade, MEC/BID/Unesco, 2005.

MUNANGA, Kabengele. **Rediscutindo a mestiçagem no Brasil:** identidade nacional versus identidade negra. 3. ed. Belo Horizonte: Autêntica, 2008.

MUNANGA, Kabengele. Teoria social e relações raciais no Brasil contemporâneo. **Cadernos Penesb**, Niterói, n. 12, p. 169-203, 2010.

NASCIMENTO, Elisa Larkin. **O espaço remarcado**: negros, territórios e educação. Florianópolis: NEN, 2001. (Série Pensamento Negro em Educação, 7)

ONU. Declaração. In: CONFERÊNCIA MUNDIAL CONTRA O RACISMO, DISCRIMINAÇÃO RACIAL, XENOFOBIA E INTOLERÂNCIA CORRELATA, 31 de agosto a 8 de setembro de 2001, Durban. **Declaração e programa de ação**. Disponível em: <http://www.unfpa.org.br/novo/index.php/biblioteca/publicacoes/onu/410-declaracao-de-durban>. Acesso em: 7 ago. 2018.

ORTIZ, Renato. Anotações sobre o universal e a diversidade. **Revista Brasileira de Educação**, Campinas, v. 12, n. 34, p. 7-16, jan.-abr. 2007.

OSSAIM, o malabarista das folhas. **A Cor da Cultura**: Série Mojubá I, Episódio 3. [S.l.]: Canal Futura/ CIDAN/ SEPPIR/ TV Globo/ TV Educativa/ Petrobras [produção], 2005. Disponível em: <http://antigo.acordacultura.org.br/mojuba/orixa/ossaim-o-malabarista-das-folhas>. Visualizado em: 10 jan. 2017.

OTRANTO, Célia Regina. A criação do Instituto de Educação da Universidade Federal Rural do Rio de Janeiro. In: ENCONTRO DE HISTÓRIA DA EDUCAÇÃO DO ESTADO DO RIO DE JANEIRO, 1., UFF, 2007, Niterói. Rio de Janeiro: HP Comunicação Associados, 2007.

OTRANTO, Célia Regina. **Da escola idealizada à universidade concretizada**: o papel das políticas públicas na configuração da Universidade Federal Rural do Rio de Janeiro. Portugal: Évora, 2004. Disponível em <http://www.celia.na web.net/pasta1/trabalho11.htm.> Acesso em: 14 jul. 2016.

PANSINI, Flávia; NENEVÉ, Miguel. Educação multicultural e formação docente. **Currículo Sem Fronteiras,** *online*, v. 8, n. 1, p. 31-48, 2008. Disponível em: <http://www.curriculosemfronteiras.org/>. Acesso em: 7 ago. 2018.

PASSOS, Joana Célia. As relações étnico-raciais nas licenciaturas: o que dizem os currículos anunciados. **Poiésis – Revista do Programa de Pós-graduação em Educação**, Tubarão-SC, v. 8, n. 13, p. 172-188, 2014.

PAULA, Benjamin Xavier; GUIMARÃES, Selva. 10 anos da Lei federal nº 10.639/2003 e a formação de professores: uma leitura de pesquisas científicas. **Educação e Pesquisa**, São Paulo, v. 40, n. 2, p. 435-48, 2014.

PAVIANI, Jayme. **Interdisciplinaridade:** conceitos e distinções. 2. ed. Caxias do Sul: Educs, 2014.

PERRENOUD, P. Formar professores em contextos sociais em mudança: prática reflexiva e participação crítica. **Revista Brasileira de Educação**, Campinas, n. 12, p. 5-21, set.-dez. 1999.

PINTO, Regina Pahim. Formação do professor e diferenças raciais e culturais: a visão das revistas da área de educação. **Educação em Revista**, Belo Horizonte, n. 41, p. 59-90, 2005.

POLLAK, Michel. Memória e identidade social. **Estudos Históricos**, Rio de Janeiro, v. 5, n. 10, p. 200-212, 1992.

POUPART, Jean, et al. **A pesquisa qualitativa:** enfoques epistemológicos e metodológicos. Tradução de Ana Crístina Nasser. Petrópolis: Vozes, 2010.

RABESCO, Rafaela. **O ensino de história e cultura indígena na escola**: os desafios da formação e da prática educativa através da musicalização. Disponível em: <http://fundacaoarapora.org.br/moitara/wp-content/uploads/2016/02/46-o-ensino.pdf> Acesso em: setembro. 2017.

RAMOS, Moacyr Salles; STAMPA, Inez. Subversão e resistência docente: notas sobre a ditadura militar e o movimento Escola sem Partido. **Revista Espaço do Currículo**, João Pessoa, v. 9, n. 2, p. 249-270, maio-ago. 2016.

REGIS, Kátia Evangelista. Relações étnico-raciais e currículos escolares nas teses e dissertações em educação (1987-2006): desafios da inclusão da cultura negra nas práticas curriculares. **Revista da ABPN**, *online*, v. 2, n. 5, p 139-154, jul.-out. 2011. Disponível em: <http://abpnrevista.org.br/revista/index.php/revistaabpn1/issue/archive> Acesso em: 6 ago. 2018.

RODRIGUES, Tatiane Cosentino; ABRAMOWICZ, Anete. O debate contemporâneo sobre a diversidade e a diferença nas políticas e pesquisas em educação. **Educação e Pesquisa**, São Paulo, v. 39, n. 1, p. 15-30, 2013.

SACRISTÁN, José Gimeno. Currículo e diversidade cultural. In: SILVA, T. T.; MOREIRA, A. F. B. (org.). **Territórios contestados:** o currículo e os novos mapas políticos e culturais. 4. ed. Petrópolis: Vozes, 1995. p. 82-113.

SACRISTÁN, José Gimeno. **O currículo:** uma reflexão sobre a prática. Tradução de Ernani F. da F. Rosa. 3. ed. Porto Alegre: Artmed, 2008.

SADER, Eder. **Quando novos personagens entraram em cena:** experiências e lutas dos trabalhadores da grande São Paulo (1970-80). 2. ed. São Paulo: Paz e Terra, 1988.

SANTANA, Marise de. O legado africano e o trabalho docente. **Boletim Salto para o Futuro**, v. 20, p. 38-50, out. 2006. Disponível em: <https://tvescola.org.br/tve/salto-acervo/publicacao>. Acesso em: 6 ago. 2018.

SANTANA, Vera. Propostas para uma educação anti-racista. In: RIBEIRO, Álvaro Sebastião Teixeira et al (org.). **História e cultura afro-brasileira e africana na escola**. Brasília: Ágere, 2008. p. 102-113.

SANTOMÉ, Jurjo Torres. Política educativa, multiculturalismo e práticas culturais democráticas nas salas de aula. **Revista Brasileira de Educação**, São Paulo, n. 4, p. 5-25, jan.-abr. 1997.

SANTOMÉ, Jurjo Torres. Multiculturalidad y antidiscriminación. **Cuadernos de Pedagogía**, Madrid, n. 264, p. 30-34, Diciembre 1997.

SANTOS, Isabel Aparecida. A responsabilidade da escola na eliminação do preconceito racial: alguns caminhos. In: CAVALLEIRO, Eliane (org). **Racismo e anti-racismo na educação**: repensando nossa escola. São Paulo: Summus, 2001. p. 97-114.

SANTOS, Simone. Currículo, relações raciais e cultura afro-brasileira: proposta pedagógica. **Boletim Salto para o Futuro**, v. 20, p. 3-11, out. 2006. Disponível em: <https://tvescola.org.br/tve/salto-acervo/publicacao>. Acesso em: 6 ago. 2018.

SCHWARCZ, Lilia Moritz. **O espetáculo das raças**. São Paulo: Companhia das Letras, 2008.

SEYFERTH, Giralda. **O conceito de raça e as ciências sociais**. Rio de Janeiro [: s.n.], 1990. Mimeografado.

SEYFERTH, Giralda. Raça, mestiçagem e nação. In: OLIVEIRA, Iolanda de; PESSANHA, Márcia Maria de Jesus (orgs.). **Relações raciais e educação**. Rio de Janeiro: EdUFF, 2016. v. 1, p. 21-62.

SILVA, Francisco Thiago. Educação das relações étnico-raciais negras no currículo da Formação de Professores. **Projeção e Docência**, Brasília, v. 5, n. 2, p. 46-57, 2014.

SILVA, Glênio Oliveira da. **Arcabouço jurídico normativo pedagógico da Lei Federal nº. 10.639/2003 na Universidade Federal de Uberlândia**: avanços e limites. 2013. 224 f. Dissertação (Mestrado em Educação) – Universidade Federal de Uberlândia, 2013.

SILVA, Tomaz Tadeu da; MOREIRA, Antônio Flávio Barbosa; GILBERT, Rob. **Territórios contestados:** o currículo e os novos mapas políticos e culturais. Petrópolis: Vozes, 1995.

SILVA, Tomaz Tadeu da. **Documentos de identidade:** uma introdução às teorias do currículo. 2. ed. Belo Horizonte: Autêntica, 2005.

SILVÉRIO, Roberto Valter. Relações étnico-raciais e educação: entre a política de satisfação de necessidades e a política de transfiguração. **Revista Eletrônica de Educação**, São Carlos, v. 9, n. 2, p. 35-65, 2015.

SISS, Ahyas. Dimensões e concepções de multiculturalismo: considerações iniciais. In: OLIVEIRA, Iolanda (org.). **Relações raciais e educação:** novos desafios. Rio de Janeiro: DP&A, 2002.

SISS, Ahyas. **Afro-brasileiros, cotas e ação afirmativa:** razões históricas. Rio de Janeiro: Quartet, 2003.

SISS, Ahyas. **Diversidade étnico-racial e educação superior brasileira**: experiências de intervenção. Rio de Janeiro: Quartet, 2008.

SISS, Ahyas; MONTEIRO, Aloisio J. J. **Educação, cultura e relações interétnicas**. Rio de Janeiro: Quartet/Edur, 2009.

SISS, Ahyas; MONTEIRO, Aloisio J. J. (org). **Negros, indígenas e educação superior.** Rio de Janeiro: Quartet/EDUR, 2010.

SKIDMORE, Thomas E. **Preto no branco:** raça e nacionalidade no pensamento brasileiro. Tradução de Raul de Sá Barbosa. Rio de Janeiro: Paz e Terra, 1976.

SNYDERS, Georges. **Pedagogia progressista.** Tradução de Manuel Pereira de Carvalho. Lisboa: Almedina, 1974.

SOARES, Glória R. G. **O currículo de formação de professores das séries iniciais:** dialogando com as questões culturais. 2009. 136 f. Dissertação (Mestrado em Educação) – Universidade Federal do Rio de Janeiro (UFRJ), Rio de Janeiro, 2009.

TEIXEIRA, Almira Célia de Cristo. **Polifonias curriculares:** possibilidades para uma construção identitária afrodescendente no currículo do curso de Pedagogia da Universidade Federal do Pará. 2011. 122 f. Dissertação (Mestrado em Educação) – Universidade Federal da Bahia (UFBA), Salvador, 2011.

TEIXEIRA, Evilázio F. B. Emergência da inter e da transdisciplinaridade na universidade. In: AUDY, Jorge Luis Nicolas; MOROSINI, Marília Costa (org.). **Inovação e interdisciplinaridade na universidade.** Porto Alegre: EDIPUCRS, 2007. v. 1, p. 58-90.

TODOROV, Tzvetan. **A conquista da América:** a questão do outro. Tradução de Beatriz Perrone Moisés. 4. ed. (4. tir.). São Paulo: Martins Fontes, 2016.

UFF. **Projeto pedagógico do curso de Licenciatura em Pedagogia da Universidade Federal Fluminense.** Rio de Janeiro: UFF-Faculdade de Educação, 2010.

UFRJ. **Projeto pedagógico do curso de Licenciatura em Pedagogia da Universidade Federal do Rio de Janeiro.** Rio de Janeiro: UFRJ-Faculdade de Educação, 2014.

UFRRJ. **Projeto pedagógico do curso de Licenciatura em Pedagogia do Instituto de Educação.** Seropédica: UFRRJ-Cordenação de Pedagogia, 2007.

UNIRIO. **Projeto pedagógico do curso de Licenciatura em Pedagogia da Universidade Federal do Estado do Rio de Janeiro.** Rio de Janeiro: UNIRIO-CCHS-Escola de Educação, 2008.

VALENTE, Ana Lúcia. A propósito dos parâmetros curriculares nacionais sobre a pluralidade cultural. **Educação (UFSM)**, Santa Maria-RS, v. 26, n. 1, p. 7-18, jan.-jun. 2001.

VALENTE, Ana Lúcia. Conhecimentos antropológicos nos parâmetros curriculares nacionais: para uma discussão sobre a pluralidade cultural. In: GUSMÃO, Neusa (org.). **Diversidade, cultura e educação: olhares cruzados**. São Paulo: Biruta, 2010. p. 17-46.

YOUNG, Michael. Superando a crise na teoria do currículo: uma abordagem baseada no conhecimento. **Cadernos Cenpec**, São Paulo, v. 3, n. 2, p. 225-250, jun. 2013. (trad. Leda Beck, rev. técn. Paula Louzano)

ZEICHNER, Kenneth. M. **A formação reflexiva de professores**: idéias e práticas. Tradução de A. J. Carmona Teixeira, Maria João Carvalho e Maria Nóvoa. Lisboa: Educa, 1993.

APÊNDICES

APÊNDICE A – INSTRUMENTOS DE PESQUISA

A.1 – ROTEIRO PARA ANÁLISE DOS DOCUMENTOS DOS CURSOS DE PEDAGOGIA

EMENTAS E PLANOS DE CURSO

Aspectos gerais:
- Carga horária.
- Pré-requisitos.
- Créditos.
- Período.
- Tipo de disciplina.

Informações relevantes para a análise:
- Conhecimento definido como relevante para a abordagem da questão étnico-racial.
- Referencial teórico específico e não específico sobre a questão étnico-racial.

PROJETO PEDAGÓGICO

Aspectos gerais:
- Carga horária do curso destinada à questão étnico-racial.
- Quantidade de créditos obrigatórios e eletivos/optativos sobre a questão étnico-racial.

Informações relevantes para a análise:
- Objetivos que contemplam a questão étnico-racial.
- Conceitos-chave relativos à questão étnico-racial e os sentidos que lhe são atribuídos.
- Forma de inserção da questão na definição do perfil do aluno concluinte do curso de Pedagogia.
- Referências a documentos oficiais que regem a educação das relações étnico-raciais.

A.2 – ROTEIROS PARA AS ENTREVISTAS SEMI-ESTRUTURADAS COM OS PROFESSORES E COORDENADORES DOS CURSOS DE PEDAGOGIA

PROFESSORES
1. Qual é a sua formação?
2. Há quanto tempo leciona no curso de Pedagogia desta Universidade e quais são as disciplinas que estão sob sua responsabilidade?
3. Você considera relevante a educação para as relações étnico-raciais na formação inicial docente? Justifique sua resposta.
4. Você conhece as DCNERER e a Lei 10.639/2003, que instituíram a obrigatoriedade da questão étnico-racial no currículo? O que sabe sobre elas? Como obteve essas informações?
5. Como se deu a inserção da questão étnico-racial no currículo do curso de Pedagogia desta Universidade?
6. Quais conteúdos derivados da Lei 10.639/2003 e das DCNERER são trabalhados na disciplina que você leciona? De que modo são apresentados esses conteúdos?
7. Quais as referências teóricas que são utilizadas para trabalhar a questão étnico-racial na sua disciplina?
8. Quais são os avanços e desafios que você reconhece na implementação da questão étnico-racial no currículo do curso de Pedagogia desta Universidade?

COORDENADORES
1. Qual é a sua formação?
2. Há quanto tempo é coordenador do curso de Pedagogia desta Universidade?
3. Você considera relevante a educação para as relações étnico-raciais na formação inicial docente? Justifique sua resposta.
4. Você conhece as DCNERER e a Lei 10.639/2003, que instituíram a obrigatoriedade da questão étnico-racial no currículo? O que sabe sobre elas? Como obteve essas informações?

5. Como se deu a inserção da questão étnico-racial no currículo do curso de Pedagogia desta Universidade?
6. De que forma o currículo do curso de Pedagogia desta Universidade contribui para refletir sobre a educação das relações étnico-raciais?
7. Como se realizou a seleção de docentes para lecionar disciplina sobre a questão étnico-racial?
8. Quais são os avanços e desafios que você reconhece na implementação da questão étnico-racial no currículo do curso de Pedagogia desta Universidade?

Adaptado de Monteiro (2010) e Silva (2013).

APÊNDICE B – CARGA HORÁRIA DOS CURSOS ANALISADOS

Tabela B.1 – Carga horária, total e discriminada por disciplinas e outras atividades, dos cursos de Pedagogia da UFF, UNIRIO, UFRJ e UFRRJ

Disciplinas	UFF	UNIRIO	UFRJ	UFRRJ
Disciplinas obrigatórias	2890 horas	2490 horas	2280 horas	2085 horas
Atividades academicas	-	-	-	640 horas
Disciplinas optativas	180 horas	240 horas	135 horas	285 horas
Orientação de monografia	-	150 horas	30 horas	120 horas
Estágio supervisionado	-	375 horas	800 horas	-
Atividades complementares	200 horas	100 horas	100 horas	200 horas
Disciplinas eletivas	60 horas	-	90 horas	-
Carga horária total da disciplina sobre a questão racial	60 horas (obrigatória)	60 horas (optativa)	90 horas (duas disciplinas optativas com 45 horas cada uma)	60 horas (duas disciplinas obrigatórias com 30 horas cada uma)
Total de horas do curso	3330 horas	3355 horas	3435 horas	3210 horas

Fonte: Projetos pedagógicos dos cursos de Pedagogia da UFF, UNIRIO, UFRJ e UFRRJ.

APÊNDICE C – DISCIPLINAS ATINENTES ÀS RELAÇÕES ÉTNICO-RACIAIS E CONTEÚDOS INDICADOS NAS EMENTAS

As disciplinas cujo bloco de informações está sombreado, são as disciplinas específicas em cada currículo sobre a questão étnico-racial.

DISCIPLINAS SOBRE A QUESTÃO RACIAL NO CURRÍCULO DO CURSO DE PEDAGOGIA DA UFF
(**Fonte:** UFF, 2010, Formulário 13.)

ANTROPOLOGIA E EDUCAÇÃO I
Carga Horária e Créditos: 60 horas – 04 Créditos
Classificação da disciplina: Obrigatória
Semestre: 1º Período
Ementa/Conteúdos: O campo da Antropologia nas Ciências Sociais, os principais paradigmas que conformam sua matriz disciplinar, os seus métodos de análise. O conceito antropológico de cultura. Etnocentrismo, diferenças culturais, relações de poder e desigualdades sociais. Relações raciais e processos constitutivos da etnicidade. A reinvenção das tradições, identidades e culturas nacionais. A contribuição dos estudos de folclore; representações e convencionalizações sobre o nacional e o popular brasileiro. Patrimônio cultural, negociação, conflito e reconhecimento social. Sistemas de crenças, diferenças culturais e Educação.

DIVERSIDADE CULTURAL, INTERCULTURALIDADE E EDUCAÇÃO
Carga Horária e Créditos: 60 horas – 04 Créditos
Classificação da disciplina: Optativa
Semestre: 10º Período
Ementa/Conteúdos: A Lei 10.639/03 e as diretrizes curriculares nacionais para a educação das relações étnico-raciais. A Lei 11.645/08 e as bases e fundamentos para a inclusão da história e cultura africana. Afro-brasileiros e indígenas nas práticas escolares e na formação docente. Educação escolar diferenciada. Educação escolar indígena e quilombola: fundamentos, práticas, desafios e possibilidades. Relações de gênero e sexualidade na educação escolar.

EDUCAÇÃO INDÍGENA
Carga Horária e Créditos: 60 horas – 04 Créditos
Classificação da disciplina: Optativa
Semestre: 10º Período
Ementa/Conteúdos: Os diferentes conceitos de educação indígena. O processo educativo nas sociedades ágrafas: a produção e transmissão de saberes. A tradição oral e o papel da língua materna. O Estado, a cultura "nacional" e a escrita: a escola e as propostas educativas de integração. Interculturalidade e educação bilíngue. O pluriculturalismo e a escola específica e diferenciada.

EDUCAÇÃO, DESIGUALDADES RACIAIS NO BRASIL E SUBJETIVIDADES AFRO-BRASILEIRAS
Carga Horária e Créditos: 60 horas – 04 Créditos
Classificação da disciplina: Optativa
Semestre: 10º Período
Ementa/Conteúdos: Relações raciais e educação no Brasil. Os estudos afro-brasileiros como campo de reflexão e produção de conhecimento sobre as relações raciais no Brasil. Referências teórico-metodológicas para a formação de professores (as) da educação básica na perspectiva da diversidade étnico-racial. Cultura e Subjetividades afro-brasileiras.

PESQUISA E PRÁTICA PEDAGÓGICA III
Carga Horária e Créditos: 60 horas – 04 Créditos
Classificação da disciplina: Obrigatória
Semestre: 4º período
Ementa/Conteúdos: Investigações e intervenções em contextos educativos envolvendo temáticas e/ou categorias trabalhadas em semestres anteriores, além de outras, tais como: ação política, movimentos sociais, lutas por equidade e direitos, racismo e preconceito; legislação, organização, estrutura, planejamento; currículo, diversidade, exclusão/inclusão; prática pedagógica, ensino, tempos e espaços escolares.

> **RELAÇÕES ÉTNICO-RACIAIS NA ESCOLA**
> **Carga Horária e Créditos:** 60 horas – 04 Créditos
> **Classificação da disciplina:** Obrigatória
> **Semestre:** 8º Período
> **Ementa/Conteúdos:** Relações étnico-raciais e currículo escolar. A lei 10.639/2003. Diretrizes Curriculares Nacionais para a Educação das Relações Étnico-raciais e para o Ensino de História e Cultura Afro-brasileira e Africana. Diferenças e preconceito na sala de aula – alternativas teóricas e práticas pedagógicas de combate ao racismo na escola. A relação negro/ educação/ cidadania como elemento de participação e contribuição da identidade nacional brasileira. Apresentação e análise de material didático, livros de literatura infanto-juvenil, DVDs, músicas. Elaboração de projetos pedagógicos.

DISCIPLINAS SOBRE A QUESTÃO RACIAL NO CURRÍCULO DO CURSO DE PEDAGOGIA DA UNIRIO
Fonte: UNIRIO (2008).

CIÊNCIAS SOCIAIS NA EDUCAÇÃO II
Carga Horária e Créditos: 90 horas – 05 Créditos
Classificação da disciplina: Obrigatória
Semestre: 6º Período
Ementa/Conteúdos: Epistemologia da construção do conhecimento nas Ciências Sociais de Ensino Fundamental. Os Parâmetros Curriculares Nacionais para a História e a Geografia e os temas transversais: ética e pluralidade cultural. Globalização, cidadania, étnica e racismo. Discriminação no livro didático. A Lei nº 10.639/2003. Habilidades específicas: métodos e técnicas de ensino das Ciências Sociais. Projeto político pedagógico. Avaliação da aprendizagem nas Ciências Sociais.

LITERATURA NA ESCOLA
Carga Horária e Créditos: 30 horas – 02 Créditos
Classificação da disciplina: Obrigatória

Semestre: 8° Período
Ementa/Conteúdos: Natureza e especificidade do texto literário: a questão da literatura infantil. Livros e literatura: ilustração e imagem. Estratégias da narrativa fantástica e maravilhosa: o conto de fadas. Brincando com as palavras: a hora e a vez da poesia. Literatura e cultura: histórias da mitologia afro-brasileira, mitos indígenas e cultura popular. Escolarização do texto literário em questão.

CULTURAS AFRO-BRASILEIRAS EM SALA DE AULA
Carga Horária e Créditos: 30 horas – 02 Créditos
Classificação da disciplina: Optativa
Semestre: Do 4° Período ao 9° Período
Ementa/Conteúdos: Diversidade Étnico-Racial na Escola de Ensino Fundamental. Diáspora Negra. Civilizações africanas. Africanos no Brasil: origem e contribuições. Movimento negro. Quilombos: história, organização e cultura. Lei 10639/2003: texto e contexto. Africanidade e Religiosidade. Culturas Afro-brasileiras Contemporâneas. Dimensões do Ensino da Cultura Afro-Brasileira.

IDEOLOGIA RACIAL BRASILEIRA NA EDUCAÇÃO ESCOLAR
Carga Horária e Créditos: 30 horas – 02 Créditos
Classificação da disciplina: Optativa
Semestre: Do 4° Período ao 9° Período
Ementa/Conteúdos: Racismo. Preconceito. Discriminação. Ideologia racista e o pensamento racial após Abolição. Raça e racismo no Brasil. Racismo e antirracismo na educação. Discriminação racial nas escolas. A desconstrução da discriminação no livro didático. Racismo e formação de professores. A Lei 10.639/2003.

DISCIPLINAS SOBRE A QUESTÃO RACIAL NO CURRÍCULO DO CURSO DE PEDAGOGIA DA UFRJ

Fonte: UFRJ (2014).

EDUCAÇÃO E ETNIA

Carga Horária e Créditos: 45 h – 03 Créditos
Classificação da disciplina: Optativa
Semestre: Do 1º Período ao 3º Período
Ementa/Conteúdos: A disciplina tem como principal objetivo o estudo das teorias e principais conceitos das relações étnico-raciais e dos estudos sobre diversidade na área educacional; análise dos principais debates relacionados às causas e evidências das desigualdades étnico-raciais na sociedade brasileira; análise das principais estratégias antirracistas em curso, principalmente no campo educacional, com ênfase na análise da lei no. 10.639/03, que institui o estudo da história e da cultura afro-brasileira e africana e sua implementação nos sistemas de ensino.

INTELECTUAIS NEGRAS: SABERES TRANSGRESSORES, "ESCRITAS DE SI" E PRÁTICAS EDUCATIVAS DE MULHERES NEGRAS

Carga Horária e Créditos: 45 h – 03 Créditos
Classificação da disciplina: Optativa
Semestre: Do 1º Período ao 3º Período
Ementa/Conteúdos: Conhecimentos orais e escritos de mulheres negras. Histórias, práticas e nuances dos feminismos negros (cis e transgêneros) e seus sujeitos no Brasil, na América Latina e no continente africano. Práticas educativas emancipatórias, relações de gênero e antirracismo. Pensamento feminista negro e reeducação das relações étnico-raciais em contextos escolares. Pesquisa ativista e a construção de narrativas na primeira pessoa ("escritas de si"). Diálogos horizontais entre produção escolar, acadêmica e militante. As relações entre subjetividade (saberes localizados) e conhecimento científico. O trabalho com gêneros literários diferenciados em sala de aula (livros e artigos, entrevistas, romances, poesias, letras de música, documentários). Os conceitos de intelectual negra e intersecionalidade.

SOCIOLOGIA DA EDUCAÇÃO BRASILEIRA
Carga Horária e Créditos: 60 h – 04 Créditos
Classificação da disciplina: Obrigatória
Semestre: 2º Período
Ementa/Conteúdos: Educação e Sociedade no Brasil Atual: Problemas e Perspectivas. Diagnósticos da educação Brasileira. Estudos sobre a relação família-escola. Sistemas de informação e avaliação educacional no Brasil: eficácia escolar e políticas educacionais. Fatores associados a trajetórias escolares. Relações raciais e desigualdades educacionais.

ANTROPOLOGIA NA EDUCAÇÃO
Carga Horária e Créditos: 60 h – 04 Créditos
Classificação da disciplina: Obrigatória
Semestre: 2º Período
Ementa/Conteúdos: Principais correntes e principais debates na atualidade: natureza e/ou cultura(s), socialização e/ou sociabilidade(s), diferença, diversidade e/ou alteridade.O trabalho de campo do pesquisador. Cultura(s) escolar(es), cultura(s) midiática(s), cultura(s) da infância e cultura(s) jovem(ns).

POLÍTICAS PÚBLICAS EM EDUCAÇÃO
Carga Horária e Créditos: 60 h – 04 Créditos
Classificação da disciplina: Obrigatória
Semestre: 8º Período
Ementa/Conteúdos: Estado, sociedade civil, público-privado. Estado e capitalismo no Brasil. Políticas públicas e escola pública. Reforma do Estado e federalismo na educação. Políticas Públicas e Educação: novos contornos da relação público-privado. Seminários de pesquisas sobre políticas públicas em temas a serem escolhidos pelos grupos: educação infantil; Ensino Fundamental e médio e educação superior; educação profissional; educação de jovens e adultos; formação de professores; gestão educacional; avaliação educacional, financiamento da educação, ampliação da jornada escolar, direitos humanos e diversidades, ações afirmativas.

MULTICULTURALISMO E EDUCAÇÃO
Carga Horária e Créditos: 45 h – 03 Créditos
Classificação da disciplina: Optativa
Semestre: Do 1º ao 3º Período
Ementa/Conteúdos: O conceito de multiculturalismo e sua relevância na educação. Origens, sentidos e abordagens do multiculturalismo. O impacto do multiculturalismo nas políticas e práticas educacionais e avaliativas. Desafios e potencialidades da educação multicultural. Experiências pedagógicas em educação e formação de professores na perspectiva multicultural.

DISCIPLINAS SOBRE A QUESTÃO RACIAL NO CURRÍCULO DO CURSO DE PEDAGOGIA DA UFRRJ
Fonte: UFRRJ (2007).

ANTROPOLOGIA SOCIAL
Carga Horária e Créditos: 60 horas – 04 Créditos
Classificação da disciplina: Obrigatória
Semestre: 4º Período
Ementa/Conteúdos: Igualdade, hierarquia e sistemas de classificação social: gênero, raça, classe, casta, etnia.

CULTURA AFRO-BRASILEIRA
Carga Horária e Créditos: 30 horas – 02 Créditos
Classificação da disciplina: Obrigatória
Semestre: 8º Período
Ementa/Conteúdos: Diretrizes propostas pela Lei 10.639/03: a educação na perspectiva da superação do racismo e do respeito à diversidade; o ensino de história e cultura africana e o ensino de história e cultura afro-brasileira, contextualizando-as a partir do desenvolvimento sócio-histórico e cultural brasileiro. Desenvolver atividades teórico-práticas visando possibilidades de diversificação curricular, formação e atuação dos profissionais da educação.

PSICOLOGIA SOCIAL
Carga Horária e Créditos: 60 horas – 04 Créditos
Classificação da disciplina: Optativa
Semestre: A partir do 4º Período
Ementa/Conteúdos: Abordagem Psicológica e Problemáticas Sociais. Racismo, fundamentalismos e preconceito Social.

INTRODUÇÃO À CIÊNCIA POLÍTICA
Carga Horária e Créditos: 60 horas – 04 Créditos
Classificação da disciplina: Optativa
Semestre: A partir do 4º Período
Ementa/Conteúdos: O Estado e o uso da força. Darwinismo social. O racismo: Gobineau, Rosenberg.

EDUCAÇÃO E RELAÇÕES ÉTNICO-RACIAIS NA ESCOLA
Carga Horária e Créditos: 30 horas – 02 Créditos
Classificação da disciplina: Obrigatória
Semestre: 4º período
Ementa/Conteúdos: O contexto histórico da criação da disciplina e das Leis 10.639/03 e 11.645/08 – Referências à historiografias da escravidão e do pós-emancipação – a República e a imigração: racialismo e racismo no pensamento social brasileiro – História e Cultura Afro-Brasileira e indígena: trajetória e perspectivas do Movimento Negro – Trajetória das Políticas indigenistas, do Movimento e Educação Indígena – Breve introdução à historiografia africana e da diáspora negra nas Américas: novos agentes no mundo contemporâneo – O conceito, razões, debates em torno dos estudos de branquidade.

Este livro foi impresso em agosto de 2019,
na Gráfica Assahí, em São Paulo.
As famílias tipográficas utilizadas são
a Warnock Pro para textos e a Avenir para títulos.
O papel de miolo é o offset 75g/m² e o de capa é o cartão 250g/m².